Sport und Gesundheit

Herausgegeben von D. Lagerstrøm

Fit durch Skilanglauf

Mit Übungsanleitungen für Anfänger und Fortgeschrittene

von D. Lagerstrøm, J. Schmagold, J. Graf

 **Sportbuch**

Anschrift der Autoren:

Dr. sportwiss. D. Lagerstrøm
Institut für Kreislaufforschung und Sportmedizin der Deutschen Sporthochschule Köln
Carl-Diem-Weg
5000 Köln 41

J. Schmagold (Diplom-Sportlehrer)
Universität Essen Gesamthochschule,
Fachbereich 2
Sport
Universitätsstraße 2
4300 Essen 1

J. Graf (Diplom-Sportlehrer)
Deutscher Sporttherapeutenbund
Sömmeringstraße 20
5000 Köln 30

CIP-Kurztitelaufnahme der Deutschen Bibliothek

Lagerstrøm, Dieter:
Fit durch Skilanglauf:
mit Übungsanleitungen für Anfänger u. Fortgeschrittene
von D. Lagerstrøm; J. Schmagold; J. Graf.
− Erlangen: perimed Fachbuch-Verlagsgesellschaft, 1987.
(Sport und Gesundheit) (perimed-Sportbuch)

ISBN 3-88429-254-4

NE: Schmagold, Jürgen; Graf, Jürgen:

ISBN: 3-88429-254-4

Copyright 1987 by perimed Fachbuch-Verlagsgesellschaft mbH, Vogelherd 35, D-8520 Erlangen
Printed in Germany

Das Werk ist urheberrechtlich geschützt. Die dadurch begründeten Rechte, insbesondere die der Übersetzung, der Entnahme von Abbildungen, der Funksendung, der Wiedergabe auf fotomechanischem oder ähnlichem Wege und der Speicherung in Datenverarbeitungsanlagen, bleiben, auch bei nur auszugsweiser Verwendung, vorbehalten. Die Wiedergabe von Gebrauchsnamen, Handelsnamen, Warenbezeichnungen usw. in diesem Werk berechtigt auch ohne besondere Kennzeichnung nicht zu der Annahme, daß solche Namen im Sinne der Warenzeichen- und Markenschutz-Gesetzgebung als frei zu betrachten wären und daher von jedermann benutzt werden dürften.

Gesamtherstellung: Spandel Druck, Nürnberg

Zeichnungen: J. Todtberg, Hedwigstraße 41, 4300 Essen 1

Inhalt

Vorwort	7	**Gerätemäßige und organisatorische Voraussetzungen**	**34**
Einleitung	8		
		Skiausrüstung	34
		Geschichtlicher Abriß	34
Geschichte des Skilaufs	**10**	Moderne Skiausrüstung	35
Skilaufen im Altertum	10	Wahl des Urlaubsorts	44
Skilaufen in der Neuzeit	11	Zielgruppe 1	45
Skilaufen in Übersee	12	Zielgruppe 2	47
Skilaufen in Mitteleuropa	13	Zielgruppe 3	47
Skilaufen als Wettkampfsport	14	Zielgruppe 4	48
Skiwandern und Skitourismus	16		
Zusammenfassung	17	Organisation von Gruppenkursen	48
Lernerfolgskontrolle	17	Loipenregeln	49
		Skilanglauf/-wandern und Natur	50
		Umweltregeln für Langläufer und Skiwanderer	51
Physiologisch-medizinische Aspekte des Skilanglaufs und Skiwanderns	**18**	Gefahren beim Skiwandern	51
		Zusammenfassung	52
		Lernerfolgskontrolle	52
Aktiver Bewegungsapparat	18		
Muskelkontraktion	18		
Motorische Einheit	19	**Lehr- und Lernprozeß beim Skilanglaufen**	**53**
Muskelkraft	21		
Dehnfähigkeit des Muskels	22	Pädagogische Grundlagen	53
		Didaktisch-methodische Überlegungen	55
Passiver Bewegungsapparat	22	Motorisches Lernen	56
Energiebereitstellung	23	Personale Einflußgrößen beim motorischen Lernen	56
Motorisches Lernen	25		
Herz-Kreislauf-Reaktionen beim Skilanglauf	26	Vom Material abhängige Lernvoraussetzungen	56
Belastungsuntersuchungen	27	Organisatorische Lernvoraussetzungen	58
Altersveränderungen	27		
Klima- und Wetterfaktoren	28	Wahrnehmung und Information im Lernprozeß	58
Höhe	28		
Temperatur	30	Lernphasen	61
Wetterphasen	31	Bedeutung des Gleichgewichts	62
		Der Faktor Angst beim Langlaufen	63
Gesundheitliche Aspekte	32	Zusammenfassung	65
Zusammenfassung	33	Lernerfolgskontrolle	66
Lernerfolgskontrolle	33		

Technik und Methodik	**67**	Konditionelle Fähigkeiten	104
		Ausdauer	104
Vorbemerkungen zu den wichtigsten		Kraft	106
Techniken	67	Beweglichkeit	108
Gewöhnungs- und Vorbereitungs-			
übungen	68	Belastungsdosierung	108
Vor dem Anschnallen	68	Belastungsumfang und -dauer	109
Anschnallen der Ski	68	Trainingshäufigkeit	109
Stockfassung	69	Wiederholungszahl und	
Erste Schritte und Gewöhnung an		Pausendauer	109
das Gerät	69	Belastungsintensität beim	
		Ausdauertraining	110
Skilanglauftechniken	74	Belastungsintensität beim	
Diagonalgang	74	Krafttraining	116
Diagonalschritt	79	Trainingsintensität beim	
		Beweglichkeitstraining	116
Techniken zum Bremsen	82		
Halbpflug	82	Trainingsaufbau und -durchführung	117
Pflug	83	Trainingsaufbau	118
Bogentreten	84	Trainingsdurchführung	120
Stockreiten	85	Zusammenfassung	122
		Lernerfolgskontrolle	122
Aufstiegstechniken	86		
Diagonalschritt im Anstieg	86		
Gräten- und Halbgrätenschritt	88	**Trainingsprogramme**	**123**
Treppen- und Halbtreppenschritt	89		
Bogenlaufen	89	Einführung	124
		Elemente des Trainingsprogramms	126
Weitere wichtige Techniken	90	Einstimmung/Aufwärmung	126
Doppelstockschub	90	Gymnastik	126
Doppelstockschub mit		Ausdauertraining	127
Zwischenschritt	92	Trainingsabschluß	128
Schlittschuhschritt	93	Vorbereitungsprogramme	129
Halbschlittschuhschritt	95	V1: Anfänger über 45 Jahre	130
Spitzkehre	96	V2: Anfänger unter 45 Jahre	134
Baut	97	V3: Fortgeschrittene über 45 Jahre	138
Zusammenfassung	98	V4: Fortgeschrittene unter 45 Jahre	143
Lernerfolgskontrolle	99	Aufwärmprogramme	149
		A1: Ohne Ski für Anfänger	150
		A2: Mit Ausrüstung für Anfänger	151
Trainingsgrundlagen des		A3: Ohne Ski für Fortgeschrittene	152
Skilanglauftrainings	**100**	A4: Mit Ausrüstung für	
		Fortgeschrittene	153
Training als biologischer			
Anpassungsprozeß	101		
Trainingsprinzipien	102	**Literatur**	**154**
Allmähliche Belastungserhöhung	102	**Glossar**	**156**
Vielseitige Belastung	102	**Sachregister**	**165**
Leistungsangepaßte Belastung	104		

Vorwort

Durch wissenschaftliche Leistungen, Technisierung und Automation hat sich in den modernen Wohlstandsgesellschaften innerhalb weniger Jahrzehnte eine größere Veränderung in den Lebensbedingungen und -gewohnheiten vollzogen als in den Jahrtausenden zuvor. Den vielen positiven Aspekten dieser Entwicklung stehen jedoch auch Schattenseiten gegenüber. So z. B. oder vielleicht gerade im gesundheitlichen Bereich, wo trotz medizinischer Errungenschaften und Erkenntnisse (Medikamente, medizinisch-technische Geräte und Hilfsmittel, Organverpflanzungen, Retortenbabys etc.) die sog. Zivilisationskrankheiten, also jene Krankheiten, die entweder umwelt- oder verhaltensbedingt sind, heute den weitaus größten Teil aller Erkrankungen ausmachen.

Gerade das Phänomen Zivilisationskrankheit, zu dem auch die Bewegungsmangelerkrankungen zählen, ist es, was den Sport heute nicht nur zu einer der „wichtigsten Nebensachen" und Freizeitaktivitäten, sondern auch zu einem wichtigen präventivmedizinischen Faktor hat werden lassen. Die Ursachen hierfür liegen in biologischen Gesetzmäßigkeiten begründet. Hiernach ist der Mensch wie zu Urzeiten von Reizen – wie z. B. Bewegungsreizen – abhängig, damit er sich im Kindes- und Jugendalter normal entwickeln und im Erwachsenenalter die Funktions- und Leistungsfähigkeit von Organen und Organsystemen aufrechterhalten kann. Fehlen die Bewegungsreize, etwa jene, die früher sowohl im Alltag oder auch im Berufs- und Arbeitsleben „natürlich" gegeben waren, muß es also zwangsläufig zu Beeinträchtigungen bis hin zu krankhaften Entwicklungsverläufen oder Leistungseinbußen im menschlichen Organismus kommen. Eine der bedeutendsten Aufgaben des Gesundheitssports liegt somit in einem Ausgleich des Bewegungsmangels, was wiederum nicht nur positive körperliche, sondern vor allem auch günstige psychische Auswirkungen – z. B. eine bessere Streßbewältigung – zur Folge hat. Aufgrund der vielfältigen und unterschiedlichen Auswirkungen verschiedener sportlicher Aktivitäten kann der Sport jedoch nicht schlechthin als gesundheitsfördernd gelten. Vielmehr wird die gesundheitliche Wertigkeit von der Art und der Durchführung bestimmt, d. h. nicht nur von der Sportart selbst, sondern vor allem auch davon, wie der Sport durchgeführt wird. Aus diesem Grunde wird in den einzelnen Büchern dieser Reihe dem praktischen Teil jeweils eine sportartspezifische theoretische Einführung vorangestellt, um hierdurch das richtige Verständnis für die Möglichkeiten, Besonderheiten und Gefahren der jeweiligen Sportart zu vermitteln. Nämlich nur dann, wenn der Sportler das richtige Maß für „seine" Sportart gefunden hat, können die gesundheitlichen Möglichkeiten des Sports voll ausgeschöpft, die Risiken und Verletzungsgefahren auf ein Minimum reduziert und somit ein optimales präventivmedizinisches Training durchgeführt werden.

Wenn die einzelnen Bücher dieser Reihe zu einer Verbesserung des gesundheitsorientierten Sports und hierdurch zu einer Erhöhung der Lebensqualität beitragen können, ist das Hauptanliegen der Reihe „Sport und Gesundheit" erreicht.

Köln im Herbst 1986
Dr. D. Lagerstrøm

Einleitung

Der Skilanglauf bzw. das Skiwandern, bis vor wenigen Jahren als ein Sport für „Außenseiter" und „Asketen" betrachtet, zählt heute zu den beliebtesten Freizeitsportarten überhaupt. Daß Skilanglauf heute fast genauso populär und beliebt ist wie der alpine Skilauf, hat sicherlich vielfältige Ursachen. Die wesentlichsten dürften die leichte Erlernbarkeit bis ins hohe Alter, der hohe gesundheitliche Wert, die intensiven Bewegungs- und Naturerlebnisse und nicht zuletzt die relativ geringen Ausrüstungskosten sein.

In unserer technisierten und mechanisierten Welt stellen Skilanglaufen und insbesondere Skiwandern, das fernab vom Großstadttrummel, von Liftschlangen und Massentourismus ausgeführt werden kann, einen idealen sowohl körperlichen als auch psychischen Ausgleich dar. Skilanglaufen und -wandern erfüllen wie kaum eine andere Freizeitsportart zudem die Anforderungen einer idealen Fitneßsportart. Aufgrund der gelenkschonenden, natürlichen und somit auch einfachen Fortbewegungsart muß diese winterliche Freizeitaktivität zugleich auch als ein ausgesprochener „life time"-Sport angesehen werden.

Neben den vielen positiven Aspekten dieser Sportart dürfen jedoch – wie in vielen Bereichen des Gesundheitssports – einige problematische Begleiterscheinungen nicht unerwähnt bleiben.

Allen voran müssen an dieser Stelle die Folgen des Bewegungsmangels genannt werden, die neben einer Herabsetzung der körperlichen Leistungsfähigkeit bis hin zu Bewegungsmangelerkrankungen vor allem auch Einbußen an Bewegungserfahrungen zur Folge haben.

Eine gute Körperwahrnehmung und ein entsprechendes Belastungsgefühl, die wichtigen Voraussetzungen für ein gefahrloses und freudvolles Skilanglaufen, wurden in früheren Generationen durch ausreichende Bewegungsreize in Beruf und Alltag in sehr natürlicher Weise geschult. Heute müssen diese Fähigkeiten von erwachsenen „Trimmanfängern" bzw. von körperlich inaktiven Menschen gewissermaßen erst erlernt werden, damit Überforderung, Überbeanspruchung oder sogar Verletzungen vermieden werden.

Obwohl eines der Hauptprobleme der heutigen Zeit in den Bewegungsdefiziten liegt, ist es im Gesundheitssport, insbesondere bei erwachsenen „Neueinsteigern", paradoxerweise genau entgegengesetzt. Hier liegt die Gefahr nämlich wesentlich häufiger in der Überbelastung bzw. im Zuviel-Tun als in einer Unterforderung. Aus diesem Grund und um ein besseres Verständnis für die Möglichkeiten und Probleme eines gezielten, individuellen Skilanglauftrainings zu schaffen, werden nach einer Kurzdarstellung der geschichtlichen Entwicklung des Skilaufens zunächst die wichtigsten physiologischen, organisatorischen und pädagogischen Grundlagen des gesundheitsorientierten Skilanglaufs dargestellt.

Damit soll vor allem dem interessierten Langläufer ein etwas tieferer Einblick und

Einleitung

dem breiten- sowie gesundheitssportlich orientierten Übungsleiter und Sportlehrer eine Lehrhilfe für seine Arbeit gegeben werden.

Auch im Kapitel „Technik und Methodik", das sich an den modernen Lehr- und Lernverfahren des Skilanglaufs orientiert, wird besonderes Gewicht auf eine möglichst praxisorientierte Darstellung gelegt. Aus diesem Grund haben sowohl die Inhalte als auch die Lehrwege eine etwas andere Schwerpunktsetzung erhalten, als dies in den meisten vergleichbaren Büchern der Fall ist.

Abgerundet wird das Buch mit der Darstellung der wichtigsten Trainingsgrundlagen für ein präventivorientiertes Skilanglauftraining sowie durch einige zielgruppenorientierte Vorbereitungsprogramme für die schneelose Zeit.

Die Verfasser hoffen, mit dem vorliegenden Buch einen Beitrag für ein individuelles und somit auch zweckmäßiges und freudbetontes Skilanglaufen bzw. Skiwandern leisten zu können.

Geschichte des Skilaufs

Über die Entstehung des Skilaufs gibt es verschiedene Theorien, aber man ist sich darüber einig, daß das sportliche Skilaufen, wie wir es heute kennen, seinen Ursprung in den Bergen und Tälern Norwegens gefunden hat. Will man es also zurückverfolgen, muß man vor allem die norwegische Skigeschichte betrachten. Hier war der Ski nicht nur, wie das Boot des Fischers und der Pflug des Bauern, ein wichtiges Gerät im Überlebenskampf während der langen Wintermonate, sondern das Skilaufen entwickelte sich auch bis zu der uns heute bekannten Form.

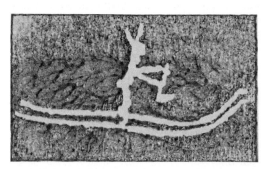

Abb. 1 Daß das Skilaufen schon vor Jahrtausenden betrieben wurde, bezeugen Felszeichnungen, wie das berühmte „Skihaserl" von Rødøy in Nordnorwegen (aus *Bauer, Pini* 1982).

Skilaufen im Altertum

Skilaufen ist jedoch nicht nur eine norwegische Entdeckung, auch in anderen skandinavischen Ländern, in Südeuropa, Rußland und Asien ist es seit Jahrtausenden bekannt. Das genaue Alter des Skilaufens kann nicht mit Bestimmtheit genannt werden. In Skandinavien läßt es sich aber zumindest über ca. 4 000 Jahre zurückverfolgen. So alt ist das berühmte „Skihaserl" von Rødøy in Nordnorwegen (Abb. 1). „Øvrebøskia", einer der bekanntesten Funde des frühen Skigeräts im Moor, ist nach Meinung von Wissenschaftlern ca. 2 500 Jahre alt.
Unsere Kenntnisse über das Skilaufen stammen jedoch nicht nur aus Felszeichnungen und Moorfunden, sondern können auch durch Literaturstellen belegt werden. Schon zur Zeit der Völkerwanderungen, um das Jahr 500 n. Chr., finden wir z. B. beim oströmischen Geschichtsschreiber *Prokopios* sowie beim gotischen Geschichtsschreiber *Jordanes* das Wort „skridfinnar" („einer, der auf Skiern gleitet") in Erzählungen und Beschreibungen von Nordländern.
Auch aus der Wikingerzeit sind ausführliche Beschreibungen über das Skilaufen bekannt. Aus diesen Schriftstücken geht hervor, daß die Norweger einen Skigott *Ull* (altnorwegisch: *Ullr*) und eine Skigöttin *Skade (Skadr)* verehrten. *Ull* war außerdem Bogengott, Schildgott und Jagdgott und soll seine Ski so gut beherrscht haben, daß ihm keiner folgen konnte.
Aus der Wikingerzeit stammen auch die ersten Berichte von sportlichen und tollkühnen Skiläufern, wie z. B. die Skifahrt von *Arnljot Gelline* (im Jahre 1026) mit 3 Männern auf einem Paar Ski. Auch über das skiläuferische Können der norwegischen Wikingerkönige, wie z. B. *Olav Trygvasson* oder *Harald Hårdråde*, sowie von einem der

"Supersportler" der Wikingerzeit, *Einar Tamberskjelver,* liegen ausführliche Erzählungen vor.

International besonders bekannt ist die im Jahre 1206 unternommene Flucht von 2 Männern vom Stamm der Birkebeiner mit dem zweijährigen Königssohn *Håkon* über das Gebirge von Lillehammer in das Østerdal. Zur Erinnerung an diese Flucht auf Ski wird seit 1932 jährlich das 55 km lange Birkebeiner-Rennen, einer der ersten klassischen Volkslangläufe unserer Zeit, abgehalten.

Skilaufen in der Neuzeit

Bei einer Betrachtung der Skigeschichte stellt man fest, daß das Skilaufen während der letzten 500 Jahre neben seinen Aufgaben als "Verkehrsmittel" und als Hilfsgerät bei der Jagd auch eine Reihe "neuer" Nutzbereiche erschlossen hat. Beispielhaft sei hier erwähnt, daß Skiläufer ungefähr seit dem Jahr 1530 auch im Dienst der norwegischen Post standen und es ab Ende des 17. Jahrhunderts die ersten Skisoldaten gab. Die Entwicklung des militärischen Skilaufens ist besonders interessant. Parallel zu dem Bauernskilaufen der Telemarker (s. u.) hat sich in diesem Bereich seit dem 18. Jahrhundert eine eigenständige Entwicklung vollzogen. Die Grundlage der Rekrutierung von Skisoldaten waren die sonntäglichen 2- bis 3stündigen Winterübungen im Anschluß an den Gottesdienst. Nur wer die gestellten Anforderungen bei diesen Sonntagsübungen bewältigte, kam für die Aufgabe in einer der organisierten Skiläuferkompanien, die aus je 100 Soldaten bestanden, mit einer für die damalige Zeit sehr lukrativen 10jährigen Verpflichtung in Frage.

Bemerkenswert ist, daß unter den Skisoldaten auch Wettkämpfe durchgeführt wurden, deren Gewinner Geldpreise erhielten. Das typische Programm eines solchen Militärskirennens bestand aus mehreren "Übungen". Beispielhaft sei hier ein solches Skirennen aus dem Jahre 1767 aufgeführt:
1. Übung: Abfahren mit gleichzeitigem Schießen auf Scheiben
2. Übung: Steile Schußfahrt
3. Übung: Geländefahren im steilen und schwierigen Gelände ohne Stockhilfe
4. Übung: 3 Kilometer Langlauf mit Gewehr und voller Ausrüstung in einer Maximalzeit von 15 Minuten.

Wie man leicht erkennen kann, lag der Schwerpunkt bei den militärischen Skirennen, genau wie bei dem gleichzeitig sich entwickelnden "Bauernskilaufen" der Telemarker, auf dem Abfahren. Gerade die Telemarker waren als Tiefschnee- und Geländefahrer bekannt, die die meisten Übungen in der freien Abfahrt durchführten. Ihr Stil und ihre Technik waren in großem Maß von der Übungsweise im freien Gelände geprägt, so daß man hierbei fast von einer geländeangepaßten Skitechnik sprechen kann.

Wie aus Gemälden hervorgeht, war der skiläuferische Stil schon zur damaligen Zeit auch den Einflüssen der jeweiligen Epoche unterworfen. So hielt z. B. der Skiläufer im Zeitalter des Barock den Stab beim Fahren wie ein drittes Bein hinter sich. Der Rokokoskifahrer wiederum fuhr in zierlichen weiten Bögen in enger eleganter Skiführung und beendete oft seine Schwünge mit einem markanten Kräuselschwung.

Obgleich das Skilaufen beim Militär und den Telemarkern praktisch gleichzeitig entstand, wird die "Erfindung" des sportlichen Skilaufens den Telemarkern zugesprochen. Dies ist leicht verständlich. Denn während das militärische Skilaufen zu Beginn des 19. Jahrhunderts regelrecht abgeschafft wurde, entwickelte sich das Skilaufen der Telemarker kontinuierlich weiter. Insbesondere *Sondre Nordheim* – der Entwickler der Weidebindung – und seine Sportkameraden waren es, die in der Mitte des vorigen Jahrhunderts aus Morgedal in Telemark das Bauernskilaufen in die Städte und von hier aus in alle Welt trugen.

Die relativ schnelle Verbreitung des Skilaufens nach den ersten Vorführungen norwegischer Bauernsöhne vor einem größeren Publikum in Christiania, dem heutigen Oslo, hat sicherlich mehrere Ursachen. Einer der Hauptgründe dürfte jedoch sein, daß das Skilaufen in diesen „Anfangsjahren" wie keine andere Sportart die Phantasie der Menschen anregte. In den Zeitungen wurde von tollkühnen und „verrückten" Männern berichtet, die mit 2 Holzbrettern unter den Füßen blitzschnell die schneebedeckten Berge hinunterfuhren oder durch die Luft flogen. Welchen Eindruck, aber auch Skepsis und Neugierde, diese Sensationsberichte bei „Nichtskiläufern" hervorrufen mußten, läßt sich nur vor dem Hintergrund der damaligen Zeit verstehen. Es gab keine Autos, weder Motorräder noch Flugzeuge. Das schnellste Verkehrsmittel war die gerade erfundene Eisenbahn, welche im Vergleich mit den „fliegenden" und auf Holzbrettern rasenden Menschen gar langsam anmutete.

Der nachhaltige Eindruck norwegischer Skiläufer im vorigen Jahrhundert in allen 5 Kontinenten läßt sich durch eine Vielzahl von Berichten dokumentieren. Ein Zitat aus dem Buch „Vi viste verden vinterveien" („Wir zeigten der Welt den Winterweg") von *J. F. Løchen* aus dem Jahr 1896 über *Karl Roll* soll dies verdeutlichen: „Schnell wie der Blitz änderte er *(Roll)* die Richtung, griff während der Fahrt nach seiner wegfliegenden Mütze, ein Christiania brachte ihn wieder in die Spur, gleich danach machte er einen Telemarkschwung, der den Schnee meterhoch wirbelte, und er stand ruhig vor den verblüfften Zuschauern. Diese unvergleichliche Vorstellung von höchster Kunstfertigkeit machte einen mächtigen Eindruck."

Von den vielen Berichten und Erzählungen aus den Anfangsjahren des sportlichen Skilaufens können im folgenden nur einige beispielhaft, gewissermaßen stellvertretend, für die vielen anderen in Kurzform wiedergegeben werden.

Skilaufen in Übersee

Einer der bekanntesten norwegischen Auswanderer, die maßgeblich dazu beitrugen, das Skilaufen in den USA, Alaska, Australien und Neuseeland bekannt zu machen, ist wohl *John Thoresen Rue,* der 1827 in Telemark geboren wurde. Seine „Geschichte" begann 1855, als der Sheriff von Carlson Valley einen mutigen Mann suchte, der während des Winters den Posttransport über die Rocky Mountains führen sollte, was in den Sommermonaten vom „Ponyexpreß" übernommen wurde. Aufgrund der Feindseligkeiten mit den Indianern war dieser Transport bereits im Sommer ein äußerst schwieriges Unterfangen, im Winter jedoch galt er als glatter Selbstmord. So nahm niemand das Angebot ernst, bis schließlich *John Rue,* in Amerika *John Thompson* genannt, die Stelle annahm. Am Abfahrtstag versammelte sich eine große Menschenmenge, um Abschied von dem tapferen Norweger zu nehmen, denn keiner konnte sich vorstellen, wie er nur mit den beiden Holzbrettern die ihm bevorstehende Fahrt bewältigen wollte. Als gleich in der ersten Nacht darüber hinaus auch noch ein Schneesturm aufkam, entstanden sofort die unglaublichsten Gerüchte über *John Thompsons* Schicksal. Als der Norweger jedoch nach 5 Tagen gelassen die Dorfstraße entlangspaziert kam, Postsack und Ski auf den Schultern tragend, verstummten sie so schnell, wie sie gekommen waren. Die Menschen trauten ihren Augen nicht, sie glaubten, ein Gespenst zu sehen, versuchten ihn zu berühren und wollten ihn sprechen hören. Einer nannte ihn „Snowshoe-Thompson", ein Name, den er seit diesem Tag trug. In den kommenden Jahren wurde *Snowshoe-Thompson* beinahe zu einer legendären Figur, denn während der 3 bis 4 Wintermonate bildete er die einzige, 150 km lange Verbindung über die Rocky Mountains zwischen Carlson Valley und Placerville. *Snowshoe-Thompson* und mit ihm viele andere norwegische Auswanderer trugen so-

mit auf ihre Weise dazu bei, daß das Skilaufen in Amerika sehr schnell eine große Popularität erlangte.
Schon am Ende des vorigen Jahrhunderts wurden in den USA große Skirennen veranstaltet, deren Sieger zumeist Goldpreise im Wert von bis zu 50 Dollar als Prämie erhielten.
Der norwegische Einfluß auf die Entwicklung des Skisports in den USA wird auch durch die im Jahre 1904 gegründete „National Ski Association of America" deutlich. Sowohl der erste Präsident, *Carl Televsen,* der erste Sekretär, *Axel Holter,* und auch der erste Kassenführer, *Erik Heuseth,* stammten aus Norwegen. Fast kurios anmutend erscheint es, daß Millionen von Amerikanern das Skilaufen im Zirkus kennenlernten. Allein im Jahr 1907 sahen ca. 4 Mio. Amerikaner, wie z. B. *Karl Hovelsen* aus Oslo im Zirkus Barnum und Bailey im Madison Square Garden in New York von einer künstlich errichteten Sprungschanze sprang.

Skilaufen in Mitteleuropa

Schon 1794 hatte der deutsche Philanthrop *Gerhard Ulrich Anton Vieth* in einem Buch dafür plädiert, das Skilaufen in die Leibeserziehung einzubauen, weil dies „schicklich, nützlich und angenehm sein dürfte". Auch die am Anfang des 19. Jahrhunderts vielerorts in Deutschland durch norwegische Studenten vorgenommene „Einführung" in die Kunst des Skilaufens konnte keinen entscheidenden Durchbruch für den Skisport in Deutschland bringen. Erst durch *Fridjof Nansens* Grönlandüberquerung im Jahr 1888 und seinen 3 Jahre später in deutscher Sprache erschienenen Expeditionsbericht wurde dem Skilaufen ein größeres öffentliches Interesse entgegengebracht. Ja man kann sogar sagen, daß die 90er Jahre von einem wahren „Nansen-Fieber" geprägt waren. Von nun an galt das Skilaufen, genau wie *Vieth* es vorausgeahnt hatte, kurioserweise nicht nur mehr als eine verrückte Männersache, sondern wurde mit der Zeit auch für Frauen als schicklich betrachtet (Abb. 2).
Welchen Einfluß und welche Vorbildfunktion die norwegischen Skiläufer für die Entwicklung des Skisports speziell auch in Deutschland hatten, läßt sich auch am Beispiel des ersten deutschen Skiclubs, des „Skiclub Todtnau" zeigen, der *Fridjof Nansen* zum Ehrenmitglied ernannte und sein Bild im Clublokal aufhängte.
Trotz des norwegischen Einflusses war das Skilaufen in Deutschland von Beginn an auch stark von Alpinisten und dem Alpinismus geprägt. Obwohl der spätere Gründer des deutschen und österreichischen Skiverbands *Wilhelm Paulcke* schon 1897 das Berner Oberland auf Ski durchquerte, eine Leistung, die dem Skisport in Mitteleuropa vielleicht zum endgültigen Durchbruch verhalf, sollte zwischen ihm und den Anhängern der „Norweger" und dem in ganz Mitteleuropa bekannten österreichischen Vorturner *Matthias Zdarsky* mit seiner „Lilienfelder-Fahrtechnik" ein heftiger Skistreit entstehen. Dieser Streit prägte auch die ersten beiden Jahrzehnte unseres Jahrhunderts im Hinblick auf die Entwicklung der Skitechnik.
Die eindeutige Vorrangstellung der „Norweger-Technik" am Anfang dieses Jahrhunderts ist sicher *Wilhelm Paulcke* zu verdanken, der ja maßgeblich auch das organisierte Skilaufen und somit den Wettkampfsport geprägt hat. Während der erste offizielle deutsche Meister, übrigens der norwegische Student *Bjarne Nilsson,* im Skilanglauf schon im Jahre 1900 gekürt wurde, konnten die ersten deutschen Meister im alpinen Skilauf, *Christel Cranz* und *Heli Lantscherner,* erst eine Generation später, nämlich im Jahr 1934 geehrt werden.
In Mitteleuropa bewahrte die „Norweger-Technik" bis in die 20er Jahre ihre Vormachtstellung, was auch auf den Auftritt norwegischer Skiläufer im Zirkus zurückzuführen sein dürfte. Denn kurz nach der Jahrhundertwende lernten sowohl in Öster-

Abb. 2 Ende des 19. Jahrhunderts wurde das Skilaufen auch für Frauen langsam „salonfähig".

reich als auch in Deutschland Millionen von Menschen das Skilaufen im Zirkus kennen. Welchen Eindruck die „Skiartisten" wie *Løiten, Skong, Erikssen* und *Nilssen* bei ihren Sprüngen auf einer Schanze mit einem 15 m hohen Anlaufturm und einer nur 30 cm breiten Anlaufspur auf einen Aufsprung, der 10 m vom Schanzentisch entfernt war, hinterließen, läßt sich nur abschätzen. Zeitungsberichten zufolge gehörten die norwegischen Skiakrobaten zu den wirklich großen Attraktionen im Zirkus Schumann und wurden zur damaligen Zeit zu den bestbezahlten Männern pro Sekunde gezählt.

Skilaufen als Wettkampfsport

Bei einer näheren Betrachtung der Entwicklung des sportlichen Skilaufens und des Wettkampfsports stellt man fest, daß das Skilaufen im Verlauf des 19. Jahrhunderts seinen Charakter stark änderte. Der Wald- und Geländeläufer, wie man ihn aus Telemark kannte, der sich durch seine Sprünge, gewagten Abfahrten und Sprungkombinationen auszeichnete, wurde allmählich durch das reglementierte Skilaufen auf den flachen Hügeln in der Nähe der Großstädte abgelöst. Seit Ende des vorigen Jahrhunderts gibt es offizielle Wettkampfregeln, und die Skitechnik wird von speziell ausgebildeten Skilehrern vermittelt. Der Skiläufer ist ab nun nicht mehr nur ein geländeangepaßter Läufer, sondern die Technik wird zunehmend mehr vom Milieu der Stadt und des sich entwickelnden Wettkampfsports bestimmt.

Ab 1866 wurde in Christiania (Oslo) jährlich ein Rennen veranstaltet, zu welchem 1868 auch der 43jährige Telemarker *Sondre Nordheim*, der Vater des modernen Skilaufens, eingeladen wurde, um sein großes Können zu demonstrieren. Welch großer Skiläufer *Sondre Nordheim* noch in diesem Alter war, kann wohl kaum besser als mit seinem damaligen Gewinn auf Iversløkker dokumentiert werden. Dieser Telemarker war gewissermaßen der erste Skiheld der modernen Skigeschichte und gleichzeitig Vorbild und Lehrmeister einer ganzen Skiläufergeneration.

Mit den jährlichen Veranstaltungen in Oslo begann eine schnelle Entwicklung des wettkampfmäßigen Skilaufens. Diese Rennen, die am Anfang zumeist als Kombinationsrennen aus Slalom, Springen und erst mit der Zeit auch aus Langlauf bestanden, können als der Beginn des modernen organisierten Wettkampfsports im heutigen Sinn betrachtet werden. Zwar wurde der erste bekannte Langlaufwettbewerb mit Zeitnahme, also in einer den heutigen Wettkämpfen vergleichbaren Form, bereits im Jahr 1843 in Tromø durchgeführt, jedoch waren die Wettkämpfe der damaligen Zeit eindeutig von den oben beschriebenen Kombinationsrennen geprägt. Bemerkenswert aus heutiger Sicht ist es, daß bei den damaligen Kombinationsrennen nicht Schnelligkeit und weite Sprünge, sondern die von Schiedsrichtern bewertete Eleganz und Elastizität der Ausführung über Sieg oder Niederlage bestimmten.

Die große Popularität des Wettkampfsports schon im vorigen Jahrhundert zeigt sich beim 1879 erstmals durchgeführten Huseby-Rennen, dem Vorläufer der ab 1892 jährlich veranstalteten Holmenkollen-Rennen. Schon bei den Huseby-Rennen waren Tausende von Zuschauern anwesend, und das erste Holmenkollen-Rennen lockte sogar ca. 20 000 Zuschauer an.

Die Huseby-Rennen, die aus Langlauf und Sprunglauf bestanden, können so als Vorläufer unserer heutigen nordischen Kombinationen angesehen werden. Beim Langlauf wurde aber nicht nur, wie es heute der Fall ist, die Zeit gemessen, sondern auch noch der Stil der Läufer in Kurven, Steigungen und in der Ebene von Schiedsrichtern bewertet. Auch bei der Bewertung des Sprunglaufs wurde neben dem Mut des Athleten großer Wert auf eine schöne Haltung und den schönen, sicheren Aufsprung gelegt.

Bemerkenswert ist, daß schon im Jahr 1883 bei den Huseby-Rennen eine ärztliche Kontrolle durchgeführt wurde.

Um die Jahrhundertwende kam es zu den ersten Vergleichen von norwegischen und mitteleuropäischen Skisportlern, deren Entwicklung zunehmend mehr zum alpinen Skilaufen hinführte. Obwohl die Norweger bei den ersten „offiziellen" Wettkämpfen in Mitteleuropa, wie z. B. im Jahr 1893 bei einem Rennen in der Steiermark, das aus Langlauf, Sprunglauf und Abfahrten im Gelände bestand, trotz Handicap noch gewinnen konnten, wurde der Einfluß der Skandinavier auf die Entwicklung des sportlichen Skilaufens in Mitteleuropa in den darauffolgenden Jahren immer geringer.

Um die Jahrhundertwende begann dann schließlich auch der Streit zwischen den Anhängern der Norweger- und Lilienfelder-Skitechnik, der zu einer völlig unterschiedlichen Entwicklung des skandinavischen und mitteleuropäischen Skilaufens führen sollte. Während in Mitteleuropa die von dem großen Vorreiter des alpinen Skilaufens, *Matthias Zdarsky*, eingeleitete Entwicklung fortgeführt wurde, entwickelte sich in Skandinavien, dank neuer Erfindungen und Entwicklungen, das Skilaufen immer mehr zu dem, was man heute den „nordischen Skilauf" nennt. Durch die Einführung der Zweistocktechnik am Ende des vorigen Jahrhunderts, durch neue und leichtere Ski, neue Bindungssysteme, vor allem aber durch die Einführung des bis dahin unbekannten Steigwachses wurde die Skilanglauftechnik zu einer Technik, die vorwiegend auf eine schnelle Laufgeschwindigkeit abzielte.

Roald Amundsen, der im Jahre 1911 den Kampf um den Südpol gegen den Engländer *Scott* nach einem 750 km langen Skimarsch gewinnen konnte, lieferte einen der eindrucksvollsten Beweise von der „Leistungsfähigkeit" des modernen Skilanglaufs.

Im Jahr 1910 wurde auf Initiative des norwegischen Skiverbands der erste internationale Skikongreß in Oslo mit insgesamt 12 Nationen abgehalten. Auf diesem Kongreß wurde ein erstes internationales Skireglement beschlossen. Dieses Jahr wird seither als das Gründerjahr für die internationale Zusammenarbeit im Skisport betrachtet. Das 1910 beschlossene Reglement trat 4 Jahre später in Kraft und erlangte 1922 allgemeine internationale Anerkennung. 2 Jahre später, im Jahr 1924, kam es schließlich zur Gründung des internationalen Skiverbands F.I.S. (Fédération Internationale de Ski) unter dem Vorsitz des schwedischen Oberst *Holmquist* und somit zur heute noch gültigen internationalen Wettkampf- und Organisationsstruktur des Skisports.

Diese Gründung des F.I.S. hatte eine schnelle Entwicklung des Wettkampfsports zur Folge. Schon im Gründungsjahr des Verbands wurde ein internationaler Wettkampf in Chamonix durchgeführt, der in die Skigeschichte als die ersten Olympischen Winterspiele eingehen sollte.

Skiwandern und Skitourismus

Der Ursprung des Skitourismus (breitensportliches Skilaufen) läßt sich ebenfalls bis in das vorige Jahrhundert zurückverfolgen. Durch die als Helden gefeierten Skisportler und durch die für die heutigen Menschen unvorstellbare Leistung von *Fridjof Nansen* bei seiner Grönlandüberquerung wurde das Skilaufen innerhalb weniger Jahre salonfähig. Die großen Kur-, Ferien- und Erholungsorte der Alpenländer, wie z. B. St. Moritz, die bis dahin nur für den Sommertourismus geöffnet waren, wurden in kurzer Zeit zu populären Wintersportgebieten. Der Wintertourismus war gekommen, um für eine Millionenschar von Menschen als Ferien- und Freizeitgestaltung und für viele vor allem auch als Broterwerb zu dienen. Die vor ca. 100 Jahren eingeleitete Entwicklung verhalf einer Unzahl von bis dahin abgelegenen Regionen zu einer wahren ökonomischen Blüte, sollte aber, wie es sich heute zeigt, gleichzeitig auch kaum mehr überschaubare ökologische Probleme mit sich bringen.

Der Mann, dem die Welt wohl am meisten die Verbreitung des Tourenskilaufens verdanken muß, ist der spätere Oberst und spätere Präsident des norwegischen Skiverbands, *Karl Roll.* Er war sicherlich einer der ersten, die während des Winters zum Camping ins Gebirge fuhren. Schon im Jahre 1884 ging er als junger Student auf Ski über das Gebirge von Bergen nach Christiania und muß neben *Fridjof Nansen* als einer der ersten großen Skiwanderer bezeichnet werden.

Auch in Mitteleuropa wurde das Tourenlaufen in den Anfangsjahren stark von *Nansens* Grönlandexpedition geprägt. Als Vorreiter des Tourenlaufs in Deutschland muß der Turner *Karl Otto,* allen voran aber *Wilhelm Paulcke,* einer der großen Männer des organisierten Skilaufs, angesehen werden.

Nach den ersten Anfängen des Tourenlaufs gab es auch in diesem Bereich des Skisports eine rapide Entwicklung. Die zunehmende Verbesserung der Ausrüstung sollte wesentlich dazu beitragen, daß sich immer mehr „Nichtskiläufer" auf die Bretter wagten und daß der Tourenskilauf und der breitensportliche Skilanglauf im Lauf unseres Jahrhunderts zu einem neuen skandinavischen „Exportschlager" wurden.

Skiwandern und Skitourismus

Abb. 3 Das Skiwandern zählt heute zu den beliebtesten Freizeitsportarten des Winterhalbjahrs.

Durch die zunehmende Bewegungsarmut in den Ballungsgebieten der modernen Industrienationen, der hiermit einhergehenden Suche nach gesundheitsfördernden Sportarten, sicherlich aber auch durch das Medium Fernsehen und die vielen Volkssportwettkämpfe erlangten der Skilanglauf und das Skiwandern während der 60er Jahre in Mitteleuropa große Popularität. Heute ziehen allein in der Bundesrepublik Deutschland etwa 4 Mio. Skilangläufer bzw. -wanderer jährlich ihre Spuren durch den Schnee, und es gibt wohl kaum mehr einen Wintersportort, der – wenn er etwas auf sich hält – dem Skilanglauf nicht einen entsprechenden Stellenwert in seinem Winterangebot einräumt (Abb. 3). Nicht zuletzt aufgrund der außergewöhnlich hohen Natur- und Freizeiterlebnisse zählen der Skilanglauf und das Skiwandern heute zu den populärsten „Gesundheitssportarten".

Zusammenfassung

1. Das Skilaufen läßt sich, z. B. anhand von Felszeichnungen, Jahrtausende zurückverfolgen.

2. Skilaufen wird zumindest seit der Wikingerzeit (vor ca. 1 000 Jahren) auch als „Sportart" betrieben.

3. Die Wiege des modernen Skilaufens stand in Morgedal in Norwegen, von wo aus die Bauernskiläufer, allen voran *Sondre Nordheim,* zu ihrem „Siegeszug" in alle Welt hinausgingen.

4. Mitentscheidend für die Verbreitung und die immer größer werdende Popularität des Skilaufens und insbesondere auch des Skiwanderns war die Grönlandüberquerung von *Fridjof Nansen* im Jahr 1888.

5. Durch die Einführung von Skiwachs und neuere, modernere Skiausrüstungen wurden die Voraussetzungen für das Skilanglaufen und Skiwandern auch als Breitensport gelegt.

6. 4 Mio. Skilangläufer und Skiwanderer allein in der Bundesrepublik Deutschland zeigen, welchen Stellenwert dieser Sport in unserer modernen Industriegesellschaft heute hat.

Lernerfolgskontrolle

1. Welchen Ursprung hat das Wort Ski?

2. Seit wann wird über das „sportliche" Skilaufen berichtet?

3. Wann wurde der Speziallanglauf als Wettkampfsport eingeführt?

4. Wann begann das organisierte Skilaufen in Deutschland?

5. Welche Faktoren haben dazu beigetragen, das Skilaufen zu einem Volkssport zu machen?

Physiologisch-medizinische Aspekte des Skilanglaufs und Skiwanderns

Aufgrund ihrer günstigen Auswirkungen auf das Herz-Kreislauf-Atmungs-System, den Stoffwechsel sowie den Bewegungsapparat erfüllen Skilanglauf und Skiwandern wie kaum eine andere Sportart die Voraussetzungen für ein gelenkschonendes, den ganzen Körper umfassendes Fitneßtraining. Die gute individuelle Belastungsmöglichkeit macht das Skilanglaufen und Skiwandern zu einer sehr familienfreundlichen Sportart. Auch im Rahmen der Sporttherapie, z. B. von Herz-Kreislauf-Patienten, hat das Skiwandern mittlerweile eine große Beliebtheit erlangt.

Die vielen positiven Aspekte dürfen jedoch nicht darüber hinwegtäuschen, daß Umwelt-, Klima- und Wetterfaktoren vor allem Skianfänger, aber auch erfahrene Skiläufer vor so manches Problem stellen können.

Es würde den Rahmen dieses Buchs sprengen, wollte man auf alle mit dem Skilanglaufen und -wandern zusammenhängenden physiologisch-medizinischen Aspekte eingehen. Im folgenden werden daher nur die für ein gesundheitsorientiertes Skilanglaufen bedeutsamen Faktoren besprochen. Einige Besonderheiten für die Sporttherapie, den Seniorensport sowie für ungeübte und untrainierte „Trimmanfänger" runden schließlich dieses Kapitel ab.

Aktiver Bewegungsapparat

Die Muskeln ermöglichen es dem Menschen, sich zu bewegen, Gegenstände zu heben und zu tragen, schlechthin körperlich aktiv zu sein. Ohne eine gut funktionierende Muskulatur ist also auch kein Skilanglaufen möglich. Jede aktive Bewegung des Menschen wird durch Nervenimpulse eingeleitet, die den Muskeln den Befehl zur Kontraktion geben. Die hierbei freiwerdenden Muskelkräfte werden auf das Knochengerüst übertragen, wodurch es zu Bewegungen bzw. Fixierungen der jeweiligen Gelenke kommt. Komplizierte nervale Steuermechanismen führen schließlich dazu, daß die einzelnen Muskelaktivitäten aufeinander abgestimmt werden und der Mensch nach längerem Üben auch komplizierte Bewegungsabläufe beherrschen kann.

Ein Muskel läßt sich vereinfachend als ein Gebilde aus mehreren Muskelsträngen, die ihrerseits aus Bündeln von Muskelfasern bestehen (bis zu 500 000 Fasern pro Muskel), beschreiben. Die Dicke der einzelnen Muskelfasern variiert zwischen 0,01 und 0,1 mm, und eine Faser kann bis zu mehreren Dezimetern lang werden.

Das Besondere an den Muskelfasern bzw. Muskelzellen im Vergleich zu anderen Zellen ist ihr kontraktiles System, d. h. ihre Eigenschaft, sich zusammenziehen zu können. Obwohl der genaue Ablauf dieses Mechanismus bis heute noch nicht eindeutig wissenschaftlich geklärt werden konnte, sind die vorliegenden Kenntnisse mehr als ausreichend, um die wesentlichen Abläufe einer Muskelkontraktion zu verdeutlichen.

Muskelkontraktion

Die Muskelkontraktion wird durch den speziellen Aufbau der Muskelfaser ermöglicht. Bei einer mikroskopischen Betrachtung stellt sich jede Muskelfaser als eine Kette von kleinen Einheiten, Sarkomere genannt, dar. Von den äußeren Grenzen eines jeden Sarkomers, den sog. Z-Linien, nehmen dünne Filamente, die im wesentlichen aus dem Protein Aktin bestehen, ihren Ursprung. Von dort aus ziehen sie parallel zur Mitte des Sarkomers.

Aktiver Bewegungsapparat

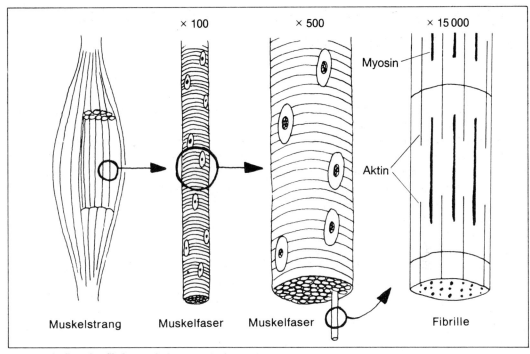

Abb. 4 Aufbau der Skelettmuskulatur (nach *de Marées, Mester* 1981).

In der Mitte des Sarkomers befinden sich die aus dem Protein Myosin bestehenden dickeren Filamente, die zwischen den Aktinfilamenten eingelagert sind (Abb. 4). Bei der Muskelkontraktion kommt es durch einen vorausgehenden Nervenimpuls zunächst zu einer Erhöhung der Kaliumkonzentration, der eine Filamentverschiebung folgt. Die Summe dieser Filamentbewegungen führt schließlich zur Kontraktion. Die den Muskel umgebende Faszie bzw. Muskelhaut und die Sehnen, die die Verbindung zu den Knochen darstellen, übertragen die von der Muskulatur entwickelte Kraft auf das Skelettsystem, wodurch schließlich eine Bewegung entsteht bzw. eine Haltung eingenommen werden kann.

Motorische Einheit

Für den Sport ist jedoch nicht diese soeben beschriebene isolierte Muskelkontraktion, sondern vielmehr die Funktion der kleinsten komplexen Einheit der Muskelarbeit von Interesse. Diese sog. motorische Einheit besteht aus der motorischen Nervenzelle des Rückgrats (Motoneuron), den Nervenbahnen mit den motorischen Endplatten und der von ihr gesteuerten Muskelfaser. Es werden grob 2 Typen von Motoneuronen und hieraus folgend 2 Hauptarten der Muskelkontraktion unterschieden (Abb. 5). Zum einen spricht man von den sog. „langsamen" oder langsam zuckenden Muskelfasern (ST-Fasern bzw. „slow twitch"-Fasern), zum anderen von den sog. „schnellen" oder schnell zuckenden Fasern (FT-Fasern bzw. „fast twitch"-Fasern). Beide Fasertypen unterscheiden sich sowohl in der biochemischen Zusammensetzung als auch im Innervationsmuster.

Das Hauptmerkmal der „langsamen Fasern", die auch tonische Fasern genannt werden, ist, daß sie relativ langsam aktiviert

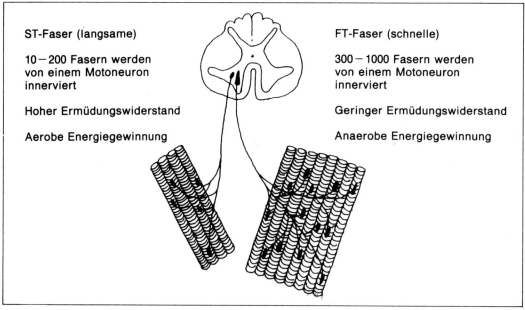

Abb. 5   Eigenschaften der verschiedenen Muskelfasertypen (aus *Lagerstrøm, Bjarnason* 1985).

werden (10 bis 20 Impulse pro Sekunde). Bei den ST-Fasern werden jeweils nur 10 bis 200 Fasern von einem Motoneuron innerviert, bei Muskeln, die sehr feine, präzise Bewegungen ausführen müssen, wie z. B. den Augenmuskeln, werden sogar nur 2 bis 3 Muskelfasern von einem Motoneuron innerviert.
Die „schnellen Fasern", die auch phasische Fasern genannt werden, können 30 bis 40 Impulse pro Sekunde erhalten. Bis zu 1 000 FT-Fasern können von einem Motoneuron versorgt werden.

Neben dieser Haupttypologisierung unterscheiden sich diese Fasertypen auch im strukturellen Bereich. Die langsamen Fasern weisen z. B. mehr Mitochondrien und aerobe Enzyme auf und eignen sich somit besonders gut für längerfristige (Ausdauer-)Arbeit. Die FT-Fasern haben ihrerseits eine größere Konzentration an Enzymen für die anaerobe Energiebereitstellung (Energiegewinnung ohne Sauerstoff). Sie sind somit besonders gut für Aktivitäten geeignet, die hohe, aber nur kurzfristige Leistungen verlangen (z. B. 100-m-Lauf).

Auf den Sport übertragen, heißt dies, daß die langsamen Fasern, die u. a. auch eine bessere Kapillarversorgung aufweisen, besonders gut für Ausdauersport, schnelle Fasern hingegen besser für kurzfristige Arbeit und Kraftarbeit geeignet sind.
Die Strukturunterschiede der Muskeln sind jedoch nicht nur aus muskelphysiologischer Sicht von Interesse, sondern haben für die Trainingsgestaltung eines jeden Sportlers auch große praktische Bedeutung. Bei der Betrachtung muskulärer Tätigkeiten stellt man fest, daß es bei leichter Arbeit fast nur zur Aktivierung langsamer Muskelfasern kommt. Erst bei steigender Belastung werden auch zunehmend mehr schnelle Fasern innerviert, bis bei maximalen Kontraktionen schließlich bis zu ca. 90% aller Fasern eines Muskels innerviert sind. Im Ausdauersport, wie z. B. bei längeren Dauer- oder Skilangläufen, werden, da es sich hierbei um vergleichsweise geringe Belastungen han-

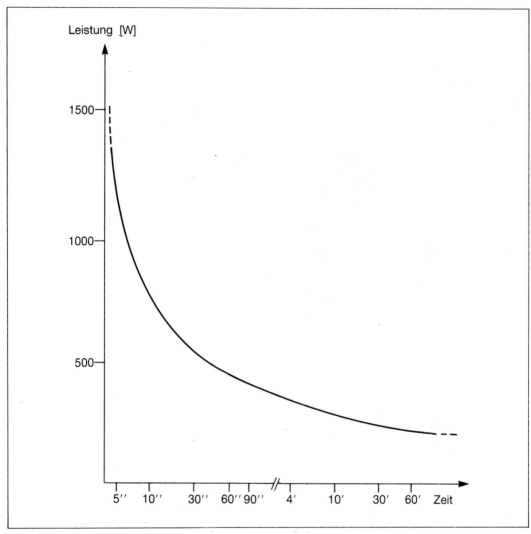

Abb. 6 Das durchschnittliche Leistungsvermögen eines erwachsenen Mannes in Abhängigkeit von der Zeit.

delt (Abb. 6), also vorwiegend langsame Fasern benötigt. Erst wenn die langsamen Fasern ermüden – dies ist bei gut trainierten Ausdauersportlern erst nach längeren Belastungen der Fall – werden in zunehmendem Maß auch schnelle Fasern innerviert. Hieraus läßt sich ableiten, daß bei einem gezielten, gesundheitsorientierten Skilanglauftraining die Verbesserung von Funktion und Kapazität der langsamen Fasern im Vordergrund stehen sollte.

Muskelkraft

Ein gezieltes und effektives Muskelkrafttraining setzt Kenntnisse über die speziellen Merkmale und die Auswirkungen der verschiedenen Krafttrainingsarten voraus. Da für die Entwicklung der Maximalkraft eine möglichst hohe Muskelspannung und eine niedrige Kontraktionsgeschwindigkeit notwendig sind, müssen hierbei andere Trainingsformen als bei einem auf Kraftausdauer ausgelegten Training gewählt werden. Zur Verbesserung der Maximalkraft sollte man daher vorwiegend auf die langsame dynamisch-exzentrische Arbeit (nachgebende Arbeit) oder auf isometrische Muskelkontraktionen zurückgreifen, während man bei einem langlaufspezifischen Kraftausdauertraining vorwiegend dynamisch-konzentrische Muskelarbeit (überwindende Arbeit) wählen sollte. Da bei einer genügend ausgeprägten Grundkraft der Kraftausdauer eine wesentlich größere Bedeutung zugesprochen werden muß als der Maximalkraft, sind für den Skilangläufer und -wanderer Imitationsübungen wie z. B. Seilzugübungen oder Zugübungen an isokinetischen Kraftmaschinen für eine Verbesserung der Stockarbeit besonders empfehlenswert. Der Vorteil eines derartigen Trainings liegt nicht zuletzt auch in der gleichzeitigen Koordinationsverbesserung.

Dehnfähigkeit des Muskels

Eine gute Muskelfunktion hängt jedoch nicht nur von der Muskelkraft und -ausdauer, sondern auch von der Elastizität des Muskels ab. Aus diesem Grund sollte auch der „Trimmorientierte" gezielte Dehnübungen in sein langlaufspezifisches Übungsrepertoire aufnehmen.

Zur Verbesserung der Dehnfähigkeit eines Muskels sind sowohl die strukturellen als auch die mechanischen Eigenschaften des Muskels von Bedeutung. Während der Anfang der Muskeldehnung vorwiegend auf die elastischen Eigenschaften der Muskelfibrillen zurückgeführt werden kann, werden bei größeren Dehnreizen zunehmend Ansprüche an die Dehnfähigkeit der Muskelhülle, des Bindegewebes und der Sehnen gestellt. Zur Erzielung eines optimalen Dehnreizes kommt es vor allem auch auf die Durchführung der Übung an. Als die derzeitig effektivste Form von Dehnübungen wird die vom amerikanischen Sportpädagogen *Robert „Bob" Anderson* entwickelte Stretching-Methode angesehen. Diese Methode, die heute in verschiedenen Variationen durchgeführt wird, zeichnet sich durch einen sehr langsam gesetzten und länger gehaltenen Dehnreiz aus. Hierdurch kommt es zu einer Herabsetzung des Streckreflexes und somit auch zu einem größeren Dehnreiz, als dies bei „herkömmlichen" Dehnübungen der Fall ist.

Eine besonders effektive Form des Stretchings, die übrigens vorwiegend für Fortgeschrittene geeignet ist, stellt die sog. CRS-Methode dar (Contract−Relax−Stretch). Dabei wird der Muskel zunächst einmal statisch bzw. isometrisch bis zu 30 s angespannt. Nach einer kurzen Entspannungszeit von wenigen Sekunden erfolgt eine langsame, aber maximale Dehnung, die 10 bis 30 s (im Einzelfall auch länger) gehalten wird. Die große Effektivität dieser Variante beruht auf der Herabsetzung des Muskeltonus durch die vorangestellte statische Muskelspannung.

Ein weiterer Vorteil der Stretching-Methode auch für den Breiten- und Gesundheitssport ist die hiermit gekoppelte Körperwahrnehmungsschulung. Wie bei kaum einer anderen sportlichen Trainingsmethode wird beim Stretching eine intensive Selbstbeobachtung gefordert und gefördert, und somit werden das Empfinden und das Bewußtsein für die beim Training ablaufenden psychosomatischen Prozesse auf sehr natürliche Weise geschult.

Passiver Bewegungsapparat

Obwohl das Skilanglaufen zu den sog. „gelenkschonenden" Sportarten zählt, müssen insbesondere auch bei einem Vorbereitungs- und „Trockentraining" die Überbelastungs- und Verletzungsgefahren des passiven Bewegungsapparats berücksichtigt werden. Da dieses System eine vergleichsweise langsame Anpassungsgeschwindigkeit aufweist (Abb. 7), wird es für viele Sportanfän-

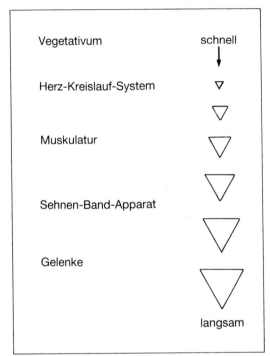

Abb. 7 Die Anpassungsgeschwindigkeit der verschiedenen Organsysteme.

Bewegungsapparates ausrichtet, darf man also nicht überrascht sein, wenn es zu Überbelastungserscheinungen oder gar zu Verletzungen kommt. Da die Entwicklung und Aufrechterhaltung der Leistungsfähigkeit von Knochen-, Bänder- und Gelenkstrukturen von wechselnden (Zug- und Druck-)Belastungen abhängen, sollte der Trimmanfänger gymnastischen Elementen immer einen entsprechenden Stellenwert in seinem Vorbereitungstraining einräumen.

Energiebereitstellung

Grundlage für die Muskelaktivität ist die Energiefreisetzung. Zur Energiegewinnung stehen dem Körper chemisch gebundene Brennstoffe zur Verfügung, die bei körperlicher Arbeit in mechanische Arbeit und Wärme umgesetzt werden. Dies sind
– energiereiche Phosphatbindungen (ATP und CP),
– Kohlenhydrate und
– Fette.

Die im Körper zur Verfügung stehenden Energiedepots befinden sich sowohl in der Muskulatur selbst, in der Blutbahn als auch an verschiedenen anderen Stellen des Körpers (z. B. in Leber, Unterhautfettgewebe etc.).
Bei kurzfristigen körperlichen Aktivitäten, wie z. B. bei einem maximalen 100-m-Lauf, wird der größte Teil der Energie aus den energiereichen Phosphatbindungen der Muskulatur bereitgestellt. In der Muskulatur sind hiervon insgesamt ca. 5 kcal gespeichert, die den Körper zu höchstens 10 s maximaler Muskelarbeit befähigen.
Für die anaerobe laktazide Energiebereitstellung, also Energiegewinnung durch Kohlenhydratabbau (Glykogenabbau) ohne Sauerstoff, verfügt der Körper über eine Energiemenge, die theoretisch für ca. 60 s maximale Muskelarbeit ausreicht. Diese Form der Energiebereitstellung braucht man vor allem bei intensiven Kurz- und

ger im wahrsten Sinne des Wortes zur „Achillesferse des Trainings".
Gerade bei älteren und jahrelang körperlich inaktiven Menschen sind die Überbelastungsprobleme des passiven Bewegungsapparats besonders groß, da eine lange Inaktivität die ohnehin nur sehr begrenzten Anpassungsmöglichkeiten im Alter zusätzlich reduziert. Als Beispiel sei hier das Lauftraining beim Trimmanfänger herangezogen.
Während es dabei schon nach wenigen Wochen zu deutlichen Leistungsverbesserungen sowohl des Herz-Kreislauf-Atmungs-Systems als auch der Muskulatur kommen kann, brauchen die Sehnen, Bänder und Gelenke Monate, bis sie sich an die neuen Belastungen angepaßt haben. Wenn man den Trainingsplan, wie es heute üblich ist, nach den Leistungsverbesserungen des Herz-Kreislauf-Atmungs-Systems und der Muskulatur und nicht nach denen des sich erheblich langsamer anpassenden passiven

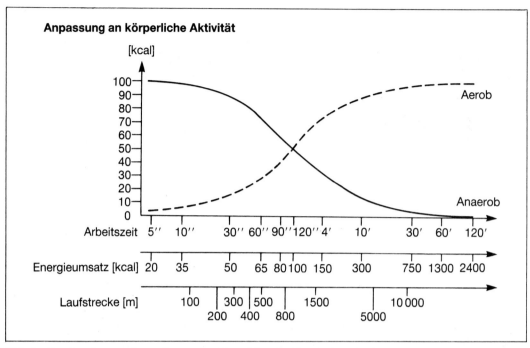

Abb. 8 Der Anteil an aerober und anaerober Energiebereitstellung bei maximaler Arbeit (aus *Berg, Lehmann, Keul* 1986).

Mittelzeitbelastungen, wie z. B. 200- und 400-m-Lauf, schnellen Zwischenspurts, oder wenn beim Skilanglauf kleinere bis mittlere Steigungen ohne Tempoverminderung durchlaufen werden (Abb. 8).

Bei mittel- und längerfristiger Arbeit (über Minuten oder Stunden) wird die Energie vorwiegend durch Verbrennung von Kohlenhydraten und Fetten mittels Sauerstoff gewonnen. Während bei bis zu halbstündigen Belastungen die Kohlenhydratverbrennung im Vordergrund steht, kommt mit zunehmender Belastungsdauer der Fettverbrennung eine immer größere Bedeutung zu. Aus diesem Grund sollte gerade der Skilangläufer und -wanderer sein Training vorwiegend darauf anlegen, die für längerfristige Belastungen erforderlichen Stoffwechselprozesse und die hiermit einhergehenden enzymatischen Anpassungsprozesse zu verbessern. Dies kann der breitensportlich orientierte Langläufer durch ein behutsam aufgebautes, mit der Zeit mehrmals wöchentlich durchgeführtes, wenig intensives (aerobes) Dauertraining von mindestens halb- bis dreiviertelstündiger Dauer erreichen.

Für den gesundheitsorientierten Skilangläufer und -wanderer sollte die Verbesserung der aeroben Ausdauer jedoch nicht nur aus trainingsphysiologischen, sondern insbesondere aus gesundheitlichen Erwägungen heraus im Vordergrund stehen. Biologisch betrachtet sind nämlich längere Dauerbelastungen im aeroben Bereich (d. h. mit einem Laktatwert von maximal 3–4 mmol/l Blut) nicht nur die Voraussetzungen für die erstrebenswerten Anpassungsvorgänge eines Skilangläufers, sondern stellen gleichzeitig auch die Belastungsform mit den größten gesundheitlichen Effekten dar (vgl. Tab. 2). Bei hohen Belastungsintensitäten bzw. Laufgeschwindigkeiten kann die benötigte Energie nicht mehr nur mit Hilfe des

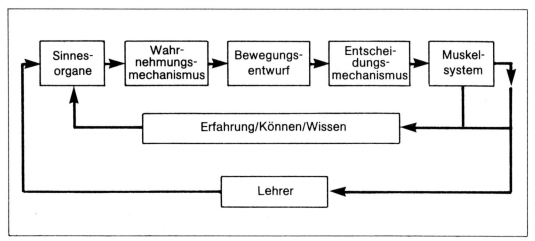

Abb. 9 Vereinfachtes Modell zum Bewegungslernen (aus *Lagerstrøm, Bjarnason* 1985).

aufgenommenen Sauerstoffs zur Verfügung gestellt werden (oxidative Phosphorylierung), sondern hierbei wird ein Teil der benötigten Energie über die Glykolyse (ohne Sauerstoff) bereitgestellt. Da die Glykolyse andere Stoffwechselprozesse zur Folge hat als die aerobe Energiebereitstellung, kommt es zwangsläufig bei Belastungen mit zu hoher Intensität sowohl zu geringeren aeroben Trainingseffekten im Sinne einer Langzeitausdauer als auch zu einer verminderten präventiven Wirkung. Bei einem aeroben Ausdauertraining kann also weniger (Intensität) manchmal mehr sein als viel!

Motorisches Lernen

Obwohl das Skilanglaufen und Skiwandern in der Grundform sicherlich nicht zu den motorisch anspruchsvollsten Sportarten gezählt werden, müssen auch bei einem Skianfängerunterricht die Gesetzmäßigkeiten des motorischen Lernens berücksichtigt werden. Unter physiologischen Gesichtspunkten stellt das motorische Lernen hohe Anforderungen an das Wahrnehmungsvermögen und die Fähigkeit, das Lernangebot zu behalten. Da den Sinnesorganen eine große Bedeutung für die Wahrnehmung zukommt, haben sie einen starken Einfluß auf das Bewegungslernen. Die sensorischen Reize sind es nämlich, die über sensible Nervenfasern zu den verarbeitenden Zentren geleitet werden, um dort einen Bewegungsentwurf entstehen zu lassen bzw. ausgeführte Bewegungen mit dem vorhandenen Bewegungsentwurf zu vergleichen. Bei Beeinträchtigungen der Sinnesorgane, wie z. B. altersbedingten Hör- und Sehveränderungen, kann es zu z. T. starken Verzögerungen des Lernprozesses kommen.

Bei einer schematischen Betrachtung des Bewegungslernens läßt sich der Lernprozeß in 5 Teilbereiche untergliedern (Abb. 9). Zunächst wird das Lernangebot, wie oben beschrieben, über die Sinnesorgane in den sensorischen Kurzzeitspeicher des Gehirns (Cortex oder Limbisches System) und von dort aus teilweise in die Langzeitspeicher des Gehirns weitergeleitet. Dort entsteht im Verlauf eines motorischen Lernprozesses ein Bewegungsentwurf, der mit der Zeit dann automatisch abgerufen und in entsprechende Bewegungen umgesetzt werden kann.

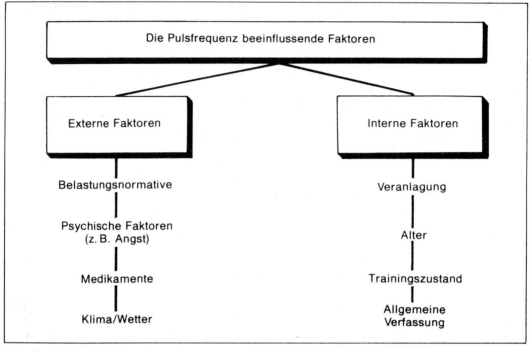

Abb. 10 Die wichtigsten internen und externen pulsfrequenzbeeinflussenden Faktoren (aus *Lagerstrøm, Bjarnason* 1985).

Kenntnisse über den motorischen Lernprozeß sind jedoch nicht nur für ein möglichst schnelles und erfolgreiches Lernen von Bedeutung, sondern bei älteren und wenig belastbaren Menschen auch für die Vermeidung von Überforderungen und Überlastungen unerläßlich. Gerade am Anfang des Lernens, wenn die Bewegung sich noch durch starke überflüssige Mitbewegungen und durch hohe Aktivitäten der Antagonisten (Gegenspieler jener Muskeln, die für die Bewegung verantwortlich sind) auszeichnet, kann es zu überproportional hohen Energieumsätzen kommen. In diesem Zusammenhang spricht man auch von einem ungünstigen Wirkungsgrad, d. h., es besteht ein ungünstiges Verhältnis zwischen Energieumsatz und in Bewegung umgesetzter Energie. Hierdurch läßt sich auch erklären, daß es bei methodischen Übungen und Lernprogrammen oft zu höheren körperlichen Beanspruchungen kommt als bei leichten Skiwanderungen.

Herz-Kreislauf-Reaktionen beim Skilanglauf

Für die Skilanglaufpraxis ist die Pulsfrequenz ggf. neben der Atemfrequenz die einzige objektive Möglichkeit, die Höhe der körperlichen Beanspruchung richtig einzuschätzen. Jedoch kann der gemessene Herzfrequenzwert so verschiedenartig beeinflußt sein, daß selbst erfahrene Sportlehrer häufig Schwierigkeiten haben, ihn richtig einzuordnen.
Wenn also die Herz- bzw. Pulsfrequenz zur Belastungsüberprüfung benutzt werden soll, ist es unerläßlich, sich eingehend mit den pulsfrequenzbeeinflussenden Faktoren zu beschäftigen (Abb. 10).

Während die Pulsfrequenz bei reinen Ausdauerbeanspruchungen (z. B. ruhiges Skilanglaufen oder -wandern in der Ebene) grundsätzlich wie z. B. beim Laufen beurteilt werden kann, bedarf sie bei Übungsprogrammen (z. B. Parallelspur), bei der Skigymnastik (z. B. Imitationsübungen), insbesondere aber auch bei psychischen Belastungen (Unsicherheit und Angst) einer sehr differenzierten Beurteilung.

Ein besonderes Problem ist das Heranziehen der Pulsfrequenz zur Beurteilung kurzfristiger Belastungen, da diese nur bedingt parallel mit den körperlichen Beanspruchungen einhergeht. Als Beispiel hierfür sei das Üben in der Parallelspur angeführt. Die eigentlichen Laufbelastungen dauern hierbei — je nach Loipenlänge — nicht mehr als 10 bis 30 s, was zur Folge hat, daß die Energiebereitstellung vorwiegend anaerob erfolgt. Da die Herzfrequenzreaktion bei anaerober Arbeit nicht wie bei aeroben Dauerbelastungen unmittelbar die Arbeitsintensität widerspiegelt, kann es bei kurzfristigen Aktivitäten zu hohen körperlichen Belastungen kommen, die sich jedoch nicht in einer vergleichbaren Pulsfrequenzbeschleunigung zeigen.

Da bei Herz-Kreislauf-Patienten kardiale Überbelastungen häufig frequenzabhängig sind (z. B. Herzrhythmusstörungen), muß man sich bei der Belastungskontrolle dieses Personenkreises immer auch an den gegebenen Pulsfrequenzwerten und nicht an deren Ursachen orientieren.

Für ein effektives und gezieltes Ausdauertraining sind die Ursachen der entstehenden Pulsfrequenzwerte jedoch von maßgeblicher Bedeutung. Hieraus ergibt sich, daß das Erreichen einer bestimmten Frequenz (z. B. in der Gymnastik) nicht unbedingt mit entsprechenden aeroben Asudauertrainingseffekten einhergehen muß. Andererseits kann das Überschreiten einer maximal festgelegten Pulsfrequenz (z. B. bei Herz-Kreislauf-Patienten) unabhängig von den Ursachen (z. B. psychischer Natur) Herz-Kreislauf-Komplikationen auslösen.

Belastungsuntersuchungen

Um die Überbelastungs- und Verletzungsgefahren beim Training und Sport so gering wie möglich zu halten, müssen ältere, jahrelang Inaktive sowie Personen mit Vorschädigungen vor Beginn sportlicher Aktivitäten ihren Gesundheitszustand überprüfen lassen. Für diesen Personenkreis sollte vor Aufnahme eines Skilanglauftrainings eine fahrradergometrische Belastungsuntersuchung zum festen Bestandteil der ärztlichen Voruntersuchung gehören. Als Mindestbelastbarkeit für ein gezieltes Ausdauertraining kann ca. 1 W/kg KG (1 Watt pro Kilogramm Körpergewicht) angesehen werden. Darüber hinaus ist für ältere und jahrelang inaktive Menschen auch die Überprüfung des Bewegungsapparates empfehlenswert. Gerade Trimmanfänger neigen zu Überbelastungen und Verletzungen des Bewegungsapparates, wodurch es zu Zwangspausen oder gar längeren Trainingsunterbrechungen kommen kann. Da Skilanglaufen und -wandern selbst besonders gelenkschonend sind, treffen die beschriebenen Überbelastungsprobleme des Bewegungsapparates vorwiegend auf das Vorbereitungs- und Aufbautraining zu.

Altersveränderungen

Das Alter geht mit z. T. erheblichen Veränderungen der Organe und Organsysteme einher. Während die Veränderungen im Bereich der Sinnesorgane einen großen Einfluß auf den Lernprozeß haben können, lassen z. B. Flüssigkeits- und Elastizitätsverlust von Muskeln, Bändern und Gelenken primär eine erhöhte Überbelastungs- und Verletzungsgefahr befürchten. Altersbedingte Veränderungen im Bereich des Nervensystems können zur Verlangsamung der Reaktionszeit führen. In Verbindung mit den erwähnten Sinnesveränderungen kann es zu unvorhersehbaren oder gar gefährlichen Situationen kommen, die darüber hin-

aus von älteren Menschen oft schlechter gemeistert werden als von jüngeren.
Problematischer als beim Skilanglaufen selbst müssen die Altersveränderungen bei der Durchführung von Vorbereitungsprogrammen erachtet werden. Da sowohl eine spezifische Skigymnastik als auch ein gezieltes Ausdauertraining relativ hohe Anforderungen an den Bewegungsapparat und das sensomotorische System stellen, müssen die altersbedingten Gegebenheiten hierbei eine entsprechende Berücksichtigung finden.
Bei älteren Menschen ist nicht nur die Kreislauffunktion (Leistungsfähigkeit), sondern oft auch die Kreislaufregulation verändert. Daher sollten diese Personen jene Übungen, die große Anforderungen an die Regulationsfähigkeit stellen, wie z. B. großräumige Kopfbewegungen, schnelle Drehbewegungen und Lageveränderungen, entweder gar nicht oder nur sehr sorgfältig und langsam durchführen.
Ein weiteres Problem stellt die Preßatmungsgefahr dar, die vor allem bei Übungen mit hohen Anforderungen an Kraft oder Konzentration (Verkrampfung) besteht. Demzufolge sollte man bei einem gezielten Krafttraining auf Maximalkraftübungen verzichten und dafür kraftausdauerorientierte Übungen ins Programm aufnehmen (Verringerung der Intensität zugunsten einer höheren Wiederholungszahl).

Klima- und Wetterfaktoren

Das menschliche Wohlbefinden, aber auch die Leistungsfähigkeit des Menschen werden unter anderem von Tages- und Jahresrhythmen sowie von einer Reihe von Klima- und Wetterfaktoren bestimmt.
Das Klima, unter dem man den mittleren Ablauf der Witterung versteht, wird stark von der geographischen Lage (z. B. Meer oder Inland), den örtlichen Gegebenheiten (z. B. Berge oder Seen) sowie von der Höhenlage des jeweiligen Ortes bestimmt. Da das Skilaufen vorwiegend in mittleren bis

größeren Höhen stattfinden muß, ist den Klimafaktoren bei der Planung und Durchführung von Skiaufenthalten und auch bei der Gestaltung eines Langlauftrainings immer ein entsprechender Stellenwert einzuräumen.
Unter Wetter versteht man im Gegensatz zum Klima nur die kurzfristigen und aperiodischen Vorgänge der Witterung. Es wird vor allem von der jeweiligen Temperatur, der Luftfeuchtigkeit sowie von den Windverhältnissen geprägt.
Im folgenden sollen lediglich die für das Skilanglauftraining und das Skiwandern wichtigen Faktoren sowie einige Besonderheiten für Herz-Kreislauf-Erkrankte hervorgehoben werden.

Höhe

Durch die zunehmende Erschließung und Einrichtung von Urlaubs-, Erholungs- und Kurorten in höher gelegenen Regionen sind höhenmedizinische Aspekte für den Skisport von besonderer Wichtigkeit.
Unsere heutigen Kenntnisse über die höhenspezifischen Einflüsse auf den menschlichen Organismus basieren auf zahlreichen wissenschaftlichen Untersuchungen, die sowohl unter akuten Höhenbedingungen als auch unter simulierten Sauerstoffmangelbedingungen (Hypoxiebedingungen) im Labor entstanden sind. Von den verschiedenen Höheneinflüssen auf den menschlichen Körper hat die Veränderung des Sauerstoffpartialdrucks für den Ausdauersport eine große praktische Bedeutung (Abb. 11).
Bei einer Betrachtung der höhenbedingten Einflüsse auf den Menschen kann man sich an den heute üblicherweise aufgestellten 4 Höhenregionen orientieren:
– Tieflandregion (0–400 m ü. M.)
– Subalpine Regionen mit leichten Reizfaktoren (400–1 100 m ü. M.)
– Alpine Regionen mit mäßigen bis kräftigen Reizfaktoren (1 200–1 900 m ü. M.)

Klima- und Wetterfaktoren

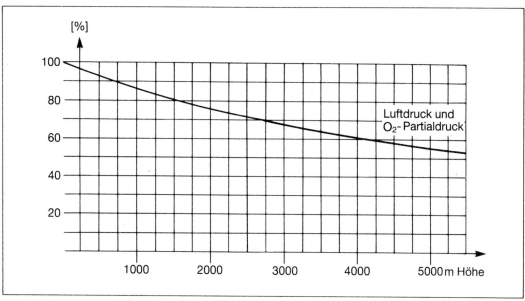

Abb. 11 Die prozentuale Änderung des Sauerstoffpartialdrucks mit zunehmender Höhe.

– Alpine Regionen mit intensiven Reizfaktoren (1 500–2 000 m ü. M.).

Da hochalpine Gebiete über 2 000 m für den Skilanglauf und das Skiwandern nur geringe Bedeutung haben, soll hierauf nicht näher eingegangen werden.
Die Sauerstoffsättigung des Blutes ist in subalpinen Regionen nicht wesentlich verändert und hat daher keinen Einfluß auf die körperliche Ausdauerleistungsfähigkeit. Demgegenüber kommt es in alpinen Gebieten (ab 1 000–1 500 m) schon zu meßbaren Leistungseinbußen durch die Veränderung der Sauerstoffsättigung im Blut. Bei Patienten mit Leistungseinschränkungen des Herz-Kreislauf-Systems kann es, wie eigene Untersuchungen gezeigt haben, schon in 1 300 m Höhe zu einer 10%igen Verminderung der Ausdauerleistungsfähigkeit kommen.
Höhenbedingte Leistungseinbußen hängen jedoch nicht nur von der Höhe, sondern in großem Maß auch von der Aufenthaltsdauer ab. Zeitlich gesehen läßt sich der Höhenaufenthalt in 3 Anpassungsstufen einteilen. Die

1. Anpassungsstufe, die durch eine erhöhte Atmungs- und Herz-Kreislauf-Aktivität gekennzeichnet ist, aber auch mit Schlafstörungen, Appetitlosigkeit und Gereiztheit einhergehen kann, tritt schon in den ersten Stunden eines Höhenaufenthalts auf. Gerade in dieser 1. Phase sollte sich der Breiten- und Gesundheitssportler nur geringen körperlichen Belastungen aussetzen, sein Verhalten auf die umweltbedingten Veränderungen einstellen und erst nach ein paar Tagen etwas anstrengendere Aktivitäten unternehmen. Besonders wichtig ist es, in den ersten Tagen den erhöhten Flüssigkeitsbedarf durch ausreichendes Trinken möglichst kohlensäurearmer und alkoholfreier Getränke zu decken.
In der 2. Phase der Akklimatisation, die mehrere Wochen dauern kann, kommt es zu einer systematischen Anpassung an die veränderten Umweltbedingungen. Durch die Vermehrung der roten Blutkörperchen wird die Sauerstofftransportkapazität des Blutes erhöht und somit die Verminderung des Sauerstoffpartialdruckes teilweise ausgeglichen. Die anfangs deutlich erhöhte At-

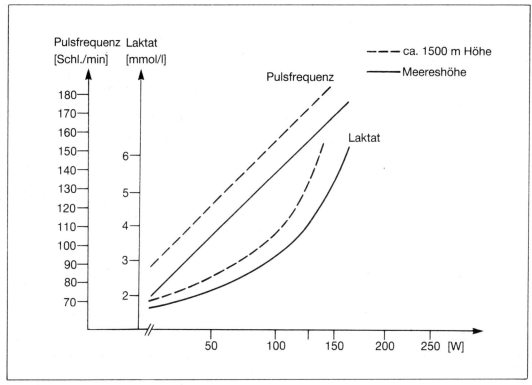

Abb. 12 Die Veränderung der Leistungsfähigkeit und der Belastungskriterien (Pulsfrequenz und Laktat) in ca. 1500 m Höhe.

mungs- und Kreislauftätigkeit (erhöhte Pulsfrequenz) normalisiert sich, ohne daß es jedoch zu einer vollen Kompensation der höhenbedingten Leistungseinbußen kommen kann. Auch bei längeren Urlaubsaufenthalten in größeren Höhen wird die Ausdauerleistungsfähigkeit also immer geringer sein als auf Meereshöhe.

Ein großes Problem für ein gezieltes Training stellt auch die Festlegung der richtigen Belastungsintensität dar. Da die höhenbedingten Leistungseinbußen nicht mit einer entsprechenden Veränderung des Belastungsempfindens einhergehen, sollte der Skilangläufer in der ersten Zeit seines Höhenaufenthalts großen Wert auf die Erarbeitung eines „neuen" Belastungsgefühls legen. Eigene Untersuchungen haben gezeigt, daß die stoffwechselbedingten Einbußen der Ausdauerleistung in der Höhe durch die Herz-Kreislauf-Tätigkeit kompensiert werden (Abb. 12). Für die Trainingspraxis bedeutet dies, daß die „normale" Trainingspulsfrequenz schon bei einer geringeren Belastung bzw. Laufgeschwindigkeit erreicht wird als auf Meereshöhe. Die praktische Konsequenz hieraus ist, daß man sich trotz der veränderten Leistungssituation in der Höhe beim Ausdauertraining sehr gut an der normalen Trainingspulsfrequenz orientieren kann. Obwohl man hierbei häufig das Gefühl hat, unterbelastet zu sein, sollte man sich an der Pulsfrequenz orientieren und nicht mehr tun, als der Körper erlaubt.

Temperatur

Bei der Planung und Durchführung von Skilanglauftraining und Skiwanderungen müssen auch die Temperatur- und Windverhält-

Klima- und Wetterfaktoren

Windstärke [Beaufort]	Windgeschwindigkeit [m/s]	[km/h]	Gemessene Temperatur [°C]									
			15	10	5	0	−5	−10	−15	−20	−25	−30
0	0	0	15	10	5	0	−5	−10	−15	−20	−25	−30
2	1,6–3,3	5,8–11,9	14	9	3	−2	−7	−12	−18	−23	−28	−33
3	3,4–5,4	12,2–19,4	10	4	−2	−8	−14	−20	−26	−32	−38	−44
4	5,5–7,9	19,8–28,4	8	2	−4	−11	−18	−25	−32	−38	−45	−52
5	8,0–10,7	28,8–38,5	7	0	−7	−14	−21	−29	−36	−43	−50	−57
6	10,8–13,8	38,0–49,7	5	−2	−9	−17	−24	−32	−39	−47	−54	−61
7	13,9–17,1	50,0–61,6	5	−3	−11	−18	−26	−34	−42	−49	−57	−65
8	17,2–20,7	61,9–74,5	4	−4	−11	−19	−27	−35	−43	−51	−59	−66
9	20,8–24,4	74,9–87,8	4	−4	−12	−20	−28	−36	−44	−52	−60	−68
Erfrierungsgefahr			Gering					Groß			Sehr groß	

(Rechte Spalte: Empfundene Temperatur [°C])

Tab. 1 Die Beziehung zwischen empfundener Temperatur, Windgeschwindigkeit sowie gemessener Temperatur.

nisse berücksichtigt werden. Gerade bei längeren Tages- und Mehrtageswanderungen muß man im Gebirge mit hohen Temperaturunterschieden rechnen. In diesem Zusammenhang ist es wichtig zu wissen, daß die Temperatur pro 100 Höhenmeter um ca. 0,5 bis 0,8°C absinkt.

Besonders problematisch können auch von der Sonne vorgetäuschte Frühlingstemperaturen werden. Nach Sonnenuntergang, vor allem auch in Verbindung mit aufkommendem Wind, kann es bei leichtbekleideten Langläufern sehr schnell zur Auskühlung oder gar zu Erfrierungen kommen (Tab. 1). Durch entsprechende Vorkehrungen im Hinblick auf die Ausrüstung lassen sich diese Gefahren jedoch weitgehend reduzieren. Für den Skilangläufer und -wanderer ist die Sonne aber nicht nur aufgrund ihrer starken Temperaturbeeinflussung, sondern auch aufgrund der hiermit zusammenhängenden Strahlungsprobleme von großer Wichtigkeit. Durch die geringere Luftdichte in der Höhe kommt es zu einer erhöhten ultravioletten Strahlung, die in Verbindung mit der Reflexion der Sonnenstrahlen durch den Schnee sehr schnell zu Sonnenbrand oder Schneeblindheit führen kann. Aus diesem Grund sollte man besonders in den ersten Tagen großen Wert auf einen ausreichenden Sonnenschutz durch Sonnencreme und -brille legen. Menschen ohne Haar ist das Tragen von Kopfbekleidung dringend anzuraten.

Wetterphasen

Außer den verschiedenen Wetterfaktoren haben auch die Wetterphasen einen erheblichen Einfluß auf das Wohlbefinden und die Leistungsfähigkeit des Menschen. Besonders problematisch in diesem Zusammenhang sind Wetterumschwünge sowie eine verzögerte Wetterberuhigung. Ein typisches Alpenphänomen ist der Föhn, der eine schnelle Wetteränderung, auch Wettersturz genannt, zur Folge haben kann. Bei vielen Menschen führt dies zu ganz erheblichen körperlichen, aber auch psychischen Belastungen. Bei Föhnlagen sollten körperliche Aktivitäten und Sport nicht nur von Menschen mit eingeschränkter Belastbarkeit sehr behutsam angegangen werden. Das Sammeln von eigenen Erfahrungen ist in diesem Zusammenhang sehr wichtig.

Gesundheitliche Aspekte

Gerade für die Menschen aus den Ballungsräumen der großen Industriegebiete stellt das Skilanglaufen eine Sportart mit hohen Erlebniswerten und – aufgrund seiner vielfältigen Reizsetzungen – auch eine Tätigkeit mit hohem gesundheitlichem Wert dar. Obwohl die Anpassungserscheinungen infolge sportlichen Trainings vom Umfang und von der Intensität abhängen, lassen sich bei einem breitensportlich angelegten Skilanglauftraining sehr vielfältige körperliche Beeinflussungen erzielen (Tab. 2).

Hierbei müssen zunächst die vegetativen Anpassungserscheinungen aufgeführt werden, deren augenscheinlichste Folge in einer Reduktion der Pulsfrequenz in Ruhe und auf gegebenen Belastungsstufen besteht. Diese Verlangsamung der Herzfrequenz bewirkt eine Herabsetzung des Sauerstoffbedarfs im Herzen, andererseits führt die verlängerte Ruhephase zwischen den einzelnen Herzschlägen zu einer besseren Durchblutung und somit auch zu einem erhöhten Sauerstoffangebot an den Herzmuskel. Dieser wünschenswerte Effekt eines Ausdauertrainings bildet einen relativen Schutz vor Überbelastungen des Herzens.

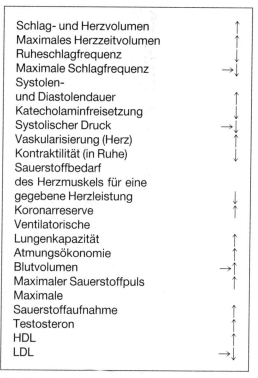

Tab. 2 Die Wirkungen eines Ausdauertrainings auf den menschlichen Körper (↑ vergrößert bzw. verbessert, ↓ vermindert bzw. verschlechtert, → unverändert) (aus *Völker, Madsen, Lagerstrøm* 1983).

Neben vegetativen Anpassungsmechanismen, die ja bereits nach wenigen Wochen feststellbar sind, zeigt sich eine verbesserte Regulation des gesamten Herz-Kreislauf-Atmungs-Systems durch ein gezieltes Ausdauertraining. Zu diesem Zweck muß das Skilanglauftraining wenigstens 3- bis 4mal wöchentlich mit einer Mindestdauer von 30 bis 45 min durchgeführt werden. Infolge eines derartigen Trainings kommt es neben anderen Effekten zur verbesserten Kapilarisierung der Arbeitsmuskulatur und zu einer Reduktion des Blutdrucks.

Schließlich werden die Muskelzellen durch Ausdauertraining in die Lage versetzt, die angebotene Energie besser zu verarbeiten, was sich schließlich in einer erhöhten körperlichen Leistungsfähigkeit bemerkbar macht. Die Veränderungen im Fettstoffwechsel und der hiermit einhergehende indirekte Schutz vor Arterienverkalkung sind in der heutigen Zeit als ein besonders wünschenswerter Effekt des Ausdauertrainings anzusehen.

An dieser Stelle müssen auch die hormonellen Veränderungen angeführt werden, die ein Ausdauertraining bewirken kann. Diese spielen insbesondere für den sog. Streßabbau eine außerordentlich bedeutende Rolle. Nach wie vor gibt es nur eine Möglichkeit, Streßhormone auf normalem Weg abzubauen, nämlich durch gezielte körperliche Aktivität. Ein Ausdauertraining ist somit auch ein Entspannungstraining.

Schließlich sei noch erwähnt, daß Skilanglaufen und -wandern mit den vielfältigen Klima- und Wetterreizen auch zu einer Abhärtung und positiven Beeinflussung der Wärme- bzw. Temperaturregulation führen. Da eine intakte Thermoregulation den besten Schutz gegenüber den „großen" Erkrankungen unserer Zeit, den scheinbar banalen Erkältungen, bildet, verdient es dieser Punkt eigentlich nicht, an letzter Stelle genannt zu werden.

Zusammenfassung

1. Für Ausdauerleistungen sind die langsamen (ST-Fasern), für Kraftleistungen die schnellen Muskelfasern (FT-Fasern) am wichtigsten.

2. Beim Krafttraining sollte der Skilangläufer den Schwerpunkt auf die Verbesserung der Kraftausdauer legen.

3. Bei einem Ausdauertraining für Trimmanfänger muß man in der ersten Zeit (Wochen) das Hauptaugenmerk auf die Anpassungen des passiven Bewegungsapparates (Knochen, Sehnen, Bänder und Gelenke) legen.

4. Bei einem langlaufspezifischen Training sollte die aerobe Ausdauer im Vordergrund stehen.

5. Bei einem Höhenaufenthalt sollte man sich in den ersten Tagen nur mäßigen körperlichen Anstrengungen unterziehen.

6. Bei längeren Gebirgswanderungen sind Kenntnisse regionaler Besonderheiten und gute Planung besonders wichtig.

7. Die hohen gesundheitlichen Effekte des Skilanglaufens und -wanderns liegen sowohl in ihren Bewegungsformen als auch in den hohen Erlebniswerten begründet.

Lernerfolgskontrolle

1. Was kennzeichnet eine ausdauertrainierte Muskulatur?

2. Was versteht man unter der CRS-Methode?

3. Welche Energiequellen werden bei langen Skiwanderungen besonders beansprucht?

4. Bei welchen Aktivitäten läßt sich die Pulsfrequenz sehr gut, bei welchen nicht so gut als Belastungsmaß heranziehen?

5. Welche Altersveränderungen beeinflussen den Lernprozeß?

6. Wie kann man die Trainingsbelastung beim Skilanglauf in 1 800 m Höhe kontrollieren?

7. Ab welchen Temperaturen kommt es zu einer großen Auskühlungs- und Erfrierungsgefahr?

8. Welches sind die wichtigsten gesundheitlichen Effekte eines gezielten Ausdauertrainings?

Gerätemäßige und organisatorische Voraussetzungen

Skilanglauf und Skiwandern gehören zu den Natursportarten, die einen relativ geringen gerätetechnischen und organisatorischen Aufwand erfordern.

Gleichwohl ist es unerläßlich, sich mit der erforderlichen Ausrüstung und mit organisatorischen Fragen auseinanderzusetzen, bevor man einen Einstieg in diese Sportart vornehmen wird. Bestimmte Kenntnisse in besagten Bereichen ermöglichen es, viel Geld, Zeit und Ärger zu sparen. Die wichtigsten Punkte sind in diesem Kapitel zusammengefaßt.

Skiausrüstung

Geschichtlicher Abriß

Daß das Skilaufen nicht erst in unserem Jahrhundert betrieben wurde, ist bereits im 1. Kapitel dieses Buchs dargestellt. Hieraus geht auch hervor, daß der Ski bzw. die Skiausrüstung ein jahrtausendealtes Gerät ist. Schon aus dem Altertum liegen die ersten fundierten Kenntnisse über die Skiausrüstung vor. Aus dieser Zeit sind mindestens 4 verschiedene Skitypen bekannt:

Der arktische Ski war kurz, breit und mit Fell bezogen. Er hatte senkrechte Löcher für die Bindungen, und seine Enden waren spitz zulaufend. Er war östlich des Urals, in Nordrußland und in Nordskandinavien beheimatet.

Der südländische Ski war ebenfalls kurz und breit, jedoch nicht fellbezogen, und seine Enden waren rechtwinklig abgeschnitten. Wahrscheinlich hat er sich aus einem schiffsähnlichen Rumpf entwickelt, wie man ihn heute noch in den Sumpfgebieten Südjugoslawiens trägt. Er hatte einen ausgehöhlten Platz für den Fuß oder aufgesetzte Seitenleisten, an denen die Zehenbänder angebracht wurden. Der Läufer konnte sich an einem Seil, welches an der Skispitze befestigt war, festhalten.

Die Weiterentwicklung des südländischen Skis in der Bronzezeit wurde als skandischer Skityp bezeichnet. Dieser hatte unter dem Fuß eine Verdickung, wodurch eine Bohrung für die Zehenriemen Platz hatte. Es gab bereits eine Seitenleiste (Steuerkante), und der Ski wies schon eine Spannung auf. Die Seitenkanten wurden dann mit der Zeit zur Skirinne weiterentwickelt, eine Entwicklung, die in den ersten Jahrhunderten unserer Zeitrechnung abgeschlossen war. Der skandische Skityp gilt als der erste vollkommene Ski, den wir kennen.

Parallel zur Entwicklung des skandischen Skityps entstand der südwest-norwegische Typ, aus dem sich später der Telemarkski entwickelte. Von der Entwicklung dieses Typs ist jedoch nur wenig überliefert.

Der zentral-nordische Skityp hat sich wahrscheinlich aus dem arktischen und dem südländischen Skityp entwickelt. Er bestand aus dem linken, ca. 1,60 m langen „Langski" und dem rechten, ca. 95 cm langen „Abstoßski".

Weitere wesentliche Meilensteine in der Skientwicklung sind aus der Neuzeit bekannt. In der Mitte des 19. Jahrhunderts wurde z. B. von dem Norweger *Sondre Nordheim*, einem Telemarker, die Weidebindung erfunden, die eine stark verbesserte

Skiführung erlaubte. Im Jahr 1887 begann in Norwegen eine Entwicklung, die einen starken Einfluß auf die Skitechnik hatte. In diesem Jahr wurden erstmals 2 Skistöcke bei einem Laufwettbewerb eingesetzt, während man zuvor ja nur mit 1 Stock gelaufen war. Um die Jahrhundertwende vollzogen sich dann sehr entscheidende Schritte in der Entwicklung von Ski und Bindung. Im Jahr 1893 gab es den ersten verleimten Ski von *Edward Lillenhagen,* und 1894 entwickelte *Fritz Hütfeld* eine Eisenröhrenbindung. Als schließlich im Jahre 1904 von *Høyer Ellefsen* die Strammer erfunden wurden, war das Tragen von Schuhen mit fester Sohle und damit eine stark verbesserte Skiführung möglich.

Bahnbrechend für die weitere Entwicklung der Lauftechnik war sicherlich die Erfindung des Steigwachses. Im Jahr 1903 wurde erstmalig ein von *T. Heusen* entwickeltes Wachs (Rekord) verkauft, und 1914 gewann *Østby* am Holmenkollen sein Rennen mit einem mit Klister präparierten Ski. Bemerkenswert wird diese Tatsache, wenn man bedenkt, daß *Østby* weder zuvor noch danach ein bedeutendes Rennen mit einer hervorragenden Plazierung abschließen konnte.

Ein weiterer Meilenstein in der Entwicklung der Skilanglaufausrüstung war die 1927 vorgestellte Rottafella-Bindung, die noch bis heute als Langlaufbindung gebräuchlich ist. Die zunehmende Technisierung erschloß in den letzten Jahrzehnten neue Materialien für den Skibau. Vollkunststoff- und „Nowax-Ski" sind heute gebräuchlich. Auch die maschinelle Präparierung der Spuren hatte einen deutlichen Einfluß auf die Entwicklung der heutigen Skiausrüstung.

Moderne Skiausrüstung

In den vergangenen 10 Jahren wurde dem „Skilanglaufboom" durch eine Angebotsflut aus dem Bereich der entsprechenden Industrie Rechnung getragen. Daher ist es heute sicherlich mühelos möglich, allein für eine Skilanglaufausrüstung mehr als DM 650,– (ohne Bekleidung) auszugeben. Ob dies jedoch in jedem Fall sinnvoll ist, sollte sehr sorgfältig überlegt werden.

Durch Ausnutzen vielfältiger Sonderangebote (z. B. Auslaufmodelle) ist es meist ab den Monaten April/Mai bis September/Oktober gut möglich, erhebliche Einsparungen zu machen.

Sparen darf man jedoch nicht an der falschen Stelle. Beim Kauf einer Langlaufausrüstung sollte man deswegen folgende Prioritätenliste anwenden:
1. Priorität: Schuh-Bindungs-System
2. Priorität: Ski
3. Priorität: Stöcke.

Schuh-Bindungs-Systeme

In den Langlaufschuhen steht bzw. bewegt man sich u. U. den ganzen Tag, wenn nicht auf den Skiern, dann bei Wanderpausen oder beim Kaffeehausbesuch. Daher sollte man beim Schuhkauf am wenigsten sparen. Der Kauf ist selbstverständlich davon abhängig, für welchen Zweck die Schuhe benötigt werden. Ob man primär in ungespurtem Schnee laufen oder Wettkämpfe in bestens präparierten Loipen bestreiten will, ist natürlich mitentscheidend für die Auswahl der Schuhe. Egal für welchen Zweck der Schuh bestimmt ist, er muß auf jeden Fall gut passen. Folgende Kriterien sind beim Schuhkauf besonders zu beachten.

Schuhsohlen

Die Sohlen sollten in Längsrichtung biegsam sein (Abrollbewegung), gleichzeitig jedoch möglichst geringe Verwindung um die Längsachse zulassen. Wenn der Schuh fest in die Bindung eingespannt ist und man seitlich gegen die Ferse drückt, sollte er möglichst wenig nachgeben. Außerdem muß die Sohle rutschfest sein. Je dicker die Sohle ist, um so größer ist auch die Wärmeisolation. Gerade der Skiwanderer, der den Schuh auch einmal als „Laufschuh" benutzt, sollte immer auf eine entsprechende Sohlendicke achten.

Schuhobermaterial

Als Obermaterialien werden Gummi, Leder und Kunststoff angeboten. Auch Mischformen sind auf dem Markt. Sehr wichtig ist es, darauf zu achten, daß sich im Schuh keine Knicke oder Wülste im Bereich der Zehengrundgelenke bilden. Diese können nämlich am Fuß schon nach kurzer Zeit zu schmerzhaften Blasen führen.
Gummischuhe lassen keine Feuchtigkeit von außen an den Fuß, leider aber auch nicht von innen nach außen. Daher sollte man solche Schuhe nur wählen, wenn man im Fußbereich wenig schwitzt.
Lederschuhe haben den Vorteil, daß sie leicht sind und sich an Bewegungen des Fußes gut anpassen. Dies beugt Blasenbildungen vor. Wenn sie zusätzlich plastifiziert sind, lassen auch Lederschuhe wenig Feuchtigkeit an den Fuß.
Kunststoffschuhe besitzen den Vorteil, daß sie sehr leicht sind. Es gibt heute sehr gute Kunststoffmaterialien (Goretex), die wasserabweisend sind, trotzdem aber eine sehr gute Atmungsaktivität aufweisen.

Schuhverarbeitung/-form

Neben den halbhohen Rennschuhen, die vom Schnitt her mit Joggingschuhen vergleichbar sind, gibt es auch die überknöchelhohen Wanderschuhe. Für alle Modelle gilt, daß sie ein gutes Fußbett aufweisen müssen (ggf. auswechselbare schweißaufsaugende Einlegesohlen mit orthopädisch geformtem Fußbett), da sie insbesondere im (hochgezogenen) Fersenbereich gut sitzen sollen und damit sich, wie schon erwähnt, keine Abrollwülste bilden.
Für Skiwanderer, ungeübte und ältere Läufer sind höhere Schuhe mit einer gut isolierenden Sohle zu empfehlen. Sie sind wärmer und geben dem Fuß einen besseren Halt als die Halbschuhe. In ihnen kann man übrigens auch durch ungespurtes Gelände laufen, ohne gleich nasse Füße zu bekommen. Für fortgeschrittene Trimmläufer, die auch auf eine hohe Laufgeschwindigkeit Wert legen, sind leichtere Modelle zu empfehlen. Auch diese können den Knöchel einschließen. Für den sportlichen Läufer, der ausschließlich in gut präparierten Loipen trainiert, ist ein leichter Halbschuh zu empfehlen.

Bindungssysteme

Eng mit der Schuhfrage ist das Problem der Bindung verknüpft. Sie stellt die funktionelle Verbindung zwischen Ski und Körper her und muß daher ebenfalls sehr sorgfältig ausgewählt werden.
Die meisten der oben beschriebenen Schuhformen sind heute mit den verschiedenen Bindungssystemen kombinierbar. Bis vor wenigen Jahren waren noch die Nordic-Norm-Bindungen 75 mm und 50 mm marktbestimmend (NN 75, NN 50). Die NN-75-Bindung ist auch heute noch vielfach vorzufinden (Leihausrüstungen), jedoch ist eine Ablösung dieses Systems voraussehbar.
Dies gilt eingeschränkt auch für die NN-50-Bindung, die in der Regel mit den Sohlenstärken 7 mm (Racing) und 12 mm (Touring) zu erhalten ist.
Die Nachteile dieser weiterentwickelten „Rattenfallenbindungen" liegen in der Hauptsache in der eingeschränkten Fersenfreiheit, da der Vorderfuß mit der Bindung fest fixiert wird.
In den letzten Jahren hat die Entwicklung der Bindungssysteme entscheidende Fortschritte gemacht. Durch die Verlagerung des Abrollbereichs vom Vorderfuß an die Schuhspitze hat man eine viel größere Fersenfreiheit erreicht. Als Nebenprodukt ist dadurch gleichzeitig auch das Problem der Biegewülste am Schuh beseitigt.
Das Salomon-Nordic-System (SNS) war hier der Pionier. Inzwischen gibt es aber ver-

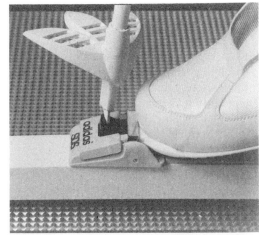
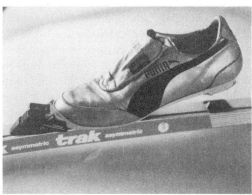

Abb. 13 Einige Beispiele für moderne Schuh-Bindungs-Systeme.

schiedene vergleichbare Systeme wie das Contact-Racing-System, das RNC-System von Rossignol oder das SDS-System von adidas, bei welchen ebenfalls die Bindungen beweglich gelagert sind (Abb. 13).

Diese Systeme sind auch deswegen besonders empfehlenswert, weil sie eine außerordentlich gute Skiführung ermöglichen. Die meisten dieser Systeme bieten Modelle an, die mit dem Stock zu öffnen sind. Diese Bedienungsvereinfachung kann sich für den Breitensportler jedoch auch als Nachteil erweisen, wenn man beispielsweise nach Stürzen in unbequemen Situationen im Schnee liegt und sich aus den Bindungen lösen will. Dies ist oftmals nur mit Hilfe des Stocks oder mit erheblichem Kraftaufwand möglich.

Obwohl die zuletzt beschriebenen Bindungssysteme etwa doppelt so viel kosten wie die NN-Bindungen, sind sie aufgrund der beschriebenen Vorteile auch für den breitensportlich orientierten Skilangläufer und -wanderer empfehlenswert.

Ski

Die Auswahl des richtigen Skimodells kann den Erfolg oder Mißerfolg der „Langlaufbemühungen" stark beeinflussen. Jedoch kann man hier ggf. leichter ein paar Mark sparen, als dies beim Schuh-Bindungs-System getan werden sollte.

Die ausgesprochen große Modellvielfalt macht die gezielte Auswahl für den Laien fast unmöglich. Eine gewisse Orientierungshilfe bieten jedoch die von der Industrie eingeführten Typenbezeichnungen:

S = Sportski
A = Allroundski
L = Lernski
W = Wanderski.

Damit diese Einteilung bei der Skiwahl weiterhelfen kann, ist eine objektive Selbsteinschätzung erforderlich. Stufen Sie sich also möglichst realistisch in eine der folgenden Gruppen ein:
- Beherrschung aller Langlauftechniken, dynamisch und ausdauernd, Bewältigung jeder Loipe, leistungssportlich orientiert: Skityp S.
- Beherrschung der wesentlichen Langlauftechniken, mittlere Spurschwierigkeiten werden bewältigt, sportliches Training angestrebt (Trimmer): Skityp A.
- Beherrschung weniger oder keiner Techniken (Skiwanderer, Anfänger), gesundheitssportliche Motive: Skityp L.
- Beherrschung der wesentlichsten Techniken, abseits präparierter Loipen in leichtem Gelände (Skiwanderer): Skityp W.

Sportski gehören in der Regel der oberen Preiskategorie an (ca. DM 250,− bis 400,−), sind sehr leicht (500−600 g pro Ski) und sehr schmal (44−46 mm). S-Ski haben eine starke Vorspannung und können daher nur von Läufern mit guter Technik und Kondition beherrscht werden.

Allroundski kann man schon ab etwa DM 150,− bis 250,− in guter Qualität erhalten. Ski dieser Kategorie sind etwa 800 g schwer, zwischen 47 und 50 mm breit und weisen etwas weniger Spannung auf als der S-Ski (nicht so hart).

Lern- und Wanderski werden meist in einer Preiskategorie bis DM 200,− angeboten. Sonderangebote können schon für unter DM 100,− gekauft werden. Ski dieses Typs sind deutlich schwerer als der S- und A-Ski (ca. 1000 g) und in der Regel zwischen 50 und 60 mm breit. S/A-Ski haben eine geringe Spannung.

Bevor auf weitere Kriterien der Skiwahl eingegangen wird, sollen zunächst kurz die Prinzipien des Vorwärtskommens beim Skilanglauf erläutert werden (vgl. hierzu auch S. 67ff.). Nur bei einem diesbezüglichen Verständnis sind die Begriffe Wachs- und Nowax-Ski richtig einzuordnen.

Damit ein Läufer sich vorwärts bewegen kann, benötigt er einen Widerstand. An diesem kann er sich abstoßen, um anschließend vorwärts zu gleiten. Einerseits ist dies mit den Stöcken möglich. Spätestens bei Anstiegen merkt man jedoch, daß diese Abstoßhilfe allein eine viel zu geringe Wirkung hat. Man muß sich also auch mit den Beinen abstoßen (abdrücken) können. Der Ski muß beim Abstoß einen Widerstand im Schnee finden, dieser Widerstand muß jedoch nach kurzer Zeit aufgehoben sein, damit ein Vorwärtsgleiten möglich ist.

Aus diesem Grund sind Langlaufski nach bestimmten Prinzipien aufgebaut, die Abdruck und Gleiten gleichermaßen ermöglichen (Abb. 14a−c). Die Skispannung sorgt dafür, daß bei einem richtig ausgewählten Ski in der Gleitphase nur die Gleitzonen Kontakt zur Loipe haben. Der Bereich der Skisohle, der für die Verzahnung des Belags mit dem Schnee zuständig ist (Steigzone), darf erst beim Abdruck Schneekontakt (Widerstand) bekommen. Nach dem Abdruck muß die Ski-Schnee-Verzahnung „blitzschnell" wieder gelöst werden, damit der Läufer ohne Behinderung gleiten kann.

Es gibt unterschiedliche Möglichkeiten, die Verzahnung zu erreichen. Man benutzt einerseits Steigwachse (Hartwachs oder Klister), andererseits gibt es auch „eingebaute" Steighilfen, die für den guten Abdruck sorgen können.

Leider rufen die Ausdrücke Wachs- und Nowax-Ski immer wieder Verwirrung her-

Skiausrüstung: Ski

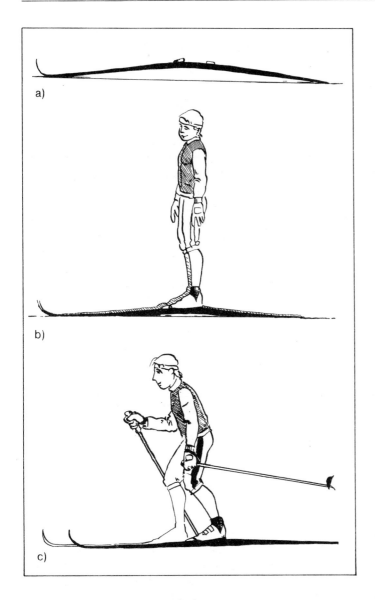

Abb. 14 Die Vorspannung (a), Spannung (b) und das Verhalten beim Abdruck (c) eines modernen Langlaufskis.

vor, denn nach dem derzeitigen technischen Stand gibt es keine echten Nowax-Ski (Tab. 3). Auch Ski mit Steighilfen (eben die sog. Nowax-Ski) müssen – zumindest hin und wieder – gewachst werden, damit sie ihre Gleiteigenschaften behalten und der Belag geschont wird. Ein nicht gewachster Skibelag verliert in einem Jahr durch Oxidation bis zu 30% seines Gleitvermögens. Das Wachsen des Nowax-Skis bezieht sich auf die Gleitzonen. Es handelt sich dabei um das Auftragen von Gleitwachs (Paraffin). Steigwachs (Hartwachs oder Klister) wird tatsächlich nur auf Wachsski aufgetragen, und zwar auf deren Abdruck- oder Steigzone. Dies ist der Bereich der Ski, in dem beim Nowax-Ski die Steighilfen (Schuppen, Fellstreifen, Mikroschuppen etc.) eingearbeitet sind. Allein das Auftragen dieses Steigwachses (Haftwachs) ermöglicht beim Wachsski den Abdruck und somit ein Vorwärtskommen. Da das Wachsen mit Steig-

Skiart \ Präparationszone	Abdruckzone	Vordere und hintere Gleitzone
Wachsski (meist Kategorie S, gelegentlich A)	Haftwachs (Hartwachs/Klister)	Gleitwachs (Paraffin) einbügeln
Steighilfeski (meist Kategorie W/L und A, gelegentlich auch S) („Nowax-Ski")	Gelegentliches Auftragen von Gleitmitteln aus Tube oder Dose („Schuppenspray")	Hart-, Tuben- oder Spraywachs, Hartwachs ggf. auch einbügeln

Tab. 3 Skiart und richtiges Wachsen.

wachs mitunter sehr schwierig sein kann (z. B. bei Temperaturen um 0°C), sollte der Wachsski vorwiegend dem Wettkämpfer vorbehalten bleiben.

Bei den Steighilfeski gibt es verschiedene Arten. Entweder sind Strukturen aus dem Belag herausgefräst (negative Strukturen), oder der Belag ist so geprägt, daß positive Strukturen entstehen. Dabei handelt es sich um Schuppen, Stufen, Waben oder sonstige Muster.

Positive Strukturen haben sehr gute Abdruck- und Steigeigenschaften, weisen hingegen nur ein durchschnittliches Gleitvermögen auf. Bei Abfahrten entsteht oft ein charakteristischer „Pfeifton".

Negative Strukturen haben bei weichem Schnee ebenfalls gute Steigeigenschaften, in harter Spur gibt es jedoch mit dem Abdruck oft Probleme. Bei schlechter Pflege neigen derartige Strukturen auch zum Vereisen.

Fellstreifenski werden heute selten angeboten, obwohl sie bei guter Verarbeitung hervorragende Steig- und auch gute Gleiteigenschaften aufweisen. Gute Verarbeitung bedeutet, daß nur die Fellhaare aus den Streifen hervorstehen dürfen, nicht aber das Grundmaterial.

Mikroschuppenski müssen je nach Temperatur und Schneebeschaffenheit kurz präpariert werden, sind aber für den 0°C-Bereich sehr gut geeignet. Bei sehr tiefen Temperaturen muß der Ski jedoch mit Paraffin behandelt werden, um gute Gleiteigenschaften zu erlangen.

Neben den genannten Steighilfen gibt es neuerdings Strukturen, die als chemische Steighilfen bezeichnet werden. Diese Bezeichnung ist jedoch genauso problematisch wie der Begriff „Nowax-Ski", denn auch hierbei handelt es sich um feine Fasern, die in den Belag eingearbeitet sind. Fasern und Grundmaterial verändern sich entsprechend der Temperatur, jedoch erfolgt die Verzahnung mit dem Schnee durch physikalische Prinzipien.

Der weitaus größte Anteil der auf dem Markt befindlichen Ski sind Steighilfeski. Damit ist das Angebot der Nachfrage sicherlich angepaßt, denn der überwiegende Teil aller Skilangläufer bzw. Skiwanderer ist mit einem Steighilfeski am besten beraten.

Für einen Wachsski sollte man sich nur dann entscheiden, wenn man die sportliche Version des Skilanglaufs betreiben will. Wachsen erfordert einen größeren Aufwand (Zeit, Gerät, Geld), ermöglicht aber auf der anderen Seite bei guter Präparation ein optimales Laufvergnügen. Um die Vorteile der Wachsski richtig ausnutzen zu können, benötigt man jedoch sehr viel Erfahrung mit den unterschiedlichsten äußeren Bedingungen (Schnee, Temperatur, Luftfeuchtigkeit

Skiausrüstung: Ski, Stöcke

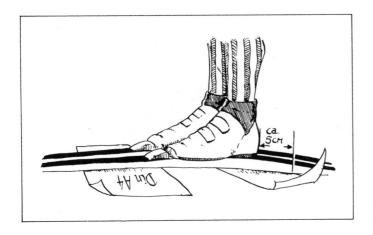

Abb. 15 So kann man die richtige Spannung des Skis feststellen.

etc.). Selbst erfahrenen Langläufern, ja sogar internationalen Spitzenläufern ist es schon passiert, daß der Griff in die Wachskiste zum Fehlgriff wurde. Aus diesem Grund benutzen diese Läufer bei Temperaturen um 0°C zunehmend Rennski mit Steighilfe. (Für Fragen der Wachskunde wird der interessierte Leser auf die am Ende des Buches angegebene Spezialliteratur verwiesen).

Beim Skikauf spielen neben der Wahl des Skityps hauptsächlich die Spannung des Skis und die Länge eine Rolle. Es gibt eine relativ einfache Methode, um die richtige Skispannung zu ermitteln: Legen Sie beide Ski auf den Boden (der an dieser Stelle absolut plan sein muß). Unter den Bindungsbereich legen Sie einen Bogen Papier (DIN A 4). Nun stellen Sie sich auf die Ski, das Gewicht gleichmäßig auf beide Beine verteilt. Der Papierbogen sollte um etwa seine Breite nach vorn bewegt werden können, während hinter der Ferse nur ca. 5 cm Spielraum bleiben darf (Abb. 15). Wenn Sie nun einen Ski voll belasten (anderen Fuß anheben), dann darf der Bogen sich nicht mehr vor- oder zurückbewegen lassen, ein seitliches Herausziehen darf gerade noch möglich sein.

Eine Faustregel für die Ermittlung der richtigen Länge lautet: Mit nach oben ausgestrecktem Arm muß mit der Handfläche die Schaufelspitze erreicht werden. In Zentimetern ausgedrückt, wird das in der Regel etwa bedeuten:
Frauen: Körpergröße plus ca. 25 cm.
Männer: Körpergröße plus ca. 30 cm.

Die „neueren Skilanglauftechniken", der Siitonen-Schritt (Halbschlittschuhschritt, auch Finnstep genannt) und das Skating (Schlittschuhschritt), wurden einerseits erst durch die Fortentwicklung der Materialien (Skibeläge) erfolgversprechend, haben ihrerseits jedoch auch Einfluß auf die Weiterentwicklung der Ski genommen. Daher gibt es heute spezielle Skating-Ski, die vom Gewicht und der Breite her etwa den üblichen Rennski entsprechen, sie sind jedoch deutlich kürzer (180–200 cm), haben härtere Innenkanten und eine etwas veränderte Spannungsverteilung. Diese Ski haben weder eine Steighilfe, noch werden sie mit Steigwachsen präpariert.

Skistöcke

Auch die Langlaufstöcke müssen bestimmte Qualitäten haben. Jedoch ist es in der Regel für den Durchschnittsläufer unerheblich, ob er Stöcke für DM 20,– oder solche für DM 100,– benutzt. Ein guter Skilanglaufstock sollte möglichst leicht sein, trotzdem aber eine hohe Bruchfestigkeit aufweisen.

Daneben sind ein gut geformter Griff sowie ein funktionsgerechter Teller und eine gute Stockspitze wichtig.

Die Länge des Skistocks läßt sich, wenn man lange Rechnungen ersparen will, ebenfalls durch eine Faustregel bestimmen: Strecken Sie einen Arm waagerecht zur Seite. Wenn der Stock nun gerade unter Ihre Achsel paßt, hat er die richtige Länge.

Läufer, die sportliches Training anstreben, und Wettkämpfer (S-Kategorie) wählen die Stöcke jedoch zum Teil erheblich länger, da die Doppelstockschubtechniken (vgl. S. 90 ff.) im Wettkampfsport heute zunehmend in den Vordergrund gerückt sind.

Der Griff des Stocks sollte möglichst aus Leder sein (Griffigkeit), wichtig ist aber insbesondere die verstellbare Schlaufe. Die früher angebotenen Bambus- und Tonkingstöcke sind heute weitgehend durch Leichtmetall-, Glasfiber- und Carbonstöcke ersetzt. Carbonstöcke weisen eine sehr hohe Bruchfestigkeit auf und sind sehr leicht, dafür aber auch sehr teuer. Für nicht leistungssportlich orientierte Läufer reichen Metallstöcke oder Tonkingstöcke völlig aus. Moderne Stockteller sind nicht mehr rund, sondern als Halbteller hinten am Stock angesetzt. Die Stockspitze sollte aus Widiastahl („Wie Diamant", ein sehr hartes Material) gefertigt und nach vorne gebogen sein. Alle neueren Stockteller können ausgewechselt werden, indem man sie z. B. in heißes Wasser hält. Anschließend lassen sie sich abdrehen.

Da die neueren Stockteller nur für präparierte Loipen geeignet sind, sollte der Tourenläufer, der auch einmal in ungespurtem Gelände laufen will, auf die herkömmlichen runden Teller zurückgreifen.

Bekleidung

Seitdem der Skilanglauf – nach dem alpinen Skilauf – mittlerweile auch als „hoffähige" Wintersportart anerkannt ist, hat sich die Sportartikelindustrie auch im Langlaufbereich sehr stark engagiert. Bei der Auswahl

Abb. 16 Langläufer mit funktioneller Bekleidung.

von Langlaufbekleidung können modische Aspekte durchaus mit berücksichtigt werden, wichtiger sind jedoch Funktionalität und Zweckmäßigkeit (Abb. 16).

Alpine Skikleidung (dicke Anoraks etc.) sind zum Langlaufen oder Skiwandern nicht geeignet (Hitzestau). Günstiger ist eine Bekleidung nach dem „Zwiebelprinzip", d. h., mehrere dünne Schichten sollten übereinander getragen werden. Diese können, wenn beim Laufen die Wärmeproduktion eingesetzt hat, nach Bedarf abgelegt werden.

Die Prioritäten bei Skikleidung sollten in folgender Reihenfolge gesetzt werden:
1. Unterwäsche
2. Handschuhe und Strümpfe
3. Oberbekleidung/Langlaufanzug
4. Pullis/Pullover
5. Kopfbedeckung.

Unterwäsche

Skilanglaufen und -wandern sind bewegungsintensive Sportarten, die mit mehr oder weniger starker Schweißproduktion verbunden sind. Feuchtigkeit auf dem Körper ist nicht nur unangenehm, sondern kann auch zur Auskühlung und damit zu Erkältungskrankheiten führen. Daher muß Unterwäsche in der Lage sein, den Schweiß von der Haut weg zu befördern.

Entgegen weitverbreiteter Ansicht ist Baumwolle nicht die Faser der Wahl, denn

Skiausrüstung: Bekleidung

das Baumwollgewebe saugt sich beim Schwitzen voll, und der nasse Stoff klebt dann direkt auf der Haut. Vorzuziehen sind Chemiefasern (z. B. Polypropylen), die Feuchtigkeit nach außen an die darüberliegende Schicht abgeben. So bleibt die Haut weitgehend trocken und kühlt weniger schnell aus.

Die Wahl der richtigen Unterwäsche ist gerade für Skiwanderer besonders wichtig, denn sie gewährt bei Langlaufunterbrechungen und längeren Pausen (z. B. um die Landschaft zu genießen) den besten Schutz vor Erkältungen. Lange Unterwäsche (Beine, Ärmel, bei Hemden auch besonders im Rücken, ggf. auch Underalls = durchgehender Unterziehanzug) verhindert, daß die Wäsche verrutscht und bestimmte Körperpartien frei läßt. Sollte man aus irgendwelchen Gründen nicht auf Baumwollunterwäsche verzichten wollen, ist es ratsam, bei längeren Wanderungen immer eine zweite Garnitur zum Wechseln mitzunehmen.

Handschuhe und Strümpfe

Von kalten Füßen und Händen ist es oft nur ein kurzer Weg zum Schnupfen. Ebenso schnell führen Blasen an Händen und Füßen zur schmerzhaften Einsicht, ein bis mehrere Urlaubstage pausieren zu müssen. Daher sollten Sie großen Wert auf paßgenaue und funktionelle Handschuhe und Strümpfe legen.

Handschuhe müssen gut sitzen, unter Umständen warm halten, dürfen aber nicht zu dick sein. Sie sollen am Handgelenk gut abschließen (z. B. Klettverschluß) und ggf. einen längeren Schaft haben, um bei Stürzen ein Eindringen von Schnee zu verhindern. Sportlichen Läufern sind leichte Fingerhandschuhe zu empfehlen, für Skiwanderer werden sehr gute Langlauffäustlinge angeboten. Laufen Sie auch bei höheren Temperaturen mit Handschuhen, denn sie schützen vor Blasen und bei Stürzen vor Schürfwunden.

Auch Strümpfe müssen gut sitzen und den Fuß warm halten. Hier gibt es ebenfalls Chemiefasern, die den Schweiß im Gewebe sammeln, den Strumpf aber trotzdem trocken erscheinen lassen. Meist haben Langlaufstrümpfe eine Frotteefütterung. Grobe oder zu große Wollstrümpfe bergen die Gefahr der Blasenbildung. Wenn man auf die „Selbstgestrickten" nicht verzichten möchte, ist es ratsam, darunter dünne Baumwoll- oder besser Seidensocken zu tragen.

Oberbekleidung/Langlaufanzug

Sportlich orientierten Läufern ist zu empfehlen, nicht auf einen durchgehenden Overall zu verzichten, da er alle Bewegungen zuläßt, ohne Rücken- oder Kniepartien freizugeben. Für Skiwanderer oder Freizeitläufer eignen sich zweiteilige Anzüge, wobei eine Trägerhose mit hochgezogenem Rückenteil zu empfehlen ist. Das Material sollte längs- und querelastisch sein und die Jacke (kann bei Wärme abgelegt werden) über einen hohen Halsabschluß verfügen. Alle Abschlüsse (Ärmel, Beine etc.) sollten eng anliegen, aber nicht abschnüren. Eine dünne Windjacke und -hose kann bei entsprechenden Verhältnissen, über dem Anzug noch guten Schutz leisten.

Pullis/Pullover

Um die von der Unterwäsche nach außen abgegebene Feuchtigkeit aufzusaugen, sind Baumwollpullis vorteilhaft. Besonders bewährt haben sich hier spezielle Skipullis mit Reißverschluß im Rollkragen. Diese Pullis sollten immer ausreichend lang sein (lieber eine Nummer größer kaufen), damit die untere Rückenpartie nie unbedeckt ist. Gegebenenfalls kann man bei großer Kälte noch einen zusätzlichen Wollpullover anziehen.

Kopfbedeckung

Auch bei strahlendem Sonnenschein und hohen Temperaturen gehört ein Kopfschutz

immer zur Ausrüstung des Skiwanderers. Wettkämpfer und sportliche Läufer können bei entsprechenden Witterungsverhältnissen darauf verzichten. Bei längeren Wanderungen oder Touren sollte man die Kopfbedeckung wenigstens im Rucksack dabeihaben (Wetterumschwung!).
Langlaufmützen sind dünner und leichter als Mützen für den alpinen Skilauf und meist aus Baumwoll-Kunststoff-Mischgewebe. Bei Menschen, die über eine dichte Haarpracht verfügen, genügt u. U. ein Stirnband zum Schutz der Ohren.

Weitere Ausrüstungsgegenstände

Wanderer, die Tages- oder Halbtagestouren unternehmen, sollten, um für Wetterumschwünge und andere unvorhergesehene Ereignisse gewappnet zu sein, immer eine Zusatzausrüstung mitführen.

Um alle vorgeschlagenen und notwendigen Ausrüstungsgegenstände transportieren zu können, sind Nierentasche oder Rucksack erforderlich. Es gibt im Handel Nierentaschen, die mit wenigen Handgriffen zum Rucksack umfunktioniert werden können. Beim Rucksack muß man auf breite, nicht einschneidende Riemen und genügend Bewegungsfreiheit für die Arme achten.
In den Rucksack sollten Sie Pflaster, eine elastische Binde, Rettungsfolie sowie weitere persönliche Ausrüstungsgegenstände nach eigenem Ermessen packen. In der Apotheke können Sie einen Hirschhorntalgstift erhalten. Diese Substanz wirkt vorbeugend gegen Blasen und Druckstellen und kann präventiv (z. B. bei neuen Schuhen) auf die Fersenpartien aufgetragen werden.
Für jeden Skilangläufer und -wanderer gehören Sonnenbrille, Sonnen- und Lippenschutz zum festen Teil der Standardausrüstung. Besonders in alpinen Regionen mit starker Strahlungseinwirkung muß unbedingt für den entsprechenden Sonnenschutz gesorgt werden.

Die folgende Checkliste kann eine Hilfe für die Planung von Skilanglaufurlauben bieten:
– Skiausrüstung:
  Ski, Stöcke, Schuhe, Wachs, Pflegemittel
– Ausrüstung/Bekleidung:
  Handschuhe (2mal), Mütze, Unterwäsche, Langlaufanzug, Strümpfe, Pullis, Windjacke, Sonnenbrille, Lippenschutz, Sonnenschutz, Pflaster, elastische Binde, Hirschhorntalg
– Persönliche Dinge:
  Personalausweis/Reisepaß, wichtige Telefonnummern, Anschriftenverzeichnis, Notfallausweis (Internationaler Krankenschein), alle persönlichen Medikamente, evtl. Hustentropfen und Halstabletten, „Sportsalben"
– Freizeitausrüstung nach persönlichen Bedürfnissen:
  Foto- und/oder Filmausrüstung, ausreichend Filmmaterial, Lesestoff, Spiele, Taschenradio (für Wetternachrichten) usw.

Wahl des Urlaubsorts

Bei der Planung des Skilanglauf/-wanderaufenthalts ist zunächst eine gewisse Zielgruppenorientierung hilfreich:
– **Zielgruppe 1:** Leistungssportlich orientierte Läufer (Trainingsaufenthalt)
– **Zielgruppe 2:** Freizeitsportlich orientierte Trimmer (Aktivurlauber)
– **Zielgruppe 3:** Gesundheitssportlich orientierte Wanderer (Urlaubssportler)
– **Zielgruppe 4:** Urlauber mit Einsteigerambitionen (Anfänger).

Daneben ist es nicht unerheblich, ob man als junger, allein reisender Urlauber ein Ziel sucht, ob man mit Familie anreist oder als älterer, vorwiegend ruhe- und erholungssuchender Sportler unterwegs ist. Nach der persönlichen Eingruppierung sollte der Urlaubsort anschließend unter Berücksichtigung folgender Kriterien ausgesucht werden:

Wahl des Urlaubsortes

1. Zeit und Dauer des Aufenthalts
2. Unterkunft
3. Anreise
4. Übungsgelände und Loipen
5. Kosten.

Zielgruppe 1

Sicherlich werden in dieser Zielgruppe vorwiegend jüngere, allein oder paarweise reisende Skiläufer vorzufinden sein. Es kommt hier vermutlich primär darauf an, optimale sportliche Voraussetzungen vorzufinden.
Kurzaufenthalte sind nur dann sinnvoll, wenn keine weite Anreise erforderlich ist, die Akklimatisationsproblematik vernachlässigt werden kann und der Läufer lückenlos einen Trainingsprozeß fortsetzen kann. Längere Urlaube sollten möglichst in der Nebensaison stattfinden, um ruhige Trainingsmöglichkeiten vorzufinden sowie um Geld zu sparen. Es empfiehlt sich, Trainingsaufenthalte für mindestens 3 Wochen einzuplanen, um ausreichend Zeit für Anpassungsvorgänge zu haben. Dies ist für alpine und subalpine Regionen aufgrund der hierbei gegebenen Höhenproblematik besonders wichtig.
Soll ein sportliches Trainingsprogramm absolviert werden, ist es günstig, wenn die Unterkunft in unmittelbarer Nähe der Loipe liegt (Abb. 17). Dusche und WC im Zimmer sowie Schwimmbad und Sauna im Haus erhöhen den Freizeit- und Erholungswert. Auch muß das Ernährungsangebot des Hauses geprüft werden, um ggf. eine „Leistungsdiät" einhalten zu können.
Bei Kurzaufenthalten sind lange Anreisewege möglichst zu vermeiden. Da Läufer der Zielgruppe 1 in der Regel eine etwas umfangreichere Ausrüstung (mehrere Paar Ski, Wachskoffer etc.) zu transportieren haben, wird in den meisten Fällen der PKW als Reisemittel benutzt werden. Dieser ermöglicht am Zielort ggf. auch das Erreichen weiter entfernt liegender Trainingsloipen. Die PKW-Anreise sollte – wenn die Di-

Abb. 17 Unterkunft und Übungsgelände sollten nach Möglichkeit dicht beieinander liegen.

stanz größer als 300 km ist – so ausgewählt werden, daß der Ort über möglichst viele Autobahnkilometer und wenige Paßstraßen erreicht werden kann. Die Hauptreisetage sind wegen Staugefahr zu meiden.
Leistungsorientierte Sportler werden ihren Aufenthaltsort vorwiegend nach sportlichen Gesichtspunkten auswählen. Es muß jedoch erwähnt werden, daß nicht allein die Kilometerzahl der Loipen ausschlaggebend für gute Übungs- oder Trainingsmöglichkeiten ist. Viel entscheidender sind oft die Loipenführung (Gelände), die Präparation der Spuren (Pflege) sowie – natürlich – die Schneesicherheit. Bevor man sich entscheidet, sollte man sich vom entsprechenden Verkehrsbüro die Loipenpläne schicken lassen. Orte, die gut auf Langläufer eingestellt sind, erkennt man oft daran, daß die Pläne nicht nur den Loipenverlauf, sondern auch noch das Höhenprofil der Strecke enthalten (Abb. 18). Am besten sind natürlich Empfehlungen „Gleichgesinnter", denn auch heute kann es zwischen Prospekt und Wirk-

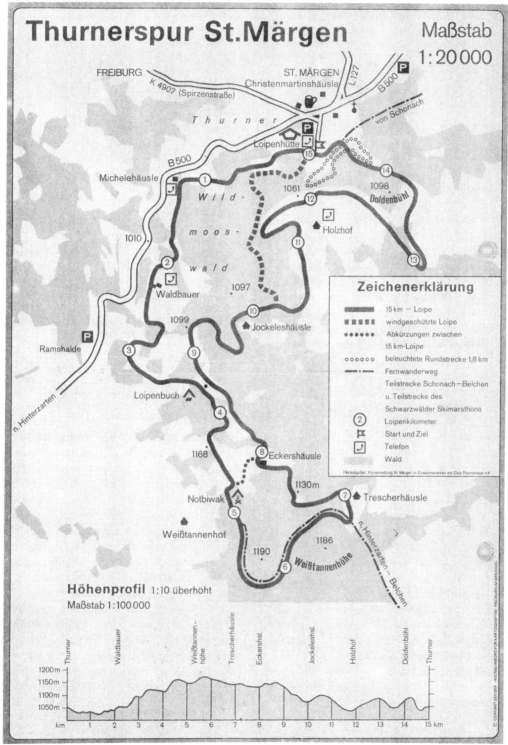

Abb. 18 Gute Langlauforte kennzeichnen auch das Höhenprofil ihrer Loipen.

lichkeit gelegentlich große Unterschiede geben.
Die entstehenden Gesamtkosten lassen sich durch folgende Variablen verändern:
- Anreiseweg
- Urlaubsland (Wechselkurs)
- Unterkunft
- Saison
- Infrastruktur des Orts.

Preiswerte Skilanglaufurlaube lassen sich – statt in die Alpen zu fahren – auch in den deutschen Mittelgebirgen, dem Frankenwald, Bayerischen Wald, Schwarzwald und im Voralpenland durchführen. Dabei stellt sich in den Mittelgebirgen naturgemäß das Problem der Schneesicherheit, oder besser gesagt, der Schneeunsicherheit dar. Wenn man Gelegenheit hat, von Anfang Januar bis Mitte Februar oder Ende November/Anfang Dezember in ein schneesicheres Gebiet zu fahren, erspart das wegen der Nebensaison erhebliche Kosten. Orte, die ein breites Freizeitangebot, möglicherweise auch noch alpines Skiangebot haben, werden vom Preisniveau im Regelfall über reinen Langlauforten liegen.

Zielgruppe 2

Für Läufer dieser Zielgruppe gelten im wesentlichen die gleichen Gesichtspunkte wie für die Gruppe 1. Im folgenden sind nur abweichende Kriterien genannt.
Da bei dieser Zielgruppe der Urlaub im Vordergrund steht, ist die Lage der Unterkunft nicht zwingend so zu wählen, daß die Loipe direkt „nebenan" liegt. Wichtig ist hier die ruhige Lage (keine Straßen, Bahnlinien etc.), ggf. aber auch die Möglichkeit, andere Freizeitangebote (Tanz, Kino etc.) in Anspruch zu nehmen.
Um den Erholungswert nach dem Urlaub möglichst lange aufrechtzuerhalten, sollte der komfortabelste An- und vor allem Abreiseweg gewählt werden. Daher ist im Regelfall eine Bahnreise zu bevorzugen. Bei PKW-Fahrt sind die Hauptreisetage unbedingt wegen der Staugefahr zu meiden.
Sofern man nicht auf bestimmte Termine (Schulferien) angewiesen ist, sollten unbedingt die Nebensaisonangebote wahrgenommen werden. Diese ermöglichen dann, einen höheren Komfort bei geringerem Preis in Anspruch zu nehmen.

Zielgruppe 3

In der Regel wird es sich in dieser Zielgruppe um Sportler handeln, die bereits etwas älter sind. Auch hier gelten im wesentlichen die bereits unter Zielgruppe 1 und 2 gemachten Angaben. Es gibt jedoch einige wesentliche Besonderheiten, die bei älteren Skiwanderern und bei Vorliegen bestimmter Erkrankungen (z. B. Erkrankungen des Herz-Kreislauf-Systems) berücksichtigt werden müssen.

Für die Zeit und Dauer des Aufenthalts sind – wegen des normalerweise freundlicheren Wetters – die Monate März und April günstig. Leider ist in den Skiorten dann jedoch Hochsaison, was in der Regel einen höheren Preis und mehr Betrieb zur Folge hat. Wenn alpine Regionen (1 200–1 800 m Höhe) aufgesucht werden sollen, ist wegen der längeren Anpassungszeit ein Aufenthalt von mindestens 2 bis 3 Wochen erstrebenswert.
Unterkünfte in ruhiger Lage sind unbedingt zu bevorzugen. Bad/Dusche und WC sollten sich nach Möglichkeit im Zimmer befinden. Wenn Diätpläne eingehalten werden müssen, ist es ratsam, vorher im Hotel anzufragen, ob dies möglich ist. Gegebenenfalls empfiehlt sich Selbstverpflegung in einem Appartement mit Kochmöglichkeit. In der Nähe der Unterkunft sollte eine medizinische Versorgung möglich sein (Arzt, Krankenhaus). Das Haus muß leicht erreichbar sein, also keine steilen Anfahrtswege oder ähnliches aufweisen. Günstig ist auch hier eine Lage in der Ebene, nahe der Loipe.

Bei weiten Anreisen (mehr als 600 km) mit eigenem PKW sollte ggf. eine Zwischenübernachtung eingelegt werden. Gerade in dieser Gruppe sind Hauptreisetage unbedingt zu meiden (Staus). Wenn die Möglichkeit besteht, ist es besser, auf das Auto zu verzichten und mit öffentlichen Verkehrsmitteln anzureisen.

Für diese Zielgruppe kommt es weniger auf optimal gepflegte Loipen als vielmehr auf landschaftlich reizvolle Führung der Spur an. Es sollte darauf geachtet werden, daß es bei längeren Touren zwischendrin immer wieder die Möglichkeit des „Ausstiegs" gibt. Bei herzkranken Personen sind Loipen zu bevorzugen, die in der Nähe von Straßen verlaufen. Sehr schwierige und anspruchsvolle Gelände müssen gemieden werden. Bei der Planung von Touren ist es günstig, die Wegführung so einzurichten, daß die leichteren Streckenabschnitte nach Möglichkeit am Ende liegen.

In diesem Zusammenhang ist die Kennzeichnung der Loipen oft sehr hilfreich. Man hat sich international darauf geeinigt, ähnlich wie das auch bei den alpinen Skipisten praktiziert wird, Loipen mit unterschiedlichen Schwierigkeitsgraden in 3 verschiedene Gruppen einzuteilen:

Blau markierte Loipen sind leicht zu bewältigende Strecken mit nur geringen Schwierigkeitsgraden. Steigungs- und Gefällstrecken sind dabei nicht steil, es gibt auf Abfahrten keine Kurven, die zum Bogentreten oder Schwingen (aktive Richtungsänderung) zwingen.

Rot markierte Loipen können bereits deutlich steilere Anstiege und Abfahrten vorweisen. Hier kann es auch vorkommen, daß bei Abfahrten stärkere Kurven vorhanden sind. Dabei besteht evtl. auch das Problem, daß die Spuren in solchen Fällen nicht durchgezogen sind. Auf unbekannten Strecken empfiehlt es sich also hier durchaus, rechtzeitig zu bremsen.

Schwarz markierte Loipen gibt es in der Praxis nicht sehr oft. Diese Spuren sind den Läufern der Zielgruppe 1, ggf. 2 vorbehalten, da sie sehr schwierig sind. Hier können sehr steile Abfahrten, bei denen keine Spur mehr vorhanden ist, für extreme oder gar gefährliche Situationen sorgen. Sollten ungeübte Läufer einmal auf eine schwarze Loipe geraten, kann es vor Abfahrten „gesünder" sein, die Ski abzuschnallen.

Zielgruppe 4

Bei dieser Gruppe kann man damit rechnen, daß alle Altersbereiche vertreten sind und daß vom Einzelreisenden über Paare und Familien bis hin zum Gruppenurlauber alle sozialen Gruppierungen vorgefunden werden können.

Um einen Einstieg in den Skilanglauf zu wagen, ist u. U. ein Kurzurlaub ausreichend. In dieser Zeit sind auch für den Anfänger die Grundtechniken des Langlaufs erlernbar. Die Wahl der Unterkunft richtet sich nach den gleichen Gesichtspunkten wie in den anderen Zielgruppen. Eine Langlaufschule sollte sich am Ort befinden. Bei Gruppenfahrten ist einer Anreise mit öffentlichen Verkehrsmitteln oder dem Bus der Vorzug vor individueller PKW-Anreise zu geben.

Naturgemäß müssen hier Orte mit leichteren Loipen (weniger Anstiege/Abfahrten) ausgewählt werden. Günstig auf den Lernprozeß wirkt es sich aus, wenn sog. Übungsloipen in der Nähe sind.

Die Kosten können gering bleiben, wenn Orte gewählt werden, die keine alpinen Skigebiete haben. Für die Belegung eines Skikurses müssen etwa DM 80,– bis 100,– pro Woche einkalkuliert werden. In der Nebensaison sind diese Kosten etwas geringer.

Organisation von Gruppenkursen

Lehrer, Übungsleiter oder andere, die Langlaufkurse organisieren wollen oder müssen, können sich am bisher Gesagten

Organisation von Gruppenkursen

orientieren. Wenn Sportlehrer den Skikurs am Ort selbst durchführen wollen, ist es unbedingt erforderlich, sich mit den Skischulgesetzen des betreffenden Landes zu beschäftigen, und man sollte sich grundsätzlich mit der örtlichen Skischule abstimmen. Es ist empfehlenswert, nur solche Orte auszuwählen, die man als Gruppenleiter bereits kennt. Hotels, die in die engere Auswahl kommen, müssen vorher besichtigt werden. Erst nachdem alle in Frage kommenden Unterkünfte persönlich begutachtet wurden, sollte die endgültige Entscheidung fallen.

Bei der Auswahl ist zu berücksichtigen, daß das Übungsgelände (für Anfängergruppen) möglichst direkt am Haus liegt. Dies ist insbesondere bei „Herzgruppen" zu beachten. Den Termin für Gruppenreisen sollten Sie nach Möglichkeit nicht in die Weihnachts- oder Osterferien legen. Die Finanzierung, aber auch alle anderen organisatorischen Belange müssen rechtzeitig und eindeutig vor der ersten Vorbesprechung mit den Teilnehmern geklärt sein.

Herzgruppen erfordern folgende besondere Vorbereitung:
- Auswahl eines adäquaten Übungsgeländes
- Ruhige, seriöse Unterkunft
- Absolut zuverlässige Zimmerplanung bei Hotelbelegungen (Teilnehmer, die ein Einzelzimmer mit Bad/WC bestellt haben, müssen dies auch erhalten)
- Kontaktaufnahme mit ortsansässigen Ärzten/Krankenhäusern
- Organisation einer Notfallausrüstung für den Übungsbetrieb
- Auswahl und Sicherstellung der ärztlichen Betreuung
- Optimale Vorbereitung aller Patienten:
  a) Diagnostisch (Belastungs-EKG)
  b) Körperlich (Skigymnastik innerhalb der Herzgruppe)
  c) Beratungsservice vor der Abreise (Checkliste)
- Beschaffung oder Beratungshilfe von/bei Skiausrüstungen.

Für den Unterricht in Gruppen können sich Übungsleiter oder Lehrer, die Skilanglaufkurse durchführen, an folgenden Regeln orientieren:
- Größere Gruppen stellen für Einzelläufer, insbesondere für Trainierende, immer ein Hindernis dar. Daher sollten stark frequentierte Loipen gemieden werden.
- So wie das schwächste Glied einer Kette über ihre Reißfestigkeit entscheidet, so ist bei Gruppenwanderungen das Tempo immer nach dem langsamsten Teilnehmer zu richten. Der Lehrer bestimmt das Tempo und gibt, wenn er nicht als erster läuft, Wartepunkte an.
- Wenn die Gruppe in einer öffentlichen Loipe anhält und wartet, muß die Spur freigemacht werden. Wer stehen bleibt, muß grundsätzlich aus der Spur treten.
- Es sollte immer ein Gruppenmitglied als Schlußläufer bestimmt werden. Dieser muß dem Lehrer Zeichen geben, wenn zurückliegende Teilnehmer Probleme haben.
- Wenn die Gruppe auf einen langsameren Läufer gewartet hat, darf nach dessen Ankunft nicht sofort wieder weitergelaufen werden, da gerade dieser eine Pause benötigt. Wenn es den schnelleren Läufern zu kalt wird, können sie vom Lehrer zu einem Punkt vorgeschickt werden, an dem sie wenden und zurückkehren sollen. Dies könnte auch in spielerische Formen umgewandelt werden.
- Bei Abfahrten müssen die Abstände zwischen den Gruppenmitgliedern groß genug sein, so daß hinten Fahrende ausweichen können, wenn der Vordermann stürzt.

Loipenregeln

Der Internationale Skiverband hat für Skilangläufer – ebenso wie für alpine Skifahrer – 10 Regeln aufgestellt, die für Sicherheit auf Loipen sorgen sollen. Diese Regeln, die hier wiedergegeben sind, können leicht im Gedächtnis behalten werden, da sie beim Benutzen des gesunden Menschenverstandes ohnehin selbstverständlich sind.

1. **Rücksichtnahme auf andere:**
   Jeder Langläufer muß sich so verhalten, daß er keinen anderen gefährdet oder schädigt.
2. **Signalisation und Laufrichtung:**
   Markierungen und Signale (Hinweisschilder) sind zu beachten. In der Loipe ist in der angegebenen Richtung zu laufen.
3. **Wahl der Spur:**
   Auf Doppel- oder Mehrfachspuren muß in der rechten Spur gelaufen werden. Langläufer in Gruppen müssen in der rechten Spur hintereinander laufen.
4. **Überholen:**
   Überholt werden darf rechts oder links in einer freien Spur. Der vordere Läufer braucht die Spur nicht freizugeben. Er sollte aber ausweichen, wenn er glaubt, das gefahrlos tun zu können.
5. **Gegenverkehr:**
   Bei Begegnungen hat jeder nach rechts auszuweichen. Der aufsteigende hat dem abfahrenden Läufer die Spur freizugeben.
6. **Stockführung:**
   Beim Überholen, Überholt-Werden und bei Begegnungen sind die Stöcke eng am Körper zu führen.
7. **Anpassung der Geschwindigkeit an die Verhältnisse:**
   Jeder Läufer muß, vor allem auf Gefällstrecken, Geschwindigkeit und Verhalten seinem Können, den Geländeverhältnissen, der Verkehrsdichte und der Sichtweite anpassen. Er muß einen genügenden Sicherheitsabstand zum vorderen Läufer einhalten. Notfalls muß er sich fallen lassen, um einen Zusammenstoß zu verhindern.
8. **Freihalten der Loipe:**
   Wer stehen bleibt, tritt aus der Spur.

Abb. 19 Das Skierlebnis wird in reizvoller Natur noch schöner.

Ein gestürzter Langläufer hat die Spur möglichst rasch freizumachen.

9. **Hilfeleistung:**
   Bei Unfällen ist jeder zur Hilfeleistung verpflichtet.
10. **Ausweispflicht:**
    Jeder, ob Zeuge oder Beteiligter, ob verantwortlich oder nicht, muß im Falle eines Unfalls seine Personalien angeben.

Skilanglaufen/-wandern und Natur

Für Millionen von Menschen, die in Ballungsgebieten oder Industrieregionen leben, bieten Skilanglaufen und -wandern eine Möglichkeit, mit einer weitgehend natürlich belassenen Umwelt in Kontakt zu kommen. Für manchen Skiläufer ist ein Winterurlaub die einzige Möglichkeit, Natur zu erkunden und zu erleben (Abb. 19). Gerade aus diesem Grund ist es für „zivilisationsgeschädigte" Mitmenschen oft sehr schwierig, die Gefahren der Natur einzuschätzen.

Dabei ist zu bedenken, daß es nicht allein die Natur ist, die den Menschen gefährdet, sondern in zunehmendem Maß bedroht auch der Mensch die Natur.

Loipenregeln, Skilanglaufen und Natur

Umweltregeln für Langläufer und Skiwanderer

Es ist unmöglich, im Rahmen dieses Buchs auch nur ansatzweise die Probleme des Skitourismus im Hinblick auf Umweltschäden zu diskutieren. Dieses Geschehen ist zu komplex und vielgestaltig, um es innerhalb eines kurzen Kapitels abzuhandeln. Obwohl die negativen Begleiterscheinungen des Skilanglaufens und -wanderns, bezogen auf die Natur, wesentlich geringer sind als die des alpinen Skilaufs, dürfen die Einflüssen nicht unterschätzt werden.

Um in diesen Fragen unerfahrenen Skilangläufern und -wanderern einige Hilfen bei der Auseinandersetzung mit der Umwelt zu geben, sind im folgenden 12 Verhaltensregeln abgedruckt. Diese wurden vom Deutschen Skiverband – Umweltbeirat – 1986 veröffentlicht.

1. Halten Sie sich an präparierte Loipen, Pisten oder bezeichnete Routen.
2. Fahren Sie nie im Jungwald; er schützt Tiere und ist besonders empfindlich gegen Schäden.
3. Meiden Sie im Zweifel den Wald, besonders dann, wenn das Tourenziel auch über Freiflächen erreicht werden kann.
4. Meiden Sie schneearme Südlagen, auf denen Wildtiere ihre kärgliche Winterkost finden.
5. Schonen Sie geschützte Gebiete, in denen der Skilauf untersagt ist.
6. Beachten Sie Hinweistafeln und Veröffentlichungen.
7. Lassen Sie Ihren Hund nicht auf Loipen und Pisten laufen. Hunde stören Wildtiere erheblich.
8. Bleiben Sie Wildfütterungen fern.
9. Vermeiden Sie Lärm.
10. Unterlassen Sie Skilaufen bei Dämmerung und Nacht. Wildtiere geraten dabei besonders in Panik.
11. Nehmen Sie Ihren Abfall mit nach Hause, er gehört auch nicht unter den Schnee.
12. Fahren Sie nach Möglichkeit zum Skilauf mit öffentlichen Verkehrsmitteln. Nutzen Sie die Angebote von „Park-and-ride".

Gefahren beim Skiwandern

Wie alle Natursportarten beinhaltet auch Skilanglaufen und -wandern gewisse Gefahren, die von den Unabwägbarkeiten der Natur ausgehen. Abgesehen von den bereits auf den Seiten 28 bis 32 beschriebenen klimatischen Einflüssen, die eine gewisse gesundheitliche Gefährdung bedeuten können, kann es im Gebirge auch zu unvorhersehbarer Bedrohung für Leib und Leben kommen. In diesem Zusammenhang muß zunächst ein plötzlicher Wetterumschwung bei Touren im Hochgebirge genannt werden. Unerfahrene Tourengänger, die sich nicht entsprechend ausgerüstet und informiert haben, sind besonders gefährdet. Wenn man wenig Erfahrung hat, ist ein ortsansässiger Führer empfehlenswert.

Einheimische und Bergführer können auch Informationen und Handlungsanweisungen bei Lawinengefahr geben. In diesem Rahmen kann lediglich auf die Lawinenwarndienste der einzelnen Regionen verwiesen werden, die ihre Berichte in den Medien veröffentlichen. Hier sollen nur einige Punkte genannt werden, die auf Lawinengefährdung hinweisen können:

Mit zunehmender Steilheit des Geländes nimmt die Lawinengefahr zu. Insbesondere Neuschnee beinhaltet eine Lawinengefährdung. Unterhalb 30 cm Schneefall ist meistens keine akute Gefahr gegeben. Bei einer Neuschneedecke von 30 bis 50 cm ist eine örtliche Gefahr vorhanden, zwischen 50 und 80 cm spricht man bereits von erheblicher Gefahr. Neuschneehöhen zwischen 80 und 120 cm bedeuten eine große allgemeine Gefahr, während bei mehr als 120 cm Neuschnee eine Katastrophensituation herrscht. Da die Temperatur die Struktur des Schnees mitbestimmt, hat auch sie großen Einfluß auf die Lawinengefährdung. Als Faustregel wird oft darauf verwiesen, daß im Winter Kälte größere Gefahr als Wärme bedeutet, während sich dieses im Frühling gerade umgekehrt verhält: Kälte bietet hier mehr Sicherheit, während Wärme Gefahr bedeutet.

Zusammenfassung

1. Die Gesamtentwicklung der Skiausrüstung läßt sich bis ins Altertum zurückverfolgen und durch Felszeichnungen, Moorfunde sowie Aufzeichnungen belegen.

2. Vor dem Skilauf sollte man sich zunächst selbst in eine der 4 Leistungskategorien (S, A, L, W) einstufen. Man unterscheidet die Ski in Steighilfe-(Nowax-Ski) und Wachsski, wobei alle Ski zur Erhaltung des Gleitvermögens gewachst werden müssen.

3. Beim Kauf einer Langlaufausrüstung sollten die Prioritäten in der Reihenfolge „Schuh-Bindungs-System — Ski — Skistöcke" gesetzt werden.

4. Für Skiwanderer empfiehlt sich das Mitführen eines Rucksacks mit zusätzlichen Ausrüstungsgegenständen, um auch für Wetterumschwünge gerüstet zu sein.

5. Gruppenskikurse müssen durch die Betreuer/Sportlehrer sorgfältig vorbereitet werden. Dabei sollte das ausgewählte Gebiet bereits bekannt sein. Eine Rückkopplung mit örtlichen Skischulen ist erforderlich.

6. Rücksichtnahme auf andere ist — wie in allen Bereichen des Lebens — auch beim Skilanglaufen notwendig. Diese und 9 weitere Verhaltensrichtlinien sind in den 10 Regeln des Internationalen Skiverbands niedergelegt.

7. Beim Skiwandern und bei einer Skitour müssen die Gefahren der Berge und des Winters beachtet werden.

Lernerfolgskontrolle

1. Worauf sollte der Anfänger beim Kauf der Skilanglaufausrüstung achten?

2. Warum ist der Begriff „Nowax-Ski" eigentlich falsch?

3. Wieso sind moderne Rennstöcke für Skiwanderer ungeeignet?

4. Welcher Stellenwert ist bei der Wahl des Urlaubsorts dem Übungsgelände und den Loipen beizumessen?

5. Was ist in bezug auf die An- und Abreise bei Skilanglaufurlauben zu beachten?

6. Warum müssen Skiwanderer sich besonders gut in ihrer Urlaubsregion auskennen?

Lehr- und Lernprozeß beim Skilanglaufen

Der Ski war in den vergangenen Jahrhunderten vorwiegend ein Gebrauchsgegenstand, der in den Wintermonaten der Fortbewegung diente. Dies hat sich heute völlig gewandelt, Skilanglaufen ist nun bis auf wenige Ausnahmen vorwiegend ein Freizeit- und Urlaubssport geworden. Für den Langlauf als Freizeit- oder „life time"-Sportart spricht nicht nur, daß er bis ins hohe Alter betrieben werden kann, sondern daß man ihn sogar noch im Alter erlernen kann.

Das Lehren der Sportart Skilanglauf sollte sich an bestimmten pädagogischen Prinzipien orientieren, unabhängig davon, ob es sich um eine Schulklasse oder eine Gruppe älterer Sportler handelt (Tab. 4).

Das Lernen des Skilanglaufens läuft nach ganz bestimmten Regeln ab. Dabei ist es zunächst völlig unerheblich, ob allein oder in der Gruppe gelernt wird, denn die Mechanismen des motorischen Lernens sind vom physiologischen Ablauf her für jedes Individuum gleich.

Tab. 4 Die wichtigsten pädagogischen Prinzipien für das Lehren im Skilanglauf.

Tab. 5 Determinanten der Angemessenheit im Lernprozeß.

Pädagogische Grundlagen

Die Planmäßigkeit als pädagogisches Prinzip beinhaltet die Erstellung eines „Lehrplans" für die betreffende Zielgruppe. Allerdings ist der beste Verlaufsplan wenig effektiv, wenn eine Erfolgskontrolle fehlt. Planmäßiger Langlaufunterricht soll jedoch nicht verhindern, daß der Lehrer improvisiert, geplante Schritte wegläßt und spontan neu plant, wenn die Situation es erfordert. Gerade bei einer Natursportart können immer wieder Situationen entstehen (plötzlich einsetzender Schneefall, Temperaturwechsel etc.), die eine Umplanung auch aus pädagogischer Sicht geradezu erforderlich machen. Ein guter Unterricht sollte also auf bestimmte Situationen, aber insbesondere auch auf die Erfordernisse der Gruppe angepaßt sein (Tab. 5). Die entsprechende Angemessenheit ist gewöhnlich durch gute Vorbereitung zu erreichen.

Selbst Gruppen, die eine scheinbar große Homogenität aufweisen, sind aus verschiedenen Individuen mit unterschiedlichen Charakteristika zusammengesetzt. Um jeder dieser Einzelpersonen möglichst optimal gerecht zu werden, ist eine Differenzierung erforderlich. Dies wird beim Langlaufen in größeren Gruppen am deutlichsten, wenn z. B. längere Zielwanderungen durchgeführt werden: Während die ersten bereits im Gasthaus sitzen, sind u. U. andere noch mit der letzten Steigung „beschäftigt".

Individualisierung bezieht sich jedoch nicht allein auf physische Leistungsfähigkeit, sondern auch auf einige andere Faktoren (Tab. 6).

Herkömmlicher Skiunterricht beinhaltet sehr oft ein Verfahren, bei dem der Lehrer plant und bestimmt, was gemacht wird, und die Schüler lediglich nachvollziehen, was verlangt ist. Für eine fruchtbare Gruppenarbeit gerade mit älteren Menschen ist es jedoch sehr förderlich, wenn den Lernenden die Ziele und Inhalte des Kurses von Stunde zu Stunde dargestellt werden. Denn das bewußte Durchlaufen eines Lernprozesses bringt erwiesenermaßen die größten Lernerfolge mit sich. Diese Bewußtheit bedeutet meistens auch, daß Schüler nicht kurzfristig und „für den Lehrer", sondern möglichst selbständig und für die eigene „Ski- oder Gesundheitskarriere" lernen. Lernende, denen der Lehr-Lern-Prozeß deutlich gemacht wurde, können am Entscheidungsprozeß teilnehmen und sind über das eigenständige Beschäftigen mit den Lerninhalten auch bereit und in der Lage, sich über die Kursstunden hinaus mit der Materie zu beschäftigen.

Um einer Gruppe bewußt zu machen, mit welchen Lerninhalten man sich beschäftigen möchte, ist Anschaulichkeit in der Schilderung oder Darstellung erforderlich. Bewegungen oder Techniken sind jedoch nicht

Individualität als pädagogischer Grundsatz erfordert Differenzierung in bezug auf

– Leistungsfähigkeit

– Belastbarkeit (z. B. bei Personen mit eingeschränkter Herz-Kreislauf-Leistungsfähigkeit)

– Motorische Lernfähigkeit („motorisches Profil")

– Entwicklungsstand

– Interessen

– Motivation

– Leistungsbereitschaft

– Angstempfinden

Tab. 6 Die wichtigsten Faktoren für die Differenzierung im Lernprozeß.

allein dadurch anschaulich, daß der Lernende sie wahrnimmt, sondern insbesondere dadurch, daß er sie sich so vorstellen kann, wie sie in seinem persönlichen Erleben auftauchen (Prinzip der Faßlichkeit). Aus diesem letztgenannten Grund kann zum Beispiel die – nicht perfekte – Demonstration eines anderen Gruppenmitglieds durchaus faßbarer sein als die Darstellung einer Technik durch Weltmeister oder Olympiasieger (Film, Bildreihe).

Allgemein ist es für die Anschaulichkeit beim motorischen Lernen am günstigsten, eine Kombination aus verbaler und visueller Information zu finden (vgl. auch „Motorisches Lernen", S. 56ff.).

Dauerhaftigkeit im Lernprozeß wurde oben bereits kurz erwähnt und ist, insbesondere wenn man gesundheitssportliche Aspekte berücksichtigen will, von großer Wichtigkeit.

Überdauernde Motivation zur Durchführung einer Sportart kann man dann erwarten, wenn nicht allein Vernunftgründe (z. B. gesund bleiben), sondern auch der Spaß und die Freude am Sport selbst für ihre

Anwendung sprechen. Gerade aus diesem Grund ist eine Berücksichtigung der hier nur sehr knapp aufgezeigten pädagogischen Prinzipien bei jedem Lernprozeß im Skilanglauf erforderlich. Wenn es nämlich gelingt, den Schülern (gesunde Schulkinder oder an Bewegungsarmut „erkrankte" Gesundheitssportler) über die Vermittlung von Einsichten, Fähigkeiten und Kenntnissen Spaß am Skilanglaufen oder -wandern nahezubringen, ist es möglich, lebenslange Motivation zu erreichen.

Die oben erwähnten pädagogischen Prinzipien und deren Bezugnahme auf den Lernprozeß beim Skilanglauf deuten bereits an, daß dieser Prozeß sehr komplex ist. Es wäre unzureichend, allein die motorischen Lernziele (Verbesserung der motorischen Beanspruchungsformen Ausdauer, Flexibilität, Koordination, Kraft und Schnelligkeit) zu beachten und dabei andere, wichtige Ziele zu übersehen.

Didaktisch-methodische Überlegungen

Eine umfassende Beschreibung von Lernzielen im Skilanglauf würde an dieser Stelle zu weit führen. Die Darstellung von Lernzielbereichen sowie exemplarische Erläuterungen sind jedoch angebracht, um die Möglichkeiten dieser Sportart aufzuzeigen. Skilanglauf als Natursportart ist besonders gut zur Vermittlung affektiver Lernziele geeignet. In diesem Zusammenhang müssen Empfindungen wie Freude und Lust sowie Bedürfnisse, Erfahrungen und Erlebnisse genannt werden. Gerade im Skilanglauf sind affektive Zustände wie Freude und Angst oft untrennbar miteinander verbunden: Die Angst vor der Abfahrt wird abgelöst von der Freude über die eigene Leistung bei der Bewältigung der Abfahrt. Die Befriedigung von Geltungsbedürfnis, von Bedürfnis nach Selbstbestätigung und nicht zuletzt von Bewegungsbedürfnis gehört auch zum affektiven Bereich. Sich selbst in der Auseinandersetzung mit Ski, Stöcken, Schnee und Spur (Umwelt) zu erleben, Anstrengung, Ermüdung und Erschöpfung kennenzulernen, Erfahrungen mit Wetter, Temperatur, Wald und Bergen zu sammeln, sind ebenfalls hier einzuordnen.

Als Folge dieser Erlebnisse und Erfolge ist die Verbesserung des Körperbewußtseins, des Selbstwertgefühls und eine richtige Selbsteinschätzung zu erwarten. Die Förderung und Verstärkung der in diesem Bereich zu erwerbenden Effekte macht Skilanglauf, wenn diese Ziele ausreichende Berücksichtigung durch den Gruppenleiter finden, sehr wertvoll als Sportart für alle Altersgruppen. Zwischenmenschliche Kontakte sind bei Gruppenfahrten und -urlauben besonders leicht zu knüpfen. Hierbei handelt es sich um eine Überschneidung des affektiven mit dem sozialen Lernzielbereich. Beim Lösen von gemeinsamen Aufgabenstellungen (Spiele auf Ski) oder bei der gemeinsamen Bewältigung von Schwierigkeiten (Finden der richtigen Loipe zum Erreichen des Ziels) werden Hilfsbereitschaft, Kameradschaft, Freundschaft und Gemeinsinn gefördert. Gerade in diesem Bereich können durch den gezielten Einsatz von Partnerspielen, Gruppenform und Mannschaftsspielen Eigenschaften wie Toleranz, Interaktionsfähigkeit, Kooperationsbereitschaft, Kreativität und Spontaneität gefördert werden.

Der kognitive Lernzielbereich beinhaltet das über das Lernen gewonnene Wissen. Hierzu können Kenntnisse über körperliche Zusammenhänge im Trainingsprozeß ebenso gehören wie die vordergründig banale Erfahrung, daß Muskelkater auf eine zu große Belastung zurückzuführen ist. Diese Erkenntnis kann wiederum zu der Einsicht führen, daß Regelmäßigkeit im sportlichen Training unerläßlich ist.

In Verbindung mit dem oben beschriebenen gefühlsmäßigen Erfahrungsbereich, gehört es zu den wichtigsten kognitiven Lernzielen, eine realistische Selbsteinschätzung zu entwickeln. Diese ist sowohl dann bedeutsam,

wenn ein Wettkämpfer seine Kraft für ein 30-km-Rennen einteilen muß, als auch dort, wo der ältere Skiwanderer seine Tagesziele festlegt bzw. das für ihn richtige Lauftempo bestimmt.
Daneben gehört das Wissen über Schnee-, Wetter-, Umwelt- sowie Gerätebedingungen zu den wichtigen kognitiven Lernzielen. Auch die Kenntnisse über die richtige Präparation (Wachsen und Pflegen) der Ski sind diesem Bereich zuzuordnen.

Motorisches Lernen

Personale Einflußgrößen beim motorischen Lernen

Das Erlernen neuer motorischer Fertigkeiten, in diesem Fall von Techniken des Skilanglaufs, ist von bestimmten personalen Einflußgrößen abhängig. Der Entwicklungsgrad der motorischen Beanspruchungsform, kurz die konditionellen Fähigkeiten sind mitbestimmend für das Bewegungslernen. Der Einfluß von Schnelligkeit und Beweglichkeit ist beim Langlaufen zunächst weniger ausgeprägt als der von Kraft und Ausdauer. Personen, die aufgrund zu geringer Kondition schnell ermüden, benötigen grundsätzlich eine längere Zeit zum Bewegungslernen, da das Erlernen neuer Techniken nur in ermüdungsfreiem Zustand möglich ist.
Damit ist gleichzeitig eine Bestimmungsgröße für den motorischen Lernprozeß genannt, nämlich die koordinativen Fähigkeiten. Vielfältige frühere Bewegungserfahrungen sind Wegbereiter beim Erlernen neuer Techniken. Personen, die beispielsweise über ein gutes dynamisches und statisches Gleichgewichtsempfinden verfügen (alpine Skifahrer, Surfer), werden beim Erlernen der Langlauftechniken Vorteile haben.
Das Lebensalter und damit verbunden auch entwicklungs- bzw. reifebedingte Faktoren sind auch mitbestimmend für den Lernprozeß. Die Zeit der besten motorischen Lernfähigkeit liegt im Alter von 9 bis 13 Jahren und nimmt mit zunehmendem Alter ab. Durch das Schaffen günstiger personaler (Kondition), organisatorischer und materialer Lernvoraussetzungen sowie durch Beachtung der wichtigsten Schritte beim motorischen Lernen ist jedoch selbst in höherem Alter der Erwerb sportartspezifischer Techniken, wie z. B. das Skilanglaufen, zu einem gewissen Grad — allerdings nicht in Perfektion — möglich.
Klar sollte jedoch in diesem Zusammenhang sein, daß man z. B. in einer Gruppe von 13- bis 15jährigen Schülern bereits an einem Wochenende zur Feinformung des Diagonalschritts kommen kann, während ältere Sportler im gleichen Zeitraum bei der Grobform (Gleitschritt) verharren.
Schließlich seien als Einflußgrößen noch intellektuelle und psychische Faktoren und Fähigkeiten, Körperbau und Geschlecht angeführt.

Vom Material abhängige Lernvoraussetzungen

Im Unterschied zu den oben beschriebenen personalen Einflußgrößen auf den Lernprozeß gibt es noch organisatorische und vom Material abhängige Lernvoraussetzungen. Diese müssen teilweise von den personalen Einflußgrößen abhängig gemacht werden, andererseits sind sie auch in der Lage, diese in positiver oder negativer Hinsicht zu beeinflussen.
Ein Langlaufanfänger wird beispielsweise mit einem S-Ski (materiale Einflußgröße) Schwierigkeiten im Lernprozeß haben, weil eine derartige „Rennmaschine" seine koordinativen Fähigkeiten (Gleichgewichtsgefühl, personale Einflußgröße) überfordert.
Eine optimal angepaßte Ausrüstung (vgl. S. 35 ff.) empfiehlt sich demnach nicht nur aus modischen oder praktischen Gründen, sondern ist notwendig, um schnelle Lernerfolge zu sichern.

Wie oben bereits angedeutet, ist es für Anfänger sehr wichtig, möglichst erleichterte Lernbedingungen vorzufinden. In bezug auf die Ausrüstung bedeutet dies, daß solche Ski ausgewählt werden, die einen sicheren Stand gewährleisten (Breite ca. 50—55 mm).
Daneben sollten Anfänger „griffige" Ski benutzen, um nicht schon in den frühen Lernphasen auf einen perfekten Abdruck angewiesen zu sein. Falls Wachsski gewählt werden, dürfen sie also keinesfalls „spitz" gewachst werden (zu glatt, Abdruck erschwert). Grundsätzlich sollte der sportlich ambitionierte Läufer jedoch überlegen, ob er sich schon im Anfängerstadium Wachsski zulegt, weil die meisten der heute angebotenen Wachsski zur S-Kategorie gehören. Sie sind daher sehr schmal und erschweren das Gleichgewichthalten und damit den Lernprozeß.
Die Wahl der richtigen Stocklänge ist zwar ein kleiner, jedoch sehr wesentlicher Faktor für einen entsprechenden Lernprozeß. Gerade das Einbeziehen der Arm- und Stockarbeit in die Gesamtkoordination beim Diagonalschritt ist für viele Anfänger problematisch. Wenn z. B. zu lange Stöcke benutzt werden, wird der Bewegungsablauf und hierdurch der Lernprozeß zusätzlich beeinträchtigt.
Die Skiführung, also das Übertragen der Beinbewegungen auf die Ski, stellt eine weitere Einflußgröße auf den Lernprozeß dar. Daher kann auch das richtige Schuh-Bindungs-System wesentlich zum Erleichtern der materialen Lernvoraussetzungen führen.
Schließlich ist die funktionelle Kleidung in gewisser Weise mitentscheidend. Motorisches Lernen ist z. B. stark beeinträchtigt, wenn der Lernende friert. Unelastische, zu enge oder gar einschürende Kleidung gefährdet ebenfalls den Lernprozeß, da bestimmte Bewegungen nur bedingt oder unter Umständen gar nicht möglich sind.
Anders als bei den „traditionellen" Sportarten, die man auf normierten Anlagen betreibt, bei denen Gerätemaße und Spielfeldgröße festgelegt und immer gleichbleibend sind, haben wir es beim Langlaufen mit sehr unterschiedlichen „Sportstätten" zu tun.
Das Gelände kann sehr flach sein, der Schnee frisch und pulvrig, aber auch pappig und naß. Das Gelände kann zwischen ständigen Anstiegen und Abfahrten wechseln, und es gibt die Möglichkeit, sich in ungespurtem Schnee zu bewegen oder in „handgespurten" unregelmäßigen Loipen, aber auch hervorragend präparierten „Wettkampf"-Spuren. Bei allen diesen extremen Möglichkeiten hat man oft die Wahl zwischen den vielfältigsten Gelände- und Schneeverhältnissen. Manchmal bleibt jedoch auch keine Wahl, und man muß sich mit den aktuellen Bedingungen abfinden.
Aus diesem Grund hat es ein Skilehrer oftmals schwerer, den Unterrichtsplan zu realisieren, als ein Sportlehrer in der Halle. Das kurzfristige, sinnvolle Einbauen veränderter neuer Bedingungen in die Stundenplanung zeichnet den flexiblen, guten Skilehrer und Skiübungsleiter aus.
Trotz des schönsten Wetters, das ja über so manche Dinge hinwegsehen läßt, ist es immer wichtig, daß die richtige Geländewahl für den Lernprozeß getroffen wird. Die „ersten Schritte" auf dem neuen Laufgerät sollte man am besten in der Ebene vornehmen. Eine Ausnahme stellen Übungen zur Schulung des einbeinigen Gleitvermögens dar, die am besten in leicht abfallendem Gelände durchzuführen sind. Erste Versuche, den Abdruck der Schüler zu verbessern, sollten nach Möglichkeit in griffigem Schnee und nicht in eisiger Spur angestellt werden. Stumpfer Altschnee ist wiederum schlecht zur Verbesserung des Gleitgefühls geeignet. Die richtige Schneewahl ist für einen erfolgreichen Lernprozeß also ebenfalls wichtig und — anders als unerfahrene Langläufer vielleicht annehmen — manchmal durchaus beeinflußbar. So sind Spuren, die an Südhängen oder in der Ebene in praller Sonne liegen, zur gleichen Tageszeit oft völlig anders als eine nur wenige Meter entfernte,

dafür aber im Schatten (Wald) liegende Loipe. Morgens um 10 Uhr hat man völlig andere Schneeverhältnisse als mittags um 13 Uhr, und Loipen, die in sehr feuchten Regionen (Bach- oder Flußniederungen) liegen, haben anderen Schnee als trockene „Waldspuren".
Auch wenn Stunden außerhalb von gespurten Loipen geplant sind, ist es ein großer Unterschied, ob man auf Firnschnee oder im Tiefschnee übt. Insgesamt muß man also zwischen sehr vielfältigen „Angeboten" auswählen, oder aber man muß die bestehenden Voraussetzungen für die geplanten Lernziele ausnutzen. Als wichtiger Grundsatz gilt, daß Anfänger unter erleichterten Bedingungen in den Lernprozeß einsteigen sollten und daß danach die Schnee- und Geländewahl vorgenommen werden muß.

Organisatorische Lernvoraussetzungen

Gerade in bezug auf die äußeren Gegebenheiten (Schnee, Gelände) lassen sich die materialen nicht einfach von den organisatorischen Lernvoraussetzungen trennen. Es kann z. B. als organisatorisches Problem angesehen werden, ein gewünschtes Übungsgelände zu erreichen und trotzdem mittags eine ausgewählte Hütte aufzusuchen.
Manchmal sind bestimmte, bevorzugte Gelände nur über vorher zu bewältigende, steile Abfahrten zu erreichen. Auch der Anmarschweg zu solchem Gelände muß in diesem Fall entsprechend organisiert werden.
Die organisatorischen Einflußgrößen im engeren Sinn sind in Tabelle 7 aufgeführt.
Gruppenunterricht erfordert andere Bedingungen als Einzelunterricht, und eine Schulklasse muß anders unterrichtet werden als eine Gruppe älterer Sportler. Grundsätzlich sollte die Gruppe im Langlaufunterricht höchstens 12 bis 15 Schüler umfassen, bei großen Unterschieden in den Voraussetzungen (z. B. großer Altersunterschied) jedoch maximal 8 bis 10 Schüler. Bei „schwierigen

- Gruppengröße/-zusammensetzung
- Kursdauer/-zeit
- Übungsgelände
- Wetterbedingungen
- „Sozialformen des Unterrichts" (Organisationsformen)

Tab. 7 Die wichtigsten organisatorischen Einflußgrößen des Lernprozesses.

Gruppen" kann es sogar erforderlich werden, die Teilnehmer im Sinn eines möglichst individuellen Unterrichts in Kleingruppen bis hin zu Partnerpaaren einzuteilen.
Eine Kursdauer von nur einem Wochenende erfordert einen anderen methodischen Aufbau als ein 10tägiger Kurs. Im ersten Fall wird man eher versuchen, die Schüler so schnell es geht „geländegängig" zu machen, ohne auf Feinheiten der Technik einzugehen. Demgegenüber kann man in einem längeren Kurs die Feinformung verschiedener Techniken langsamer und gründlicher erarbeiten, und man hat trotzdem täglich auch die Möglichkeit zur Anwendung bei kleineren Wanderungen (vgl. hierzu Kap. „Didaktisch-methodische Überlegungen", S. 55 f.)
Weitere Regeln und Anregungen zu den organisatorischen Abläufen beim Skilanglauflehren und -lernen, vorwiegend unter praktischen Gesichtspunkten, sind im Kapitel „Technik und Methodik" dargestellt.

Wahrnehmung und Information im Lernprozeß

Im motorischen Lernprozeß muß zunächst die Schaffung einer Bewegungsvorstellung erfolgt sein, bevor der Lernende eigene Versuche unternimmt. Es gibt verschiedene Möglichkeiten, den Schüler über die richtige Bewegungsausführung zu informieren. Er ist jedoch darauf angewiesen, diese Infor-

Motorisches Lernen: Wahrnehmung und Information

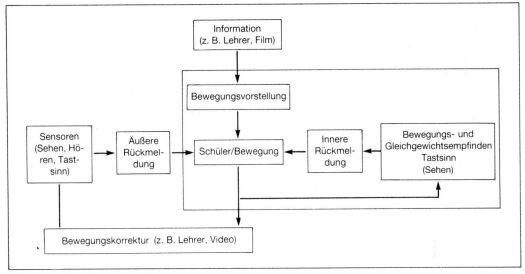

Abb. 20 Modell des motorischen Lernens.

mationen wahrzunehmen. Dies geschieht durch den optischen Analysator (Auge), den akustischen Analysator (Ohr), den taktilen Analysator (in der Haut liegende, auf Druck reagierende Sinneszellen), den kinästhetischen Analysator (Muskel- und Sehnenrezeptoren) sowie den statikodynamischen Analysator (das im Innenohr befindliche Gleichgewichtsorgan).

Damit geschieht die Informationsübermittlung einerseits von außen, andererseits helfen innere Systeme, eine durchgeführte Bewegung zu beurteilen. Im Bereich des Skilaufens ist sicherlich die gebräuchlichste und effektivste Methode, den optischen Analysator der Schüler anzusprechen (vormachen, vormachen lassen), in Verbindung mit dem akustischen Analysator (Bewegungsbeschreibung geben). Erwiesenermaßen ist die Informationsaufnahme über das Auge effektiver als eine rein verbale Information. Am günstigsten ist die Kombination beider Möglichkeiten (Abb. 20).

Ein Angebot von zu vielen unstrukturiert gebotenen Informationen wirkt sich eher nachteilig auf den Schüler aus. Der Lehrer sollte sich also auf wenige, aber dafür wesentliche Informationen beschränken. Für ältere Menschen ist unter Umständen sogar eine einzige Hauptinformation am sinnvollsten. In einer ersten Phase beim Erlernen des Diagonalschritts wäre es z. B. verfrüht, auf das Öffnen der Hand beim Ausschwingen des Arms hinzuweisen, weil dies kein wesentliches, für das Vorwärtskommen notwendiges Bewegungselement darstellt.

Wenn der Lernende nun versucht, eine Bewegung selbst nachzuvollziehen, sind insbesondere der kinästhetische, der statikodynamische und zum Teil der taktile Analysator (man könnte diese vielleicht vereinfachend als „Bewegungsgefühl", „Gleichgewichtsgefühl" und „Tastsinn" bezeichnen) angesprochen. Gegebenenfalls hilft noch das Auge. (Man kann beim Skilaufen z. B. die Winkelstellung seiner Knie beobachten.)

Alle am Bewegungsempfinden beteiligten Analysatoren wirken bei Bewegungsabläufen immer zusammen. Trotzdem erhält der Ausführende oft „irreführende" innere Rückmeldungen bzw. ordnet die aufgenommenen Informationen falsch ein, so daß ein falsches Körperbild entstehen kann. Bei

Abb. 21 Korrekturen mit Hilfe von Videoaufnahmen (Schnellinformation) sind besonders effektiv.

Abfahrten glaubt der Anfänger z. B., die richtige Stellung auf dem Ski zu haben, in Wirklichkeit sind Fuß-, Knie- und Hüftgelenk vielleicht viel zu wenig gebeugt. Beim Bewegungslernen muß dem Lernenden aus diesen Gründen also zusätzlich noch äußere Rückmeldung gegeben werden: Hinweise durch den Lehrer (verbal), erneute Demonstration, Videoaufnahme von der eigenen Bewegung als optimale Unterrichtshilfe (die dem Betreffenden allerdings möglichst direkt nach der Ausführung vorgeführt werden sollte = Schnellinformation), Filme etc. sind mögliche Korrekturhilfen (Abb. 21).

Die Korrektur durch den Lehrer ist eine der gebräuchlichsten, zugleich aber auch eine sehr „heikle" Lernhilfe. Wichtigste Voraussetzung für eine hilfreiche Korrektur ist, daß der Lehrer erkennt, welchen Fehler der Schüler in der Bewegung macht, daß er die Ursache für den Fehler ermitteln kann und daß er in der Lage ist, dem Lernenden zu vermitteln, was dieser falsch macht.

Für eine Korrektur gilt:
- Sie muß unmittelbar erfolgen (während der Übung = Synchroninformation. Innerhalb von 20 s nach Beendigung der Übung = Schnellinformation).
- Sie darf nur den wichtigsten Fehler ansprechen (vgl. oben: nicht zu viele Informationen gleichzeitig).
- Sie darf in bezug auf den Lernprozeß nicht vorschnell erfolgen.
- Sie darf nicht so gehäuft auftreten, daß der Schüler resigniert.
- Sie muß sachbezogen und darf nicht persönlich sein.
- Sie muß die richtige Bewegungsausführung beinhalten. Wenn die falsche Bewegung gezeigt werden soll, um Unterschiede darzustellen, muß die richtige Ausführung am Schluß stehen.

Die Sprache des Lehrers spielt sowohl bei allgemeinen Ansagen, Hinweisen und Ausführungen als auch bei Korrekturen eine wichtige Rolle für die Informationsübermittlung. In Schülerskikursen ist eine andere sprachliche Darstellung motorischer Inhalte notwendig als in Kursen mit älteren Teilnehmern. Grundsätzlich sollte es ein Ziel sein, einfache Fachtermini einzuführen, um einen Transfer von Lerninhalten möglich zu machen. (Im nächsten Jahr soll bei einem anderen Skilehrer dieselbe Technik mit demselben Wort bezeichnet werden können.)

Der Lehrer selbst hat natürlich auch einen Einfluß auf den Lernverlauf. Dabei kommt es nach unserer Erfahrung bei Skikursen vorrangig auf Persönlichkeitseigenschaften (z. B. Temperament, Integrationsfähigkeit, Begeisterungsfähigkeit etc.) an. Diese beeinflussen in erster Linie, wie der Lehrer sein pädagogisch-methodisches Wissen und Können an die Schüler heranträgt. Schließlich ist das Bewegungskönnen des Lehrers Voraussetzung für die Demonstration, aber auch für sachliche Korrekturen.

All dies wird er in seinen Unterrichtsstil einfließen lassen, der entweder autokra-

Motorisches Lernen: Lernphasen

Abb. 22 „Aller Anfang ist schwer!"

tisch-dominativ oder sozial-integrativ, ggf. aber auch nach der „laissez faire"-Methode ausgerichtet sein kann. Im Langlaufunterricht sind sicherlich – entsprechend der Person des Lehrers – Mischformen angebracht, wobei der sozial-integrative Stil (nicht lehrer- sondern schülerzentriert) die günstigste Lernatmosphäre schaffen dürfte.

Lernphasen

Die Unterscheidung in 3 Lernphasen ist heute gebräuchlich:
1. Phase: Grobkoordination
2. Phase: Feinkoordination
3. Phase: Automatisation (Stabilisierung/ variable Verfügbarkeit).

Die verschiedenen Lernphasen sollen im folgenden am Beispiel des Diagonalschritts dargestellt werden.

Grobkoordination

Dem Lernenden muß das Bild des Diagonalschritts zur Erstellung eines groben Bewegungsentwurfs vermittelt werden. Die ersten Versuche in der Spur werden in der Grobform dann etwa folgendes Erscheinungsbild haben:

– Einsatz zu vieler großer Muskelmassen (verkrampfte Bewegung)
– Unsicheres Vorwärtsbewegen mit oftmaligem Verlust des Gleichgewichts
– Unrhythmische Bewegung und unterschiedlich lange Gleitphasen
– Kurze (seltener zu lange) Gleitphasen wegen falschem Krafteinsatz, Pausen im Ablauf der Gesamtkoordination, mangelnder Bewegungsfluß.

Insgesamt zeichnet sich die Technik durch eine sehr eckige Bewegung aus, die oft durch den Verlust des Gleichgewichts – bis hin zum Sturz – unterbrochen wird (Abb. 22). Unter Umständen ist die Überkreuzkoordination noch nicht deutlich vorhanden. In dieser Phase wird hauptsächlich der optische Analysator zur Schaffung des Bewegungsentwurfs eingesetzt. Die äußere Rückmeldung ist hauptverantwortlich für die Informationsaufnahme.

Bei der Korrektur ist besonders zu beachten, daß vom Lernenden meist zu viel Kraft eingesetzt wird. Dies führt viel schneller zur Ermüdung, als es von vielen Lehrern (die selbst ja meist perfekt sind) wahrgenommen wird. Diesem Aspekt kommt sehr große Bedeutung zu, wenn man z. B. an die Arbeit mit Teilnehmern denkt, die wenig belastbar sind oder gar Vorschädigungen am Herz-Kreislauf-System haben. Die Schaffung von erleichternden Lernbedingungen ist in dieser Phase besonders wichtig.

Feinkoordination

Der Übergang von der 1. in die 2. Lernphase verläuft fließend und für jeden Gruppenteilnehmer unterschiedlich schnell. In dieser Phase ist die Differenzierung besonders problematisch, gleichzeitig aber auch besonders wichtig. Die nun erreichte Feinform zeigt sich etwa in folgendem Erscheinungsbild:
– Der Einsatz der am Bewegungsablauf beteiligten Muskeln ist zweckmäßig, überflüssige Mitbeteiligung anderer Muskeln unterbleibt (lockerer, zielgerichteter Bewegungsablauf, vollständige Kreuzkoordination)
– Bei guter Spur keine Gleichgewichtsprobleme mehr vorhanden, sicherer Diagonalschritt
– Sicherer Wechsel zwischen Anspannung (Abdruck) und Entspannung (Schwungphasen)
– Bewegungsfluß und -umfang stimmen, die Gleitphase ist den äußeren Bedingungen angepaßt.

In dieser Phase können die Schüler meist problemlos innere Rückmeldungen in die Bewegungssteuerung einbeziehen (kinästhetischer Analysator), wobei die Information aus dem äußeren Regelkreis (z. B. Korrekturen oder Hinweise durch den Lehrer) leicht umgesetzt werden. Die äußeren Lernvoraussetzungen (gute, griffige Spur, adäquates Gelände) sind in dieser Phase noch mitentscheidend für die geschilderten Bewegungsabläufe.

Automatisation

In der Phase der variablen Verfügbarkeit oder Stabilisierung (Automatisation) gelingt es dem Schüler, das optimale Bewegungsmuster auch bei ungünstigeren Voraussetzungen und ständig wechselnden Bedingungen durchzuhalten. Das Erscheinungsbild in der Phase der Automatisation entspricht etwa folgendem Muster:
– Optimaler Einsatz der Muskulatur, zielgerichtete Anspannung und Entspannung auch in schwierigen Situationen (z. B. auch bei geringer Ermüdung)
– Das Gleichgewicht wird auch bei schlechter Spur oder plötzlich auftretenden Einflüssen (z. B. Unebenheiten) leicht gehalten bzw. schnell wiedererlangt (keine Stürze mehr)
– Der Abdruck ist explosiv (optimale Bewegungsstärke) und die Gleitphase adäquat (Entspannung).

In dieser „Zielphase" gelingt es dem Schüler, Informationsaufnahme und seinen daraus entstandenen differenzierten Bewegungsentwurf in Deckungsgleichheit mit seiner Bewegungsausführung zu bringen.

Bedeutung des Gleichgewichts

Bei allen Sportarten und auch im Alltagsleben ist der statikodynamische Analysator von Bedeutung. Gerade beim Skilanglauf kommt ihm jedoch (wie auch beim alpinen Skifahren, Surfen, Eislaufen, Turnen etc.) eine besondere Bedeutung zu. Dieses hochkomplizierte, im Innenohr befindliche Organ reagiert extrem empfindlich auf schon geringste Lageveränderungen des Kopfes. Erst sein Zusammenspiel mit den Nerv-Muskel-Systemen versetzt jedoch den Menschen in die Lage, auf den Verlust des Gleichgewichts zu reagieren.

Obwohl es sich bei den gleichgewichtserhaltenden Vorgängen im wesentlichen um reflektorische Abläufe handelt, ist das Gleichgewichtsvermögen in erheblichem Umfang auch trainierbar. Den Beweis hierfür findet man z. B. bei Eiskunstläufern, die selbst nach schnellen Abfolgen von Drehsprüngen immer wieder in der Lage sind, exakte Spurpläne zu verfolgen. Beim Skilanglaufen sind sowohl das dynamische als auch das statische Gleichgewichtsvermögen von Bedeutung.

Nach unserer Auffassung ist das Gleichgewicht die koordinative Fähigkeit, der eine Hauptbedeutung beim Lernprozeß im Skilanglauf für den breiten- und gesundheitssportlichen Bereich zukommt. Dabei ist es in der Hauptsache das einbeinige Gleiten, welches entscheidend für das Eintreten in die Phase der Feinkoordination ist. Daher ist es oftmals wichtiger, vielfältige Übungen zur Gleichgewichtsschulung durchzuführen, als auf technische Feinheiten im Bewegungsablauf z. B. des Diagonalschritts einzugehen.

Der Faktor Angst beim Langlaufen

Im vorangegangenen Abschnitt wurde beschrieben, daß das Erlernen von Langlauftechniken nicht allein ein körperlicher, sondern auch ein geistiger Vorgang ist. So sehr mentale Abläufe beim motorischen Lernen erwünscht sind (vgl. „Kognitive Lernziele", S. 55 f.), so bedeutend können sie jedoch auch für die Hemmung von Lernprozessen sein. Vielfach unterscheidet man heute zwischen den Begriffen Angst und Furcht. Dabei wird unter Angst ein Gefühl der Bedrohung verstanden, welches ohne realen Bezug, ohne erkennbare Gefährdung auftritt.

- Verkrampfung oder Erschlaffung der Muskulatur
- Auftreten von längst überwunden geglaubten Fehlerbildern
- Beeinträchtigung der Informationsaufnahmefähigkeit
- Beeinträchtigung des Erinnerungsvermögens
- Veränderungen in der Wahrnehmung
- Beeinträchtigung des Konzentrationsvermögens
- Unruhe und Unsicherheit
- Passivität oder Aggression
- „Paradoxes" Verhalten

Tab. 8 Mögliche Erscheinungsformen der Angst.

Furcht dagegen ist eine Einstellung auf Situationen, die eine reale, tatsächliche Bedrohung darstellen (z. B. Furcht vor dem Sturz bei einer steilen Abfahrt). Im folgenden wird eine Unterscheidung der Begriffe nicht konsequent eingehalten, da beim Skilanglaufen sowohl die Furcht (Realangst) als auch die allgemeine Angst erscheinen. Beide Formen müssen nach Möglichkeit verhindert, abgebaut oder bewältigt werden, wenn sie sich als lernblockierend erweisen.

Die unmittelbare physiologische Reaktion auf Gefahrensituationen – dabei sind auch bedrohliche Situationen gemeint, die sich nur in der Wahrnehmung des einzelnen darstellen – besteht darin, daß der Körper ein erhöhtes Aktionspotential bereitstellt. Hierbei spielt die Ausschüttung von Katecholaminen (vgl. im Kapitel „Physiologisch-medizinische Aspekte", S. 18 ff.) eine Rolle, als deren Folge sich eine Steigerung von Blutdruck, Atem- und Herzfrequenz sowie eine Blutumverteilung von den inneren Organen auf die Arbeitsmuskulatur zeigt.

Der gesamte Organismus wird auf Aktivität eingestellt, was, wenn es nicht überschie-

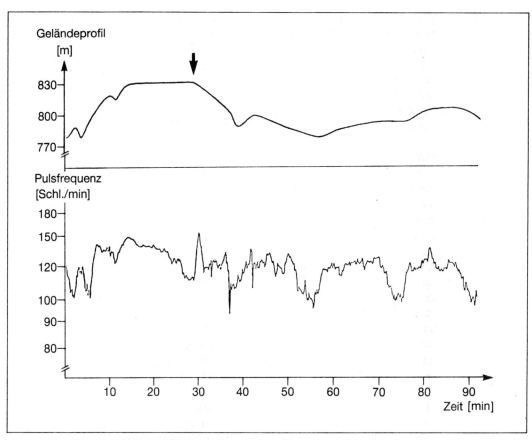

Abb. 23 Pulsfrequenzanstieg als Folge von Angst oder Furcht vor einer Abfahrt (↓).

ßend wie in Angstsituationen geschieht, für eine normale motorische Leistung sogar förderlich ist. Diese Reaktion wird im Leistungssport, wo sie erwünscht ist, als Vorstartzustand bezeichnet.

Wenn jedoch eine bestimmte Schwelle überschritten wird (Angst), kommt es zu Verkrampfungen der Muskulatur (in selteneren Fällen erschlafft sie), die eine starke Bewegungshemmung zur Folge haben können. Bei den Skischülern zeigen sich in solchen Situationen plötzlich wieder längst überwunden geglaubte Fehlerbilder (z. B. das völlige Strecken der Knie beim Abfahren).

Aus psychologischer Sicht wird bei Angstsituationen eine Beeinträchtigung der Informationsaufnahmefähigkeit beobachtet, die dazu führen kann, daß Anweisungen und Hinweise des Lehrers nicht mehr richtig wahr- und angenommen werden. Das Vermögen, sich auf bestimmte Dinge zu konzentrieren, läßt nach. Im Verhalten können Unruhe, Unsicherheit, paradoxes Verhalten (Binden der Schuhe etc.), Passivität, Übersensibilität bis hin zu Aggressivität und kleinen, gehemmten, unsicheren Bewegungen auftreten (Tab. 8). Unabhängig von der Tatsache, daß Angst typenbedingt stärker oder schwächer ausgeprägt sein kann, sollen hier 3 typische mögliche Arten der Angst aufgeführt werden, die beim Langlaufen relevant sein können.

Oft kann man beobachten, daß Schüler auch bei leichteren Abfahrten in enger Loipe vor unübersichtlichen Kurven unsicherer werden und stürzen, obwohl Kurven gleicher Qualität zuvor vielfach bewältigt wurden. Da in solchen Fällen die Fortsetzung der Spur unbekannt ist, muß man die Ursache für die Unsicherheit in einer Angst suchen, die auf eine Fehleinschätzung der eigenen Fähigkeiten und/oder der Realität zurückzuführen ist, also eine Angst vor dem Unbekannten.

Eine möglicherweise sehr reale Angst ist die Furcht vor Schaden. Steilere Abfahrten, unbekannte Geländestücke, Kurven, Buckel etc. rufen Angst bzw. Furcht hervor, weil Sturz und Verletzungen befürchtet werden. Für diese Form der Furcht werden höhere Geschwindigkeiten immer auslösend sein, wobei Alter, Geschlecht, Vorerfahrung und persönliche Ängstlichkeit eine Rolle spielen. Diese Art der Angst ist bei älteren Skifahrern sicher häufiger anzutreffen und bei Herz-Kreislauf-Vorgeschädigten besonders zu berücksichtigen (Pulsfrequenzanstiege vor Abfahrten, Abb. 23).

Nicht zu unterschätzen ist leider auch die Angst vor Versagen. Hier spielen Mitschüler und Lehrer eine sehr bedeutende Rolle, denn von deren Urteil ist das eigene Erfolgs- oder Mißerfolgsempfinden meist abhängig. Zu dieser Versagensangst kommt dann oft noch die Furcht vor den tatsächlichen Gefahren hinzu, so daß hier ein „gehäufter Streß" und hieraus wieder eine deutliche Lernhemmung entstehen können.

Es ist bekannt, daß optimales Lernen nur in angstfreier Situation möglich ist, daher muß der Lehrer ständig um die individuelle Angstbewältigung seiner Schüler bemüht sein. Er kann auf die Angstbewältigung mit Hilfe von differenzierten Aufgabenstellungen regulierend Einfluß nehmen. Wenn seine Anforderungen an den Schüler zu hoch (aus Schülersicht objektiv oder subjektiv) sind, wird er damit eher Angst hervorrufen. Die Angst vor Schaden ist durch eine kognitive Lernphase zu bearbeiten. Hier muß eine Aufklärung über die eigentliche Bedrohung und das Können des Schülers stattfinden, damit dieser für sich persönlich eine Objektivierung der Gefahr vornehmen kann. Daneben müssen ihm Verhaltensweisen vorgegeben werden, die ihm im Meistern der Gefahr helfen können.

Die Angst vor Geschwindigkeit ist sicherlich nur sehr langsam zu verdrängen und erfordert schrittweise die Bewältigung immer „schnellerer" Abfahrten, dies aber jeweils unter der Voraussetzung, daß die Vorstufe sicher und ohne Komplikationen (Sturz) absolviert wurde.

Im Hinblick auf die Versagensangst sei schließlich noch einmal auf die Rolle des Lehrers hingewiesen. Seine Lehrverfahren und sein Unterrichtsstil haben einen entscheidenden Einfluß auf die Lernatmosphäre und damit auf das Entstehen oder die Bewältigung von Angst.

Zusammenfassung

1. Um die erfolgreiche Umsetzung der Prinzipien, die jeder Langlauflehrer kennen sollte, zu überprüfen, ist eine Lernerfolgskontrolle notwendig.

2. Das Erlernen des Skilanglaufs beinhaltet mehr als die einfache Aneignung von Bewegungsfertigkeiten. Von besonderer Bedeutung ist die Erlangung einer realistischen Selbsteinschätzung.

3. Verschiedene Einflußgrößen bestimmen den Ablauf des motorischen Lernprozesses mit. Es wird unterschieden zwischen personalen, materialen und organisatorischen Hilfen, die teilweise nicht klar voneinander zu trennen sind.

4. Die Informationsaufnahme beim Bewegungslernen kann sowohl von außen (optischer, akustischer und taktiler Analysator) als auch von innen (kinästhetischer und statikodynamischer Analysator) erfolgen.

5. Da es trotz innerer Rückmeldungen über die erfolgte Bewegung zu einem falschen Körperbild kommen kann, sind darüber hinaus äußere Korrekturen, z. B. durch den Lehrer, erforderlich.

6. Die 1. Lernphase ist, besonders im Hinblick auf eingeschränkt belastbare Schüler (Herzgruppen), sehr sorgfältig zu planen und durchzuführen, da es hier beim Lernenden häufig zu hohem Krafteinsatz kommt (höhere Belastung, schnellere Ermüdung).

7. Das Gleichgewicht hat beim Skilanglaufen eine größere Bedeutung, als meist angenommen wird. Um zur Zielform des Diagonalschritts zu kommen, ist ein gutes einbeiniges Gleitvermögen unerläßlich.

8. Verschiedene Formen der Angst bzw. Furcht können den Lernprozeß beim Langlaufen beeinflussen.

9. Im Hinblick auf die Angstbewältigung spielt nicht zuletzt das Verhalten des Lehrers eine wichtige Rolle.

Lernerfolgskontrolle

1. Nennen Sie die wichtigsten pädagogischen Prinzipien für das Lehren im Skilanglauf!

2. Welche methodische Maßnahme erfordert die Wahrung der Individualität, und welche Faktoren sind dabei anzusprechen?

3. Welches kongnitive Lernziel ist besonders wichtig, und womit kann dies begründet werden?

4. Nennen Sie die materialen Lernvoraussetzungen anhand von Beispielen!

5. Erläutern Sie den Regelkreis des Bewegungslernens!

6. Stellen Sie die Qualitäten dar, die der Lehrer in seinen Unterrichtsstil einfließen lassen sollte!

7. Worin besteht der gravierendste Unterschied beim Übergang von der 2. in die 3. Lernphase (Feinformung zur Automatisation)?

8. Nennen Sie Reaktionen des Menschen, die in Angstsituationen häufig zu beobachten sind!

Technik und Methodik

Vorbemerkungen zu den wichtigsten Techniken

Das Erlernen der Techniken und das Durchführen einzelner Übungen sollten nie Selbstzweck sein. Vielmehr geht es immer darum, Fertigkeiten zu vermitteln, die dem Langläufer in allen Situationen Sicherheit auf dem Ski vermitteln. So ist es z. B. im Freizeit- und Breitensport viel wichtiger, den Schüler frühzeitig geländegängig zu machen als Feinformen bestimmter Techniken zu erarbeiten.

Unter diesem Aspekt ist auch die hier vorgestellte Methodik aufgebaut. Naturgemäß wird dabei auch von den Zielformen einzelner Techniken ausgegangen, jedoch ist die Anwendung der gelernten Fertigkeiten immer zentraler Punkt des Lernprozesses. Unter Anwendung ist hier die Durchführung von Läufen, Touren und Wanderungen zu verstehen, bei denen die erarbeiteten Techniken gefestigt werden.

In diesem Zusammenhang sei ein kurzer Vergleich mit der Spielmethodik gestattet. Schüler, die das Fußballspielen lernen sollen, werden nicht stundenlang ausschließlich Übungen durchführen, die z. B. die Technik des Ballführens, Passens oder Stoppens beinhalten. Fußballspielen kann man nur durch Spielen lernen, also wird man die Schüler in vielfältigen Formen spielen lassen. Nur wenn deutlich wird, daß die Beherrschung bestimmter Techniken zur Bewältigung von Spielsituationen notwendig ist, sollte das Einüben dieser Techniken in den Lernprozeß eingebaut werden.

Diese Gedanken sind auf das Lernen beim Skilanglauf übertragbar. Stehen, Gehen, Sich-Drehen auf Skiern sind Fertigkeiten, die sehr schnell erlernbar sind. Um aber eine gespurte Loipe in leicht hügeligem Gelände zu bewältigen, muß man z. B. auch bremsen können. D. h., daß das „perfekte" Beherrschen des Diagonalgangs in der Ebene noch lange keine Geländegängigkeit gewährleistet.

Das Erlernen des Langlaufs sollte aus den oben genannten Gründen somit nicht ausschließlich an einem Übungsort stattfinden. Sinnvoll erscheint vielmehr, nach den ersten Gewöhnungsübungen bereits sehr früh in eine Spur zu gehen. Bei der nächsten geeigneten Geländeform kann dann wieder haltgemacht und ein weiterer Lernschritt angegangen werden. Sicherlich ist es hin und wieder zweckmäßig, ja erforderlich, reine Übungsspuren zu benutzen (Parallelspuren, Rundkurse), um bestimmte Übungen durchzuführen, da hierbei die Effektivität sehr hoch sein kann (z. B. Korrekturmöglichkeiten).

Unter der Prämisse, daß Lehren und Lernen ein abwechslungsreicher Prozeß sein sollte, empfiehlt es sich, reine Übungseinheiten nie zu lange durchzuführen. Denn oft genügen nur geringe Veränderungen der äußeren Lernvoraussetzungen, um z. B. beim Lernenden einen neuen „Motivationsschub" zu erreichen.

Auch beim Skilanglaufunterricht sollten die folgenden altbewährten methodischen Grundregeln die Praxisarbeit bestimmen:
− Vom Leichten zum Schweren
− Vom Einfachen zum Zusammengesetzten
− Vom Bekannten zum Unbekannten

Im folgenden haben wir versucht, einen methodischen Weg aufzubauen, der sich an dieser Grundregel orientiert. Dabei greifen wir vor allem auch auf langjährige Erfahrungen mit Breiten- und Alterssportgruppen, auf den Skilanglaufunterricht mit Rehabilitanden – wie z. B. Herzgruppen – sowie auf Skilanglauf in der Sportlehrerausbildung zurück.

Trotzdem gibt es naturgemäß immer wieder andere, neue Erfahrungen, so daß eine Modifikation des Wegs durchaus angebracht sein kann. Denn ebenso wie in anderen Sportarten gibt es auch hier nicht „den" methodischen Weg, sondern es gilt: „Viele Wege führen nach Rom."

Gewöhnungs- und Vorbereitungsübungen

Vor dem Anschnallen

Ob man Langlaufen in einer Gruppe lernt, oder ob man es allein versucht, Rücksichtnahme auf andere ist immer erforderlich.

Der Weg zur Loipe war schon für viele Anfänger mit schmerzhaften Erlebnissen verbunden, weil scheinbare Banalitäten nicht beachtet wurden. So gehört schon das richtige Tragen der Ausrüstung zum Langlaufen.

Beim Anstehen (Bus, Bahn etc.) oder bei kurzen Wegstrecken innerhalb einer Gruppe sollte man die Ski in die eine und die Stöcke in die andere Hand nehmen (Stützhilfe bei glatten Wegen) (Abb. 24). Wenn andere Läufer damit nicht gefährdet werden, kann man die Ski auch auf die Schulter nehmen, wie es Abbildung 25 zeigt.

Dabei sollten die Skispitzen etwas nach unten gedrückt werden, damit niemand von den Skienden bedroht wird.

Anschnallen der Ski

Hier hat die Entwicklung die Terminologie längst überholt: Ski, ob Alpin- oder Lang-

Abb. 24 Das richtige Tragen der Ski ist besonders wichtig, wenn man sich in Gruppen bewegt.

Abb. 25 Zur Bewältigung längerer Laufstrecken können die Ski geschultert werden.

Gewöhnungs- und Vorbereitungsübungen

Abb. 26 Die „sicherste" Methode des Skianschnallens.

laufski, werden heutzutage nicht mehr wirklich „angeschnallt". Sie rasten ein, schnappen zu, werden geklemmt − aber ein wenig Nostalgie sei erlaubt:
Das „Anschnallen" sollte man zu Hause schon einmal probiert haben. Im Gelände empfiehlt es sich, einen ebenen Platz mit festgetretener Schneedecke etwas abseits der Loipe zu suchen.
Die Nordic-Norm-Bindungen, bei denen noch ein linker und ein rechter Ski unterschieden werden, verlangen, daß der Schuh beim Einführen in die Bindung zunächst etwas angehoben wird. Dann können die 3 Zapfen der Bindung in die entsprechenden Löcher im Schuh gebracht werden, bevor der Bügel heruntergedrückt wird. Gerade bei den NN-Bindungen ist es sehr gut möglich, sich beim Anschnallen einseitig hinzuknien, wenn man unsicher ist (Abb. 26). Bei Automatikbindungen stützt man sich mit den Stöcken seitlich ab und tritt in die Bindung hinein. Aber auch dabei ist u. U. ein Hinknien möglich.

In hügeligem Gelände, wenn man am Hang steht, müssen die Ski immer quer zum Gefälle stehen, bevor man anschnallt. Wenn die Skispitzen hangabwärts weisen, werden sie sich − vor oder nach dem Anschnallen − sehr schnell in Bewegung setzen.

Stockfassung

Da die ersten Gehversuche auf den Skiern meistens mit Stockunterstützung stattfinden, soll an dieser Stelle auch die Stockfassung erläutert werden. Sie ist beim Langlauf aus zweierlei Gründen wichtig. Läufer, die die Feinform der Techniken anstreben, können diese nur erreichen, wenn der Griff des Stocks und die Hand eine enge Verbindung haben. Außerdem, und dies gilt für jede Kategorie von Läufern, können durch die richtige Stockfassung in ganz bestimmten Situationen (Stürze, Hängenbleiben der Stockspitze etc.) ernsthafte Verletzungen des Handgelenks oder des gesamten Arms vermieden werden.
Man greift von unten durch die Stockschlaufe hindurch. Dann umfaßt man den Stockgriff zusammen mit den beiden Schlaufenenden. Der unten aus dem Griff herauskommende Schlaufenteil läuft nun am Daumenballen entlang, der obere Teil verläuft über die Handkante. Die Schlaufe soll so eingestellt werden, daß − bei straffem Verlauf um die Hand − lediglich ein kurzes Stück des Stockendes nach oben aus der geschlossenen Faust herausragt (Abb. 27).
Bei dieser Art, den Stock zu fassen, kann man beim Laufen nach Ende des Stockeinsatzes, wenn der Arm weit nach hinten ausschwingt, die Hand öffnen und den Griff loslassen. Trotzdem kann der Stock anschließend, wenn der Arm nach vorn schwingt, schnell wieder richtig angefaßt werden.

Erste Schritte und Gewöhnung an das Gerät

Bevor man seine ersten Versuche auf dem neuen Terrain wagt, muß natürlich ein gezieltes Aufwärmen erfolgen. Es beugt

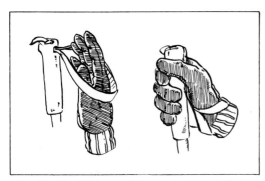

Abb. 27 Die richtige Stockfassung ist aus technischen sowie aus verletzungsprophylaktischen Gründen sehr wichtig.

Verletzungen vor und ermöglicht optimales Lernen.
Das Gelände, in welchem die 1. Stunde stattfindet, sollte flach sein. Eine sehr hohe Schneeauflage, insbesondere wenn der Schnee pulvrig ist, erweist sich meist als ungünstig. Wenn man bei seinen ersten Schritten zu tief einsinkt, erschwert das die Übungen und ist sehr anstrengend. Darüber hinaus ist – wenn man hingefallen ist – das Aufstehen im Tiefschnee sehr problematisch, manchmal gar nur mit fremder Hilfe möglich.
Günstiger ist also ein Platz mit bereits etwas festgetretener Schneeauflage oder einer geringeren „Tiefe" als ca. 15 cm. (Das würde bedeuten, daß man höchstens bis zum Knöchel einsinkt.)

Übung 1

Umhergehen im Schnee. Langsames Erproben:
– „Wie halte ich mit Hilfe der Stöcke die Balance?"
– „Fühle ich mich sicher, wenn ich große oder kleine Schritte mache?"
– „Wie weit auseinander sollten die Ski sein, damit ich das Gleichgewicht halten kann?"
– „In welche Richtung kann ich die Ski setzen?"
– „Wie gelingt es am besten, einen Kreis zu gehen?"

Dieser erste Schritt steht also ganz unter dem Stichwort „Erfahrungen sammeln".

„Nur wer kriecht, kann nicht fallen", wohl aber jemand, der seine ersten Schritte im neuen Medium auf ungewohntem Gerät macht. Entgegen weitverbreiteter Meinung ist es beim Erlernen des Skilaufs absolut kein „Vergehen", auch einmal oder mehrmals hinzufallen. Wir vertreten sogar die Auffassung, daß das Fallen dazugehört. In der Regel ist ein Sturz im Schnee nicht sehr gefährlich – außer wenn man sich mit sehr hoher Geschwindigkeit bewegt, auf Harsch oder Eis fällt oder umfällt, wie eine „Eisenbahnschranke" (alle Gelenke gestreckt).

Einige Regeln sollte man trotzdem beachten, wenn ein Sturz unvermeidlich ist:
– Klein machen, bevor man fällt.
– Möglichst dicht neben die Bindung „setzen".
– Möglichst zum Hang „setzen".
– Nicht mit gestreckten Armen abstützen.
– Die Stockspitzen nach hinten halten.
Niemals versuchen, mit nach vorn eingesteckten Stöcken zu bremsen!
– Bei Abfahrten nicht nach hinten auf die Ski setzen, sonst geht die Fahrt mit gesteigertem Tempo, dafür aber unkontrolliert weiter.

Abbildung 28 zeigt einen idealtypischen Sturz.

Auch das Aufstehen nach dem Hinfallen kann problematisch werden. Sehr viele Läufer versuchen immer wieder, sich aus der Sitzposition mit Hilfe der Stöcke hochzudrücken. Diese Art des Aufstehens erfordert einen sehr großen Krafteinsatz und viel Geschick (Preßatmungsgefahr!). Es ist wesentlich günstiger, zuerst nach vorn in eine kniende Position zu kommen. Wenn man auf seinem Ski kniet, ist das Aufstehen völ-

Gewöhnungs- und Vorbereitungsübungen 71

Abb. 28 Durch „richtiges Stürzen" können Verletzungen vermieden werden.

Abb. 29 Um ökonomisch aufzustehen, sollte man sich aus der Sturzposition zunächst hinknien (a), um dann aufzustehen (b).

lig unproblematisch (Abb. 29). Gegebenenfalls kann es besser sein, sofern es möglich ist, noch im Liegen die Bindung zu öffnen. (Achtung: Neue Automatikbindungen können dies unmöglich machen, weil einige davon ausschließlich mit dem Stock bzw. starker Krafteinwirkung zu öffnen sind!).

Übung 2

Aus dem Stand zunächst einmal das idealtypische Hinfallen und Aufstehen üben (vgl. Abb. 28, 29).

Übung 3

Umtreten um die Skispitzen und -enden:
a) Im unberührten Schnee versucht man, sich 360° um die eigene Achse zu drehen, indem die Skispitzen einen „Kreis" beschreiben, während die Skienden am gleichen Ort (in der Mitte des Kreises) bleiben (Abb. 30).
b) Nun sollen sich die Skispitzen im Zentrum der „Sonne" befinden.
c) Man kann auch einen „Stern" zeichnen, indem man die Bindung im Mittelpunkt des Kreises läßt.

Abb. 30 Umtreten um die Skienden ist eine mögliche Gewöhnungsübung (Sterntreten).

Übung 4

„Initialen schreiben":
Man sucht sich wieder eine Fläche mit unberührtem Schnee und versucht nun, mit den Ski die eigenen Initalen in den Schnee zu drucken.

Dieses „Üben in spielerischer Form" dient weiterhin den Zielen „Erfahrungen sammeln – sicher werden". In der Arbeit mit Gruppen lassen sich vielfältige Spiele unter dieser Zielbeschreibung einordnen. Das Lernen in dieser Phase sollte nach unserer Auffassung in Gruppen mit einem Lehrer stattfinden. Dabei besteht die Möglichkeit, mehr spielend als „arbeitend" zum Ziel zu kommen. Spielerisches Lernen enthält Begeisterung, läßt Anstrengung vergessen, schafft Ablenkung von Problemen und bringt Schüler dazu, ihre Kräfte zu verausgaben. Damit ist Lernen durch Spielen in jedem Fall vorzuziehen. Lediglich in Gruppen, in denen die Belastung eine ganz genaue Dosierung erfordert (ältere Sportler, Teilnehmer mit Schäden am Herz-Kreislauf-System), muß der Einsatz von Spielen genauestens überlegt werden!

Spielgruppe 1
(Ohne Stöcke)

a) „Schatten-Laufen":
Partner A läuft auf vorgegebenem Gelände eine freigewählte Spur, Partner B muß als „Schatten" hinterherlaufen.
b) „Spiegelspiel":
Die Partner stehen gegenüber, Partner A ist das „Original", Partner B sein Spiegelbild. B muß alle Bewegungen spiegelgleich nachmachen.
c) „Skispitzenkarussell":
Alle Teilnehmer bilden einen Kreis, die Skispitzen zeigen zur Mitte, Handfassung, alle versuchen im gleichen Rhythmus nach rechts (links) zu treten. Erweiterung:
Im Rhythmus in die Hände klatschen.
Wenn – nacheinander – jeder Teilnehmer mit seinem Gegenüber im Kreis den Platz tauscht, entsteht daraus das

Gewöhnungs- und Vorbereitungsübungen

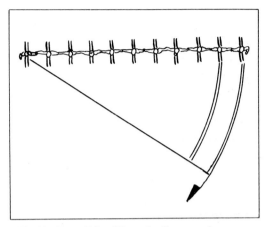

Abb. 31 Der „Zeiger" kann in Gruppen als Gewöhnungsübung angewandt werden.

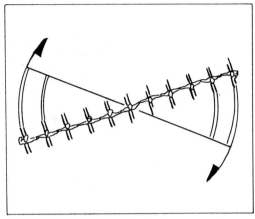

Abb. 32 Als spielerische Gewöhnungsübung für Gruppen eignet sich auch der „Propeller".

d) „Skiendenkarussell": wie c).
e) „Linien-Gehen":
Alle Teilnehmer stehen in Handfassung nebeneinander, nun starten zuerst die Läufer der einen Seite, dann versuchen die Teilnehmer der anderen Seite, nach vorn zu kommen.
Daraus kann ein
f) „Zeiger" (Abb. 31) und ein
g) „Propeller" entwickelt werden (Abb. 32).
h) „Ballstaffette":
Wenn sich eine Gruppe in Linie bewegt, können (Schnee-)Bälle, Luftballons oder andere Gegenstände weitergereicht oder -geworfen werden.

Während es in der 1. Spielgruppe im wesentlichen darum ging, innerhalb der Gruppe gemeinsame Aufgaben zu bewältigen, also zu kooperieren, ist der Charakter der folgenden Spiele etwas wettkampforientierter. Man sollte Wettspiele in frühen Lernphasen stets nur sehr behutsam einsetzen. Dies gilt besonders dann, wenn beobachtet werden kann, daß die Bewältigung der Spielaufgaben am mangelnden Fertigkeitsniveau scheitert. Wenn also z. B. in derartigen Spielen viele Schüler sehr oft stürzen, ist ein Rückgriff auf weniger konkurrierende Spiele anzuraten.

Spielgruppe 2
(Ohne Stöcke)

Für ältere Teilnehmer und Herz-Kreislauf-Geschädigte sind diese Spiele nicht geeignet!

a) „Fangspiel im begrenzten Raum":
Mit den Stöcken der Teilnehmer wird ein Spielfeld abgesteckt. Ein Schüler ist Fänger. Wen er angeschlagen hat, wird neuer Fänger. Empfehlung: Zunächst nur auf einem Ski spielen lassen. Daraus läßt sich das
b) „Ketten-Fangen" entwickeln:
Zunächst gibt es nur 1 Fänger. Wenn er einen anderen Teilnehmer angeschlagen hat, fassen sich beide an der Hand und suchen das nächste Glied der Kette, welches sich nach dem Abschlagen anhängen muß.
c) „Partnerfangen":
Ein ähnliches Spiel wie Kettenfangen. Es beginnt 1 Fänger. Wen er abgeschlagen hat, wird sein Partner. Wenn wieder

jemand abgeschlagen wird, muß dieser wiederum einen Partner suchen, etc.

d) „Schwarzer Mann":
Der Gruppe, die in Linie aufgestellt ist, steht in ca. 20 m Abstand der „Schwarze Mann" gegenüber. Dieser fragt nun die Gruppe: „Wer hat Angst vorm schwarzen Mann?" Worauf diese ruft „Niemand". Die Antwort des Schwarzen Mannes „Und wenn er kommt?" läßt die Gruppe loslaufen und rufen „Dann laufen wir davon". Die Gruppenteilnehmer versuchen nun also auf die Seite hinter dem Schwarzen Mann zu kommen (ohne Handfassung). Die vom Schwarzen Mann angeschlagenen Schüler müssen ihm in der nächsten Runde beim Fangen helfen.

„Der Plumpsack geht herum", „Komm mit - lauf weg", „Stockraub", „Jägerball", Handballspiel, Fußball mit einem Ski und eine Vielzahl weiterer Spiele lassen sich hier einordnen. Viele dieser Spiele können auch später erfolgversprechend in das Programm eingebaut werden und zur Auflockerung beitragen. Neben den Spielen mit freien Aufstellungsformen sind auch sehr viele Staffelformen geeignet.
Bestimmte Spiele eignen sich besonders gut für die Vorbereitung auf spezielle Techniken oder gar zur Schulung dieser Fertigkeiten. Darauf wird bei der Vorstellung der einzelnen Schritte noch eingegangen.

Skilanglauftechniken

Nach den Erfahrungen mit Schnee, Ski und Stöcken sind die ersten Gehversuche in einer Spur angezeigt. Ohne auf spezielle Techniken einzugehen und ohne Demonstration oder Bewegungsbeschreibung vorauszuschicken, wird eine kleine Tour in einer maschinell gespurten Loipe unternommen.
Der Diagonalschritt, die eigentliche Haupttechnik beim Skiwandern – im Wettkampfbereich des Skilanglaufens müssen als Haupttechniken heute auch der Schlittschuh- und Halbschlittschuhschritt erwähnt werden – basiert auf der natürlichen Lauf- und Gehbewegung. Aus diesem Grund konnte die erste kleine Wanderung ohne spezielle Technikkenntnisse erfolgen.
Wieso eigentlich „Diagonalgang" bzw. „Diagonalschritt"? Man nennt diese Laufform so, weil – bezogen auf die Körperlängsachse – immer die diagonal gelegenen Extremitäten zusammenarbeiten, um ein Vorwärtskommen zu ermöglichen.

Diagonalgang

Beim Diagonalgang bereitet sich in der Grundstellung (Abb. 33 a) das rechte Bein auf den Abdruck vor, während der linke Arm bereits mit seiner Arbeit begonnen hat. Rechtes Bein und linker Arm drücken

Skilanglauftechniken: Diagonalgang

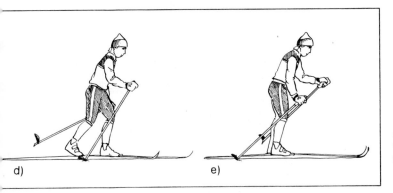

Abb. 33 Die Bewegungsphasen des Diagonalgangs (a–e) unterscheiden sich durch eine geringere Ausprägung von denen des Diagonalschritts.

den Läufer nun nach vorn, während der rechte Arm nach vorn schwingt und bereits den Stockeinsatz vorbereitet (Abb. 33 b).
In der – beim Grundschritt noch sehr kurzen – folgenden Phase (Abb. 33 c) gleitet der Läufer auf dem linken Bein, der rechte Arm beginnt nun schon zu arbeiten. Das rechte Bein schwingt kurz nach hinten, dabei sollen die Muskeln entspannt werden (Schwungphase).
Während der rechte Arm seine Arbeit schon vortriebswirksam aufgenommen hat, schwingen rechtes Bein und linker Arm weiter nach vorn, der rechte Fuß wird zunehmend wieder belastet (Abb. 33 d). Schließlich hat der rechte den linken Fuß eingeholt, der nun mit der Abdruckarbeit beginnt. Dabei hat der rechte Arm schon mehr als die Hälfte seiner Arbeit geleistet, die Hand ist bereits in der Nähe des rechten Oberschenkels (Abb. 33 e).

Die hier dargestellte Grundform des Diagonalschritts (Diagonalgang) ist das Ziel unserer ersten technikbezogenen Übungseinheit. Für die folgenden Übungen sollten eine gut präparierte, ebene Spur sowie gute Gleit- und Abdruckverhältnisse geschaffen sein.

Übung 1
(Ohne Stöcke)

a) Gehen ohne Stöcke, dabei lockeres Mitschwingen der Arme. (Gehen wie „zum Einkaufen", jedoch Armarbeit etwas verstärken.)
b) Wie a), jedoch versuchen, sich beim Gehen besonders groß zu machen.
c) Wie a), jedoch versuchen, sich beim Gehen besonders klein zu machen.
Durch diese Übungen soll klarwerden, daß ein Abdruck und damit das Vorwärtskommen, nur mit gebeugtem Fuß-, Knie-, und Hüftgelenk möglich ist.
d) Versuchen, eine vorgegebene Strecke (20–25 m) im Lauf (möglichst schnell) zu bewältigen. (Nicht für ältere und Herzgruppenteilnehmer!)

Ziel dieser Übungen – insbesondere der letzten – ist es, eine verstärkte Armarbeit in den Gesamtablauf der Bewegung einzubeziehen.

In späteren Phasen, wenn Schwierigkeiten mit der Arm/Bein-Koordination ersichtlich sind, empfiehlt es sich immer wieder, die Übung 1c durchführen zu lassen. Dabei kommt es nicht auf maximale Geschwindigkeit, sondern auf Bewegungsdynamik an.

Für die folgende Übung sollte ein ca. 50 m langes, gerades, aber sehr leicht ansteigendes Stück in der Loipe ausgesucht werden. Die Übungen können dann im leichten Anstieg und leichten Gefälle erprobt werden („Gegensatzpaar"). Die Koordination der

Gesamtbewegung lernt sich im leichten Anstieg leichter!

Übung 2
(Stöcke nur mittragen)

a) In der Spur gehen, dabei die Arme mitschwingen, ohne jedoch die Stöcke einzusetzen.
b) Wie a), jedoch die Stöcke mitschleifen lassen.
c) In dieser Übung soll versucht werden, die Stöcke mehr und mehr in den Gesamtablauf einzubeziehen. Immer dann, wenn der Schüler merkt, daß er „durcheinanderkommt", sollen die Stöcke wieder nur getragen werden. Wenn dann die Überkreuzkoordination wieder stimmt, werden erneut die Stöcke eingesetzt und arbeiten nach und nach immer kräftiger.

Die Grundform des Diagonalschritts bereitet meist wenig Schwierigkeiten, wenn noch nicht auf eine kräftige, weite Armtätigkeit Wert gelegt wird.
Bei Gruppen bietet sich als Organisationsform die Parallelspur („Schwedengitter", Abb. 34) an. Hier kann der Lehrer gezielte Einzelkorrekturen geben und in den Querspuren deutlich demonstrieren.
Das Anlegen dieser Parallelspur bereitet nicht selten Schwierigkeiten. Es gibt verschiedene Möglichkeiten, wobei die Schüler auf das hüftbreite Anlegen der Spur besonderes hingewiesen werden sollten:
– Die Gruppe in Linienaufstellung, Handfassung mit weit seitlich ausgestreckten Armen, langsames Vorwärtsgehen.
– Die Gruppe in Linienaufstellung, die Stöcke werden als „Abstandhalter" benutzt (Abb. 35).
– Die Gruppe in Linienaufstellung, der Lehrer an einem Ende beginnt eine Spur zu legen, der ihm nächste Schüler folgt und achtet dabei nur darauf, parallel zur Lehrerspur zu laufen, dann folgt der nächste Schüler etc. (Abb. 36).

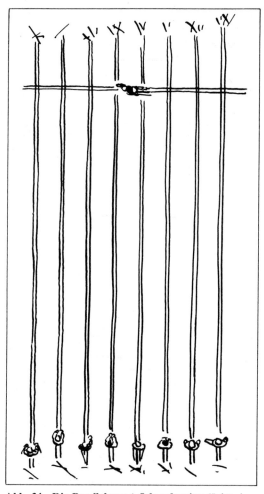

Abb. 34 Die Parallelspur („Schwedengitter") ist eine sehr gute Möglichkeit, um Übungen zur Technikverbesserung durchzuführen.

– Der Lehrer legt die Spur vor und geht dabei in „Serpentinen", die Gruppe folgt ihm (für „konditionsstarke" Lehrer).

Das Gelände für die Parallelspur sollte plan und zu einer Seite leicht abfallend sein. Die Länge der Spur kann zwischen 50 und 100 m liegen. Dieses „Schwedengitter" eignet sich gut, einen differenzierten Unterricht mit unterschiedlichen Aufgabenstellungen durchzuführen.

Skilanglauftechniken: Diagonalgang

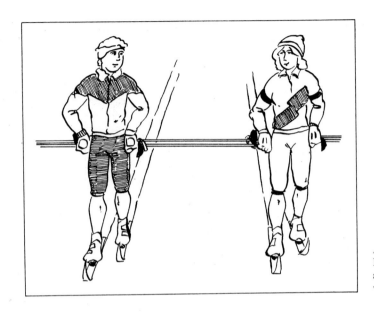

Abb. 35 Beim Anlegen einer Parallelspur können die Stöcke als „Abstandhalter" benutzt werden.

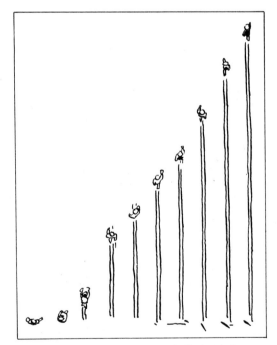

Abb. 36 Eine weitere Möglichkeit für das Anlegen von Parallelspuren ist durch den „versetzten Start" möglich.

Zur Verbesserung des Diagonalgangs/Diagonalschritts sind außerdem folgende Übungen empfehlenswert:

Übung 3

Diagonalgang, dabei die Stöcke in der Mitte gefaßt tragen, um eine Verbesserung der Gesamtkoordination, eine körperparallele Armarbeit und in späterer Phase auch eine Verbesserung des Abdrucks zu erreichen (Abb. 37).

Übung 4

Abwechselnd einige sehr kurze, schnelle, dann einige lange (gleitende) Schritte zur Verbesserung des Gleitgefühls.

Übung 5

In abfallender Spur durch einige schnelle Schritte in Schwung kommen, dann ohne Beinarbeit die Armarbeit durchführen.

Technik und Methodik

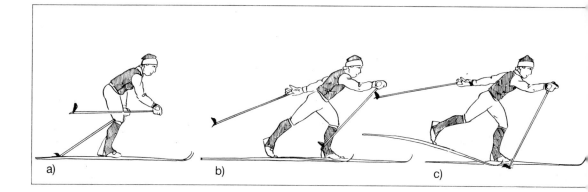

Möglichst weit durchschieben und versuchen, die Hände hinten zu öffnen.

Übung 6

In abfallender Spur durch schnelle Schritte Tempo gewinnen und versuchen, kurz auf einem Bein zu gleiten.

Übung 7

Nicht für schwach belastbare Teilnehmer!

a) In einer Dreiergruppe: Die beiden äußeren Schüler ziehen den mittleren an den Stöcken vorwärts. (Vorsicht!)

b) Wie a), der Schüler in der Mitte wird nun geschoben, entweder mittels seiner hinter dem Gesäß gehaltenen Stöcke oder an den Schultern.

c) Wie a) und b), nun versucht der Mittelmann möglichst lange, einen Ski aus der Spur hochzuheben.

Übung 8
(Ohne Stöcke)

Nicht für schwach belastbare Teilnehmer!

Nachdem man mit einigen Anlaufschritten in Schwung gekommen ist (besonders bergauf wichtig), stößt man sich 3- bis 5mal hintereinander mit demselben Bein ab. An-

Abb. 37 Eine der wichtigsten Übungsformen für den Diagonalschritt ist das Laufen ohne Stöcke.

Skilanglauftechniken: Diagonalschritt

Abb. 38 Der Diagonalschritt (a–e) unterscheidet sich vom Diagonalgang durch die Bewegungsdynamik in allen Bewegungsphasen.

schließend übernimmt das andere Bein dieselbe Anzahl Abdrücke. Dabei muß man sich zunächst noch nicht auf die Armarbeit konzentrieren. Mit zunehmender Übungsdauer sollte jedoch mehr und mehr darauf geachtet werden, daß der Gegenarm beim Abdruck immer nach hinten schwingt.

Die Übung „Roller-Fahren" wird im allgemeinen sehr gern in der Methodik zum Diagonalschritt einbezogen. Sie ist zur Abstoßschulung und zur Verbesserung des einbeinigen Gleitvermögens gut geeignet. Wir haben sehr gute Erfahrungen damit gemacht, Roller-Fahren auf einem Ski durchzuführen (auch spielerisch, z. B. in Staffelform). Dazu ist am besten ein Platz mit gepreßter Schneedecke auszuwählen, weil in den selbstgefertigten Parallelspuren der Abdruckfuß ohne Ski meist tief einsinkt. Eine maschinell gespurte, offizielle Loipe sollte nur dann benutzt werden, wenn sie durch die Fußabdrücke nicht zerstört werden kann (z. B. immer äußeren Fuß benutzen). Anschließend kann dann Roller-Fahren wie beschrieben mit beiden Skiern ohne Stöcke in der präparierten Spur durchgeführt werden.

An dieser Stelle ist vermutlich für die meisten Schüler der Diagonalschritt (-gang) mehr als ausreichend geübt, spätestens hier, wahrscheinlich früher, sollten nun Techniken des Bremsens und Aufsteigens erarbeitet werden. Wir wollen aber hier noch die Zielform des Diagonalschritts sowie entsprechende Übungen vorstellen, um dieses Thema abschließen zu können.

Diagonalschritt

Der Diagonalschritt unterscheidet sich vom Diagonalgang (Grundschritt, Gleitschritt) durch die wesentlich erhöhte Dynamik des Abdrucks. Der verstärkte Abstoß hat längere Schwungphasen und eine verlängerte Gleitphase zur Folge. Die Unterschiede sind beim Vergleich der Bildreihen (Abb. 33, 38) zu erkennen. Dabei wird auch deutlich, daß der Abdruck bei der Zielform aus einer wesentlich stärkeren Beugestellung des gesamten Körpers („Kauerstellung") erfolgt, daß die Schubarbeit des Arms und der Abdruck des Beins länger sind, und daß der Läufer nach dem Abdruck in der Beinausschwungphase den Ski sehr weit aus der Spur hebt.

Je näher man der Zielform des Diagonalschritts kommen möchte, um so besser muß man auf einem Bein das Gleichgewicht halten können. Gleichzeitig ist ein gut koordinierter, explosiver Abdruck erforderlich.

Da das Ein-Bein-Gleiten Dreh- und Angelpunkt der Weiterentwicklung eines Läufers im Skilanglauf ist (z. B. auch für Spurwechsel, Bogentreten, Schlittschuhschrittechniken etc.), sollte immer wieder großer Wert auf die Schulung dieser Fertigkeit gelegt werden.

Abb. 39 In der Abfahrtsstellung sollte auf eine ständige Bewegungsbereitschaft Wert gelegt werden.

Die folgenden Übungen lassen sich zur Schulung des Ein-Bein-Gleitens sehr gut einsetzen.

Übung 1
(Partnerform)

a) Beide Schüler nehmen Anlauf und versuchen, ab einer Markierung oder auf Zuruf eines Dritten möglichst lang auf einem Bein zu gleiten (nebeneinander).
b) Partner A zieht Partner B (A kann auch die Ski abschnallen), B versucht wechselseitig einbeinig zu gleiten.

Bei den nun folgenden Übungen sollte das Gelände sorgfältig ausgewählt werden. Eine leichte Abfahrt, bei der die Schüler leicht und schnell ins Gleiten kommen, die aber sanft ausläuft oder gar in einem Gegenhang endet, ist ideal.

Dabei darf das Gefälle der Spur nicht so stark sein, daß auch nur einer der Schüler Angst bekommt. Bei längeren Abfahrten bietet es sich an, zunächst weiter unten einzusteigen und dann – mit wachsender Sicherheit – von immer weiter oben zu starten. Wenn die Schüler zuvor noch keine bremsende Technik erlernt haben, ist ein Gegenhang oder Auslauf zwingend erforderlich. Da sie eine ausgezeichnete Gleichgewichtsschulung ohne nennenswerte Anforderungen an die Kondition ermöglichen, sind „Abfahrübungen" bei wenig belastbaren Personen besonders wichtig. Vorab sollte die richtige Abfahrtshaltung (Abb. 39) erklärt werden.

Übung 2
(Ohne Stöcke)

a) Abfahren ohne Aufgabenstellung, probieren, Geschwindigkeit fühlen, sicher werden.
b) Abfahren, dabei in den Knien wippen.
c) Abfahren, dabei Füße vor- und zurückschieben.
d) Abfahren, dabei abwechselnd klein und groß werden.
e) Abfahren, dabei Schnee aufnehmen und den Lehrer damit bewerfen.
f) Abfahren in „Telemarkstellung".
g) Abfahren mit einem/beiden Knien auf dem Ski.

Skilanglauftechniken: Diagonalschritt

Abb. 40 Der Paßgang – bei Kamelen die normale Fortbewegungsart – ist bei Skiläufern eher unerwünscht.

Übung 3
(Partnerweise, ohne Stöcke)

a) Partner leicht versetzt nebeneinander, Handfassung, der vordere Partner zieht den anderen an sich vorbei. Dieser nützt den Impuls wiederum, um den anderen Partner vorbeizuziehen, etc.
b) „Zweitakter": Die Partner gehen während der Abfahrt abwechselnd tief in die Hocke und strecken sich maximal. Mit Handfassung!
c) Beide Partner in einer Spur, jeder mit nur einem Ski. Der andere Ski wird außerhalb der Spur mitgeführt.
d) Handfassung, der eine Partner versucht, so lange wie möglich auf einem Bein abzufahren.
e) Beide Partner versuchen gemeinsam, so lange wie möglich einbeinig zu fahren.
f) Die Partner erhalten die Aufgabe, während der Abfahrt eine möglichst schöne Figur gemeinsam darzustellen (z. B. ein Partner in Standwaage, der andere stützt, etc.).

Diese Übungen sind nicht nur sehr wertvoll für den Lernprozeß, sondern machen auch Spaß. Sicherlich wird es gerade bei den Abfahrtsübungen den einen oder anderen Sturz geben. Bei jüngeren Schülern ist dies im Regelfall unproblematisch, vorausgesetzt, es entstehen dadurch keine Verletzungen und keine Angst. Dem Lehrer fällt vor allem die Aufgabe zu, dämpfend oder motivierend einzugreifen. Oft passiert es, daß die Schüler selbst mit immer neuen „verrückten" Ideen kommen und in den lustigsten Stellungen die Abfahrt bewältigen. Diese Kreativität sollte unterstützt werden. Nur bei wirklich gefährlichen Vorschlägen muß der Lehrer „bremsen".

Abschließend sind noch einige Übungen zu verschiedenen Teilaspekten des Diagonalschritts genannt:

Übung 4

a) Versuchen, in der Spur mit Ski und Stöcken den leichtathletischen Lauf zu imitieren, wenn Probleme im Finden des richtigen Abdrucks bestehen.
b) Leichte Sprungschritte ausführen, dabei jedoch den unbelasteten Ski nicht abheben, sondern in der Spur nach vorn schieben.
c) In ansteigender Spur mit Stockeinsatz hochlaufen, ähnlich wie bei a).

Wenn Schüler Probleme mit der Arm-Bein-Koordination haben und immer wieder in paßgangähnliche Bewegungsmuster verfallen (Abb. 40), können die folgenden Übungen eingesetzt werden:

Übung 5

a) In ebener Spur laufen, dabei die Stöcke nur tragen, ggf. in der Mitte halten (vgl. Abb. 37).
b) Wie a), aber in ansteigender Spur laufen.
c) Vom Anstieg in ebene Spur laufen.
d) In der Ebene laufen, dazu den Schneewalzer singen und versuchen, den Rhythmus aufzunehmen.

Übung 6
(Wenn Schüler nicht rhythmisch laufen)

a) Wie Übung 5 d).
d) Partnerweise laufen, versuchen, den Rhythmus des Partners aufzunehmen.
c) Laufen, sich dabei selbst lautieren, Kommandos geben (hopp, hopp, hopp).

Abb. 41 Der Halbpflug ist eine wichtige Bremshilfe für Abfahrten in gespurter Loipe.

Techniken zum Bremsen

Nachdem das Vorwärtskommen auf Langlaufskiern mit Hilfe des Diagonalschritts keine wesentliche Schwierigkeit mehr darstellt, muß der Langläufer in die Lage versetzt werden, jederzeit anhalten zu können. Bremsende Techniken oder Möglichkeiten, einem Hindernis auszuweichen, müssen relativ frühzeitig in den Lernprozeß eingebaut werden. Erst hierdurch wird eine ausreichende Geländegängigkeit erreicht und können Wanderungen unternommen werden.

In gespurten Loipen werden in abfallendem Gelände bei entsprechenden Schneeverhältnissen oft beachtliche Geschwindigkeiten erzielt. Die günstigste Möglichkeit hier eine Verzögerung zu erreichen, ist der Halbpflug. Wenn das Tempo jedoch sehr hoch wird, muß ggf. der Pflug zum Bremsen benutzt werden. Ist ein rechtzeitiges Anhalten vor einem Hindernis mit beiden genannten Techniken nicht möglich, muß man ausweichen. Dies ist durch Bogentreten (Umtreten) oder durch Fahren eines Schwungs erreichbar, was jedoch eine bereits gute Skitechnik voraussetzt. Schließlich gibt es eine weitere, unkonventionelle Möglichkeit des Bremsens, das Stockreiten.

Halbpflug

Beim Halbpflug wird ein Ski aus der Spur gehoben und nach außen gestemmt. „Stemmen" bedeutet, daß die Schaufeln der Ski zusammen bleiben, während das Skiende ausgewinkelt wird (Abb. 41). (Das Gegenteil von Ausstemmen und Auswinkeln ist

Techniken zum Bremsen: Halbpflug, Pflug

Abb. 42 Der Pflug ist eine Bremstechnik, die in der Regel nur im ungespurten Gelände angewendet werden kann.

Ausscheren, vgl. Abb. 43.) Der ausgestemmte Ski kann jetzt stark oder weniger stark aufgekantet werden. Je stärker seine Kante in den Schnee gedrückt und der Ski belastet wird, um so größer ist die Bremswirkung. Der andere Ski kann bei diesem Vorgang in der Spur bleiben und gibt dabei die notwendige Richtungsstabilität. Für die folgenden Übungen sollte ein Gelände entsprechend den Übungen 2 und 3 auf Seite 80 und 81 gewählt werden.

Übung 1
(Leichte Abfahrt)

a) Versuchen, während des Gleitens (Gewicht auf einem Ski) den unbelasteten Ski aus der Spur zu heben und neben der Spur mitlaufen zu lassen.
b) Wie a), Ski auf dem Mittelsteg mitlaufen lassen.
c) Ski während der Abfahrt unbelastet auswinkeln und wieder in die Spur setzen.
d) Wie c), dabei den Ski zunehmend belasten und die Bremswirkung erspüren.

Übung 2
(Partnerform)

a) Die Partner versuchen, während sie nebeneinander abfahren den jeweiligen Außenski im gleichen Rhythmus auszustemmen und wieder beizusetzen.
b) Beide Partner (mit möglichst gleich schnellen Ski) fahren nebeneinander ab. Auf ein Zeichen versuchen beide, möglichst „schnell langsamer" zu werden (ggf. zum Stehen kommen).
c) Beide Partner versuchen, auf einer etwas steileren Abfahrt als „letzter" unten anzukommen.

Pflug

Nachdem der Halbpflug als Bremshilfe eingeführt wurde, sind die Voraussetzungen zum Erarbeiten des Pflugs günstig. Es muß jedoch von den individuellen Voraussetzungen abhängig gemacht werden, ob der Pflug tatsächlich an dieser Stelle gelernt werden soll. Möglicherweise muß er noch zurückgestellt werden, weil seine Anwendung in guter Loipe sehr schwer und zunächst auf planes Gelände beschränkt ist. Trotzdem wird er hier an dieser Stelle beschrieben:

Aus der parallelen Skiführung werden beide Skienden auseinandergedrückt, während die Schaufeln zusammen bleiben. Dies geschieht durch schnelles Beugen in Fuß-, Knie- und Hüftgelenken sowie durch ein Auswärtsdrücken der Fersen. Die Knie müssen vorwärts-einwärts gedrückt werden, wodurch die Ski auf die Kanten kommen (Abb. 42). Dabei müssen die Fersen nicht nur auswärts, sondern auch nach unten gedrückt werden, um auf der Fersenplatte bzw. Skibindungsführung Halt zu finden. Je weiter die Skienden nach außen gedrückt und die Ski aufgekantet werden (Knie nach innen drücken), um so größer ist die Bremswirkung. Beide Ski werden gleichmäßig belastet.

Abb. 43 Das Bogentreten ist sowohl für den Skiwanderer als auch für den sportlich orientierten Skilangläufer unerläßlich. Dabei ist auf eine gute Knievorlage zu achten.

Das Üben des Pflugs soll in planem Gelände bei fester Schneeauflage (z. B. gewalzte Piste) erfolgen. Auch Firnschnee ist geeignet.

Personen mit Fuß-, Knie- und Hüftgelenksproblemen sollten unter Umständen auf das Pflugfahren verzichten.

Übung 1

a) Zuerst die Pflugstellung im Stand ausprobieren.
b) In die Pflugstellung springen.
c) In die Pflugstellung rutschen durch „blitzschnelles" Beugen von Fuß-, Knie- und Hüftgelenk (plötzliches „Zusammensacken").
d) Im Pflug anfahren und ausgleiten, Geländeanforderungen steigern.
e) Im Pflug anfahren, versuchen, durch Verstärken der Pflugstellung auf ein Zeichen hin anzuhalten.
f) In paralleler Skistellung anfahren, einpflügen, wieder parallel fahren und abermals einpflügen.
g) In etwas steilerem Gelände anfahren und im Pflug zum Stehen kommen.

Bogentreten

Das Bogentreten ist eine Technik, die sowohl der Richtungsänderung bei Abfahrten dient als auch mit beschleunigendem Charakter angewandt werden kann. In letzterem Fall wird es meist mit Doppelstockschüben kombiniert.

Aus paralleler Skistellung wird der bogeninnere Ski völlig entlastet, so daß er abgeho-

Techniken zum Bremsen: Bogentreten

ben und in die gewünschte Richtung gesetzt werden kann. Gleichzeitig kann man sich vom belasteten Außenski abstoßen, der dazu auf die Kante gestellt werden muß (Knie vorwärts-einwärts drücken). Wenn der Abstoß beendet ist, wird der Ski angehoben und parallel zum bogeninneren Ski beigesetzt (Abb. 43). Dieser Vorgang wird so oft wiederholt, bis die gewünschte Richtung erreicht ist.

Vor dem Üben des eigentlichen Bogentretens sollte noch einmal das Umtreten um die Skienden wiederholt werden.

Übung 1
(Gespurte abschüssige Loipe)

Während der Abfahrt von einer Spur in die andere wechseln und dies mehrfach wiederholen (Abb. 44).

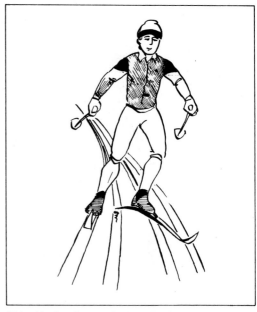

Abb. 44 Das Spurwechseln stellt nicht nur eine wichtige „eigene Technik" dar, sondern ist auch als Vorübung für viele andere Techniken (z. B. Bogentreten, Schlittschuhschritt) von Bedeutung.

Übung 2
(Planes, gewalztes, leicht abschüssiges Gelände)

a) Aus der Fahrt schräg zum Hang den Bergski ausscheren, vom Talski abstoßen und beisetzen (Bogentreten bergwärts).
b) Immer steiler anfahren, bis das Bogentreten aus der Fallinie erfolgt.
c) Bogentreten über die Fallinie.
d) „Bogentreten-Slalom": Zunächst in leicht abfallendem Gelände wechselseitiges Bogentreten um Markierungen herum ausführen, schließlich auch in ebenem Gelände mit kräftigem Doppelstockschub. Hierbei muß der bogenäußere Ski aufgekantet werden, um einen kräftigen, vortriebswirksamen Abstoß zu erreichen.
e) Übung a) bis d) auch im ungespurten Gelände ausprobieren.

Übung 3

Aus einer gespurten, abschüssigen Loipe (Tempo nicht zu hoch) Bogentreten bis zum Anhalten.

In vielen Fällen, bei bestimmten Schnee- und Geländeverhältnissen, ist das Bogentreten die einzige Möglichkeit der Richtungsänderung bei Abfahrten. Daher sollte jede Möglichkeit genutzt werden, es immer wieder zwischendurch zu üben.

Stockreiten

Bei sehr engen, steilen Abfahrten kann es gelegentlich vorkommen, daß keine der bisher genannten Techniken mit ausreichender Bremswirkung angewendet werden kann. In diesem Fall kann das Stockreiten benutzt werden.

Abb. 45 Das Stockreiten ist eine „Technik", bei welcher die ersten Versuche sehr vorsichtig unternommen werden sollten.

Dabei werden beide Stöcke so zwischen die Beine genommen, daß man sich (leicht!) „daraufsetzen" kann. Die Skiführung ist dabei – je nach Gelände- und Schneeverhältnissen – parallel oder leicht pflügend. Die Stockspitzen schleifen hinter dem Körper im Schnee und bewirken das Bremsen (Abb. 45).

Aufstiegstechniken

Um dem Ziel nahe zu kommen, möglichst frühzeitig eine gute Geländegängigkeit zu erreichen, müssen nun Aufstiegstechniken erlernt werden. Leichtere Anstiege werden normalerweise im Diagonalschritt bewältigt, wobei die Ausführung einige Unterschiede im Vergleich zum Diagonalschritt in der Ebene aufweist. Wenn die Spur so steil wird, daß man beim Diagonalschritt keinen Abdruck mehr findet, nimmt man die Skispitzen „auseinander" und bewältigt den Anstieg im Grätenschritt. Selten werden Loipen so steil, daß man schließlich sogar den Treppen- oder sogar den Halbtreppenschritt anwenden muß.

Diese Ausführungen zu den Aufstiegstechniken gelten nicht für ältere Sportler oder solche mit Schäden am Herz-Kreislauf-System. Für diese Zielgruppe ist der Grätenschritt oftmals nicht zu empfehlen, weil er eine zu große Belastung für Hüft-, Knie- und Fußgelenke darstellt. Außerdem muß hier vielfach der Diagonalschritt wesentlich früher, also schon bei leichten Steigungen abgebrochen werden, da für die erforderliche Explosivität des Abdrucks die entsprechende Kondition nicht vorhanden ist. Schließlich ist der Diagonalschritt im Anstieg, da er diese große Dynamik erfordert, mit erheblichen Belastungen für das Herz-Kreislauf-Atmungs-System verbunden (großer Energieaufwand, Überbelastungsgefahr). Daher sollten ältere Skilangläufer und -wanderer, insbesondere aber Herz-Kreislauf-gefährdete Personen, frühzeitig aus der Spur treten und Anstiege „gemütlich" im Treppen- oder Halbtreppenschritt bewältigen. Bei manchen steileren Anstiegen bieten sich sogar „Serpentinen" an, d. h., man geht in leicht ansteigender Spur quer zum Hang, macht dann eine Spitzkehre oder ggf. Baut (vgl. S. 97) und steigt dann zur anderen Seite hin wieder leicht an. Das Bogenlaufen wird meist von Wettkämpfern in steiler Spur angewandt, kann aber durch etwas Üben leicht auch von Freizeitsportlern ausgeführt werden.

Diagonalschritt im Anstieg

Das wesentliche Bewegungselement, nämlich die Überkreuzkoordination, ändert sich beim Diagonalschritt im Anstieg nicht, allerdings wird die Gleitphase erheblich kürzer. Dafür dauert die Abdruckphase länger, sie muß früher begonnen werden und endet später. Die Arm-Stock-Arbeit wird kürzer, da die Stockspitze weiter hinten eingesteckt wird und auch die Gleitphase verkürzt ist. Der Stockeinsatz beginnt kurz vor dem Beinabstoß, und der Arm schwingt nach beendeter Stockarbeit nicht weiter nach hinten aus, sondern wird schnell wieder nach vorn gebracht. Insgesamt ist der Läufer vor der

Aufstiegstechniken: Diagonalschritt im Anstieg

Abb. 46 Der Diagonalschritt im Anstieg zeichnet sich durch eine Verkürzung fast aller Bewegungsphasen aus.

Abdruckphase „zusammengekauert", die Gelenke sind stärker gebeugt als beim Diagonalschritt in der Ebene. Der Oberkörper weist mit der Unterlage einen kleineren Winkel auf, jedoch ist es falsch, ihn aktiv vorzubeugen (Abb. 46). Dies – die Vorverlegung des Körperschwerpunkts – ist nämlich vielfach der Grund für das Wegrutschen des Abdruckbeins nach hinten.

Wenn eine Steigung sehr steil ist, der Läufer aber über einen so griffigen Ski verfügt, daß er noch nicht den Grätenschritt anwenden muß, wird – im Leistungsbereich – der Diagonal- als Sprungschritt ausgeführt. Es bietet sich für diese Technik an, auf einen langen methodischen Weg mit mehreren Übungsformen zu verzichten, da diese Form dem leichtathletischen Sprunglauf ähnlich ist!

Übung 1
(Ohne Stöcke, leichter bis mittlerer Anstieg)

a) Hochstampfen, dabei auf den Schwerpunkt achten.
b) Hochschleichen, dabei auf den Schwerpunkt achten.

Übung 2
(Mit Stöcken, Gelände wie oben)

a) Sehr aufrecht laufen.
b) Stark gebückt laufen.

Übung 3
(Gelände wie oben)

a) Laufen wie ein „Sprinter".
b) Hochlaufen mit möglichst wenig Schritten.

Übung 4

Aus ebener Spur in immer steiler werdendem Anstieg mit langen Diagonalschritten aus den ebenen Teilstücken kommen und versuchen, so lange wie möglich die Gleitphase beizubehalten.

Gräten- und Halbgrätenschritt

Diese Technik wird angewandt, wenn in steilen Anstiegen der Diagonalschritt – wegen ständigen Zurückrutschens – nicht mehr möglich ist. Es sei hier nochmals darauf hingewiesen, daß der Grätenschritt für Skiwanderer und ältere Läufer, insbesondere wenn bereits degenerative Veränderungen z. B. der Kniegelenke vorliegen, nicht geeignet ist. Er wird hauptsächlich von Rennläufern oder Trimmern angewandt, deren Ziel in der größtmöglichen Schnelligkeit beim Anstieg liegt.

Wenn man Rennläufer in steilen Anstiegen von der Seite betrachtet, stellt man kaum fest, wann sie vom Sprungschritt in den Grätenschritt übergehen. Daran erkennt man, daß auch hier eine Überkreuzkoordination stattfindet. Um einen besseren Abdruck zu erreichen, werden die Skispitzen auseinander genommen (je steiler, um so mehr) und die Ski mit den Innenkanten aufgesetzt. Dies erfordert ein Nach-innen-Drücken der Knie- und Fußgelenke (Abb. 47).

Die Stöcke werden beim Grätenschritt weiter hinten-außen aufgesetzt, damit man nicht mit Ski und Stöcken „durcheinanderkommt". Die Ski müssen ganz abgehoben werden, damit die Enden sich in der Luft „überholen" können.

Läufer, die mit dem Grätenschritt Probleme haben, denen der Treppenschritt zu langsam ist, die aber einen zu glatten Ski besitzen, können den Halbgrätenschritt anwenden.

Abb. 47 Der Grätenschritt ist eine Technik, die relativ hohe Belastungen für Fuß-, Knie- und Hüftgelenk darstellt.

Dabei wird ein Ski in der Spur belassen, während der andere wie beschrieben ausgeschert wird. Der Halbgrätenschritt ist nicht so anstrengend wie der Grätenschritt und stellt für Skiwanderer einen akzeptablen Kompromiß dar.

Übung 1

In der Ebene, auch in ungespurtem Schnee, laufen mit leicht nach außen zeigenden Skispitzen.

Übung 2

In ungespurtem Schnee aus der Ebene mit Stampfschritten in einen leichten Anstieg laufen, dabei in leichten Grätenschritt übergehen.

Aufstiegstechniken: Gräten- und Treppenschritt

Abb. 48 Der Treppenschritt, eine Aufstiegstechnik für steiles Gelände, kann in Extremsituationen durchaus auch als „Abstiegstechnik" benutzt werden.

Übung 3

In ansteigender Loipe Halbgrätenschritt anwenden. Zuerst einige Schritte den einen, dann den anderen Ski auswinkeln. Stockarbeit beibehalten. Anschließend versuchen, aus dem Diagonalschritt in den Grätenschritt überzugehen.

Treppen- und Halbtreppenschritt

Beide Techniken werden in steilerem Gelände angewandt. Die Ski stehen quer zum Hang, dann wird – beim Treppenschritt – zuerst der Bergstock nach oben versetzt, darauf folgen Bergski, Talski und schließlich Talstock (Abb. 48). Interessant ist vielleicht der Hinweis, daß man mit dem Treppenschritt ebenso bergab kommen kann wie bergauf.

Beim Halbtreppenschritt wird der Bergski nicht nur bergwärts, sondern berg- und vorwärts versetzt (Abb. 49). Besondere Schwierigkeiten ergeben sich bei diesen Techniken nicht. Auf eine methodische Einführung kann verzichtet werden.

Bogenlaufen

Das Bogenlaufen wird bei Kurven in ansteigendem Gelände angewandt und wenn die Spurverhältnisse in Kurven sehr eng sind (z. B. im Wald). Aus dem normalen Diagonalschritt wird der bogeninnere Ski bereits in die neue Richtung gesetzt, der Außenski anschließend entsprechend nachgesetzt (Abb. 50).

Übung 1

In der Ebene, in ungespurtem Schnee oder fester Schneeauflage Kreise und Achten unterschiedlicher Größe gehen.

Abb. 49 Der Halbtreppenschritt wird benutzt, wenn das Gelände steiler wird oder wenn im Aufstieg auch ein Vorwärtskommen erwünscht ist.

Übung 2

„Bogenlauf-Slalom" in ansteigendem Gelände. In Gruppen auch als „lebender Slalom" möglich.

Weitere wichtige Techniken

Die bisher dargestellten Skilanglauftechniken ermöglichen es, fast jedes Langlaufgelände, allerdings ohne extreme Bedingungen, zu bewältigen. Dem kundigen Lehrer wird jedoch aufgefallen sein, daß es einige sehr gebräuchliche Techniken gibt, die noch nicht erläutert wurden. Dies soll auf den folgenden Seiten nachgeholt werden.

Doppelstockschub

Der Doppelstockschub hat – in Verbindung mit verschiedenen anderen Techniken – in den letzten Jahren sehr starken Einzug in den Wettkampfbereich gehalten. Insgesamt betrachtet, müssen die Doppelstocktechniken – neben Diagonaltechniken – als die am häufigsten angewandten Formen bezeichnet werden.

Dieser gleichzeitige Einsatz beider Stöcke kann mit einem einseitigen Beinabstoß verbunden werden, mit dem Schlittschuhschritt, dem Halbschlittschuhschritt, dem Bogentreten oder eben ohne Aktion der Beine durchgeführt werden.

Die Hauptform des Doppelstockschubs beginnt im beidbeinigen Gleiten, indem beide Arme nach vorn schwingen. Die Stöcke werden gleichzeitig eingesetzt, wobei sie beim Einstecken und mit Beginn der Zugphase leicht vorwärts geneigt sind (Abb. 51 a). Zusammen mit dem „Zug" der Arme beginnt sich der Oberkörper zu beugen.

Während sich der Oberkörper weiter beugt, schiebt sich der Läufer an den Stöcken vorbei (Abb. 51 b), bis die Arme nicht mehr

Doppelstockschub

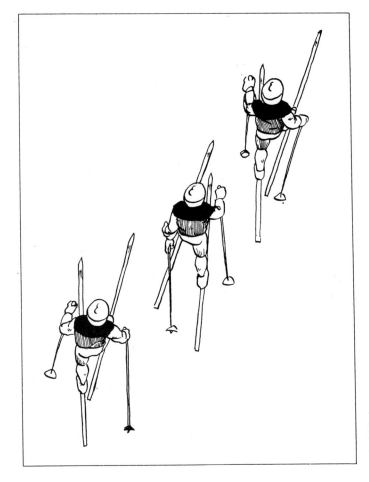

Abb. 50 Beim Bogenlaufen wird der bogeninnere Ski in die neue Bewegungsrichtung gesetzt; auch der Außenski wird in Laufrichtung gesetzt (ausgewinkelt).

weiter gestreckt werden können. In dieser Phase ist der Oberkörper waagerecht (Abb. 51c).
Die Arme pendeln nach hinten aus, und schließlich richtet sich der Oberkörper wieder bis zur vollständigen Streckung auf (Abb. 51d).

Folgende Hinweise sollten außerdem beachtet werden:
– Beim Beugen des Oberkörpers ausatmen, beim Aufrichten einatmen.
– Die Hände sollen beim Schub die Beine unterhalb der Knie passieren.
– Der Oberkörper muß vollständig aufgerichtet werden, um die Rückenmuskulatur zu entlasten.
– Die Beine sollen nicht aktiv gebeugt werden, um eine „Sitzstellung" zu vermeiden.

Diese Zielform des Doppelstockschubs ist leicht abzuwandeln, so daß auch Skiwanderer oder ältere Sportler „ihre Version" finden können. Dabei werden dann alle Bewegungsphasen weniger stark ausgeprägt durchgeführt, der Oberkörper muß nicht bis zur Waagerechten abgebeugt werden.

Wichtig an dieser Stelle ist der Hinweis, daß jeder Langläufer sich trotzdem bemühen sollte, den Oberkörper in den Doppelstockschub einzubeziehen, um Arme, aber auch Rückenmuskulatur zu entlasten.

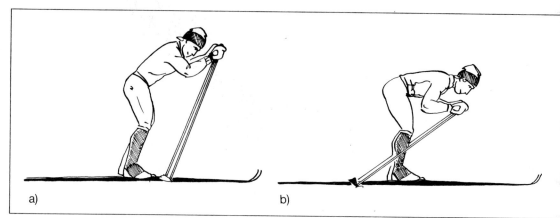

Abb. 51 Der Doppelstockschub (a–d) hat heute eine sehr große Bedeutung im Skilanglauf, aber auch beim Skiwandern

Übung 1
(Ohne Stöcke, Standübung)

Doppelstockschub-Imitation: Beide Arme werden gleichzeitig aus der Vorhalte bei gleichzeitigem Abbeugen des Oberkörpers nach unten-hinten geschwungen, hinter dem Rücken in die Hände klatschen.

Übung 2
(Standübung mit Stöcken)

Wie Übung 1, jedoch ohne in die Hände zu klatschen. Aus der Vorhalte müssen die Stöcke so geführt werden, daß die Spitzen nicht eingesteckt werden.

Übung 3
(In leicht fallender Spur)

Doppelstockschübe mit Ausprobieren der richtigen Technik:
– Wo muß die Stockspitze sein?
– Wie weit wird der Oberkörper abgebeugt?
– Wie weit können die Arme für Vortrieb sorgen?
– Wie werden die Arme nach vorn gebracht?

Übung 4
(Partnerform, zur Schulung des weiten Abbeugens)

2 Partner hintereinander in derselben, fallenden Spur, Abstand ca. 5 m, etwa gleichschnelle Ski. Der Vordermann macht Doppelstockschübe und soll nach Abbeugen des Oberkörpers durch die Beine hindurch zu seinem Partner schauen. Der zeigt, während er hinterhergleitet, mit den Fingern Zahlen von 1 bis 10 an, die der Vordermann erkennen und ausrufen soll.

Doppelstockschub mit Zwischenschritt

Hierbei ist der einfache Doppelstockschub mit jeweils einem „Diagonalschritt" kombiniert. Die optimale Abstimmung der beiden Techniken ist nicht einfach und setzt ein hohes Koordinationsvermögen voraus. Diese Technik wird angewandt, wenn der Doppelstockschub allein keine maximale Geschwindigkeit gewährleistet, im Wettkampfbereich also auch bei leichten Steigungen.
Der Bewegungsablauf der Arme und des Oberkörpers gleicht dem des Doppelstockschubs. Der Beinabstoß beginnt hier, wenn die Arme beim Nach-Vorn-Schwingen die Oberschenkel überholen (Abb. 52 a). Wäh-

Doppelstockschub, Schlittschuhschritt

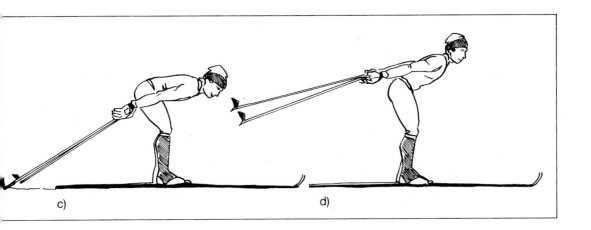
c) d)

rend das Bein weit nach hinten ausschwingt, strecken sich Arme und Oberkörper weit nach vorn. Wenn das Bein den Rückschwung beendet hat und anfängt, nach vorn zu schwingen, hat der Stockeinsatz gerade begonnen, und die Arme beginnen – unterstützt durch das Abbeugen des Oberkörpers – mit der Arbeit (Abb. 52 b). Wenn die Hände die Unterschenkel passieren, gleiten beide Beine parallel in der Spur (Abb. 52 c). Beim nächsten Gesamtbewegungsablauf stößt das andere Bein ab (Abb. 52 d).

Übung 1
(„Trockenübung" ohne Ski und Stöcke)

„Taschenmesserübung": Aus der Oberkörpervorbeuge mit paralleler Fußstellung und nach hinten geschwungenen Armen „klappt das Taschenmesser auf": Der Oberkörper richtet sich auf, und die Arme schwingen nach vorn, gleichzeitig wird ein Bein wie beim Diagonalschrittabdruck nach hinten geschwungen.

Übung 2
(Stöcke in der Mitte gefaßt)

Imitationsübung, diagonale Schrittarbeit, bei jedem Beinabdruck schwingen die Arme gleichzeitig nach vorn. Die Armarbeit wird noch nicht weit nach hinten betont, der Oberkörper deutet das Abbeugen nur an.

Übung 3

Wie Übung 2, jedoch mit normal gefaßten Stöcken und leichtem Stockeinsatz, der immer weiter verstärkt wird.

Schlittschuhschritt

Der Schlittschuhschritt hat im nordischen Wettkampfsport in den letzten Jahren eine „Renaissance" erlebt und eine große – nicht unumstrittene – Bedeutung erlangt. Für den breiten- oder gesundheitssportlichen Bereich sowie für das Skiwandern hat sich seine Wertigkeit kaum verändert – hier ist er von eher untergeordneter Bedeutung, vor allem auch, weil er in gespurter Loipe in seiner ursprünglichen Form nur bedingt angewendet werden kann.

Abb. 52 Der Doppelstockschub mit Zwischenschritt (a–d) ist eine der Techniken im Skilanglaufen, die sehr hohe

Er wird in flachen oder leicht geneigten Geländeformen mit fester Schneeauflage (z. B. Firn) oder auch in gespurtem Schnee, der nicht zu tief sein darf, angewandt. Meist wird er mit Doppelstockschüben kombiniert, bei höheren Geschwindigkeiten erfolgt ein Doppelstockschub erst bei jedem 2. Beinabstoß.

Um sich von einem Bein abstoßen zu können, muß der Ski leicht ausgeschert und auf die Kante gestellt werden. Das Körpergewicht befindet sich dabei über dem gebeugten Abstoßbein, während der andere Ski abgehoben und in die Abstoßrichtung ausgeschert und anschließend aufgesetzt wird. Dieses Gleitbein wird dann zunehmend mit dem Körpergewicht belastet, während der Abstoßski beigeholt wird. Das Gleitbein bereitet sich durch zunehmendes Beugen seinerseits auf den neuen Abstoß vor, während der Ski des vorherigen Abstoßbeins in die Bewegungsrichtung aufgesetzt wird (Abb. 53).

Zur Durchführung eines effektiven Schlittschuhschritts ist ein ausgeprägtes einbeiniges Gleitvermögen erforderlich. Daher ist seine Einführung bei älteren „Einsteigern", Gesundheitssportlern und in Rehabilitationsgruppen (z. B. Herzgruppen) nicht sinnvoll.

Als vorbereitende Übung für den Schlittschuhschritt bietet es sich an, das Umtreten um die Skienden zu wiederholen und dabei die Beine zunehmend stärker zu beugen.

Übung 1

Spurwechsel von einer in die andere Spur und zurück, mehrfach wiederholen.

Übung 2
(Ohne Stöcke)

Bogentreten in der Ebene, zuerst in die eine, dann in die andere Richtung.

Übung 3
(Fallendes Gelände, ohne Stöcke)

„Bogentreten abwechselnd": Nach dem Abstoß des einen Skis bleibt dieser nicht Abstoßski, sondern wird Gleitski: Schlittschuhschritt!

Spiel 1
(Für Gruppen)

Handballspiel auf Tore.

Schlittschuh- und Halbschlittschuhschritt

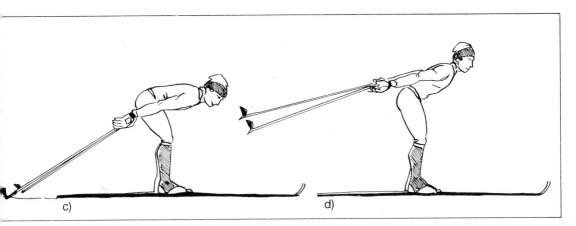

Anforderungen an das Koordinationsvermögen stellen.

Spiel 2
(Für Gruppen)

Fußballspiel auf Tore, ein Ski wird abgeschnallt.

Im Verlauf des methodischen Wegs zum Schlittschuhschritt werden die erleichternden Lernbedingungen (fallendes Gelände) mehr und mehr abgebaut, bis die Schüler schließlich in der Lage sind, den Schlittschuhschritt – bei guten Schneebedingungen – sogar im leichten Anstieg zu bewältigen.

Halbschlittschuhschritt

Die – neben dem Schlittschuhschritt – sicherlich umstrittenste Langlauftechnik der letzten Jahre hat die Skilangläufer international in 2 Lager gespalten: Befürworter und Gegner des Finnstep, wie der einseitige Schlittschuhschritt auch genannt wird, diskutieren noch heute heftig, ob diese „neue" Technik verboten werden sollte oder nicht. Tatsache ist jedoch, daß diese Technik gar nicht so neu ist, und man wird sich wohl damit abfinden müssen, daß sowohl in internationalen Spitzenwettkämpfen als auch bei Volksläufen in kleinerem Rahmen der Schlittschuh- und Halbschlittschuhschritt als Wettkampftechniken ihren festen Stellenwert haben.

Nunmehr werden Wettkämpfe entweder im „klassischen Stil", bei dem nicht „geskatet" werden darf, oder in der Freistiltechnik, bei der die Technik eben freigestellt ist, ausgeschrieben. Wettkämpfer, die bei Freistilrennen in der klassischen Diagonaltechnik laufen, haben in der Regel keine Chance auf einen der vorderen Plätze, da die erzielten Geschwindigkeiten beim Siitonenschritt (ein weiterer Ausdruck für den einseitigen Schlittschuhschritt) oder beim Skating (Schlittschuhschritt) wesentlich höher sind. Dies kommt – außer durch stark verbesserte Skibeläge – ganz einfach dadurch zustande, daß keinerlei Steighilfen das Gleiten der Ski hemmen: Es gibt weder mechanische Steighilfen noch Steigwachse, die Skisohle ist völlig glatt und durchgehend mit Gleitwachs (Paraffin) präpariert.

Die Technik des Halbschlittschuhschritts ist – ebenso wie die des Schlittschuhschritts – auf Maximierung des Tempos ausgelegt und erfordert daher eine sehr gute Kondition.

Die Anwendung dieser Technik kommt für den Breiten- und Gesundheitssportler nicht in Betracht, ebenso wie sie für das Skiwandern ohne Bedeutung ist.

Abb. 53 Der **Schlittschuhschritt (Skating)** hat im modernen Wettkampfsport eine sehr große Bedeutung. Trotzdem handelt es sich nicht um eine „neue" Technik.

Der Finnenschritt wird in gespurten Loipen angewandt. Während ein Ski ständig in der Spur gleitet, wird der andere Ski neben die Spur ausgeschert und – je nach Geschwindigkeit, Gelände und Schneeverhältnissen – stärker oder schwächer aufgekantet. Von diesem Ski erfolgt der Abstoß, der vom gleichzeitigen Doppelstockschub unterstützt wird. Nach mehreren Abstößen erfolgt ein Wechsel des Abstoßbeins, primär, um die vorwiegend statisch belastete Muskulatur des Gleitbeins zu entlasten (Abb. 54).

Läufer, die den Schlittschuhschritt beherrschen, werden keine allzu großen Schwierigkeiten haben, sich den Halbschlittschuhschritt allmählich zu erarbeiten. Die richtige Koordination des Doppelstockschubs sollte in der Ebene oder in leicht ansteigendem Gelände (sehr belastend!) erfolgen.
Als erleichternde Lernbedingungen zum Erlernen des Finnsteps können die schräge Spur oder Schrägfahrt zum Hang herangezogen werden. Dabei stößt der Talski ab, während der Bergski gleitet.

Spitzkehre

Die Spitzkehre ist eine schnelle Wendemöglichkeit, die in vielen Geländeformen und unterschiedlichen Situationen angewandt werden kann. Eine wichtige Bedeutung besteht bei steilen Abfahrten im ungespurten Gelände, wenn man nach einer Schrägfahrt in die andere Richtung drehen will, um die Abfahrt mit einer weiteren Schrägfahrt fortzusetzen.

Bei einer Spitzkehre talwärts dreht man zunächst den Oberkörper ins Tal („taloffene" Stellung) und steckt beide Stöcke an der Bergseite des Bergskis ein, den einen am vorderen, den anderen am hinteren Skiende. Nun wird der Talski entlastet, angehoben und um 180° gedreht wieder aufgesetzt. Danach muß der Bergski ebenfalls gedreht und parallel neben den zuerst gedrehten Ski gesetzt werden.

Die Spitzkehre erfordert ein ausgeprägtes Gleichgewichtsgefühl sowie eine gute Beweglichkeit im Hüftgelenk. Ältere Personen und solche mit degenerativen Gelenker-

Spitzkehre, Baut

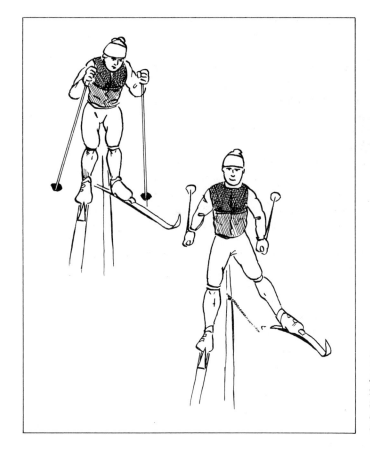

Abb. 54 Der Finnenschritt (Siitonen-Schritt) hat in den letzten Jahren eine hohe Bedeutung für den Wettkampfsport erlangt. Seine Durchführung erfordert ein hohes Maß an einbeinigem Gleitvermögen.

krankungen sollten deshalb u. U. auf das Erlernen verzichten.

Übung 1
(Mit nur einem Ski)

Die Spitzkehre wird in der Ebene auf fester Schneedecke mit nur einem Ski mehrfach in beide Richtungen geübt. Danach Wechsel des Skis.

Übung 2

Der zuerst zu drehende Ski wird mit seinem Ende ca. eine Fußlänge vor der Bindung des anderen Skis in den Schnee gestellt und anschließend umgeklappt, was zu einer Balancehilfe führt (Abb. 55).

Personen, die die Spitzkehre nicht beherrschen, aber in Situationen geraten, wo die Ski ebenfalls um ca. 180° gedreht werden müssen, können sich mit einem Trick behelfen: Man setzt sich hangwärts in den Schnee, legt sich kurz nach hinten auf den Rücken, kann nun gleichzeitig beide Ski drehen und – mit Blick in die neue Richtung – wieder aufstehen.

Baut

Diese Technik ist in Mitteleuropa unter diesem Namen relativ unbekannt. Sie wird bei Anstiegen in ungespurtem Gelände angewandt, wenn man in „Serpentinen" aufsteigen will.
Dabei wird der Bergski etwa im Winkel von 90° (oder mehr) bergwärts gedreht, also in

Abb. 55 Die Spitzkehre ist eine schnelle Wendetechnik, die jedoch ein großes Maß an Beweglichkeit im Hüftgelenk erfordert.

die neue Laufrichtung gesetzt. Der andere Ski wird anschließend parallel beigeholt, und der Aufstieg kann in die neue Richtung fortgesetzt werden. Ein wesentliches Merkmal des Bauts ist die „Stocksicherung", die ein Abrutschen verhindert.

Zusammenfassung

1. Die Vermittlung von Sicherheit auf den Skiern muß vor dem Erlernen von Feinformen bestimmter Techniken stehen. Nachdem die Schüler eine gute Geländegängigkeit erworben haben, kann eine gezielte Technikverbesserung stattfinden.

2. In der Technikvermittlung sollten „Übungen" immer sehr dosiert eingesetzt werden, und es sollte auf eine frühzeitige Anwendung der erlernten Fertigkeit innerhalb kleinerer Touren großer Wert gelegt werden.

3. Besonders in Gruppenkursen sollte in vorbereitenden Übungen und Hinweisen auf das Tragen und Anschnallen der Ski, die richtige Stockfassung und das Fallen und Aufstehen eingegangen werden.

4. In den frühen Lernphasen sind methodische Spiele mit kooperativem Charakter meist günstiger als Wettspiele.

5. Beim Erlernen der Diagonalschritt-Techniken ist das Laufen ohne Stöcke meist sehr hilfreich, um eine gute Gesamtkoordination zu erwerben. Dies gilt insbesondere dann, wenn die Schüler in paßgängähnliche Bewegungsmuster verfallen.

6. Das „Rollerfahren" ist eine sehr gute Abstoß- und Koordinationsübung. Bei Schülern mit verminderter Belastbarkeit sollte es jedoch wegen des Belastungscharakters nicht oder nur sehr behutsam eingesetzt werden.

7. Einbeiniges Gleitvermögen stellt eine der wichtigsten Fertigkeiten dar, wenn eine gute Skilanglauftechnik erreicht werden soll. Bei vielerlei Abfahrtsübungen kann das Einbeingleiten sehr gut geschult werden.

8. Die „neuen Techniken" im Skilanglauf (Schlittschuhschritt = Skating und Halbschlittschuhschritt = Finnstep) werden primär im Wettkampfbereich angewandt. Für den Breiten- und Gesundheitssportler sowie

den Skiwanderer haben sie eine untergeordnete Bedeutung.

Lernerfolgskontrolle

1. Welche Argumente sprechen dafür, reine „Übungseinheiten" zeitlich nicht allzulange auszudehnen?

2. Wann und mit welchem Argument sollten Bremstechniken in den Lernprozeß eingebaut werden?

3. Welche zentrale Übung zur Verbesserung des Diagonalschrittes ist nicht für alle Schülergruppen geeignet?

4. Welche Geländewahl sollte für die ersten Abfahrtsübungen getroffen werden?

5. Aus welchem Grund sind die neuen Techniken für Skiwanderer, Breiten- und Gesundheitssportler nur bedingt geeignet?

Trainingsgrundlagen des Skilanglauftrainings

Die Trainingslehre, die erst vor etwa 50 Jahren eine nennenswerte Bedeutung für die Planung und Durchführung von Trainingsmaßnahmen erhielt, wurde in ihren Anfängen nur von Erfahrungen aus der Sportpraxis geprägt. In den letzten Jahrzehnten sind die Trainingsgrundlagen zunehmend von wissenschaftlichen, insbesondere auch naturwissenschaftlichen Erkenntnissen beeinflußt worden, so daß die Trainingslehre heute als ein besonders komplexer sportwissenschaftlicher Zweig betrachtet werden muß.

Für ein gesundheitlich orientiertes Skilanglauftraining sind von den verschiedenen Teilaspekten der Trainingslehre die Gesetzmäßigkeiten wie Planung, Durchführung und Steuerung des Trainings vorrangig (Abb. 56).

Nach einer kurzen Übersicht über die biologischen Gesetzmäßigkeiten, die wichtigsten Trainingsprinzipien und konditionellen Fähigkeiten stehen aufgrund der Schwerpunktsetzung dieses Buchs Fragen der Belastungsdosierung eines breitensportlichen Langlauftrainings im Vordergrund.

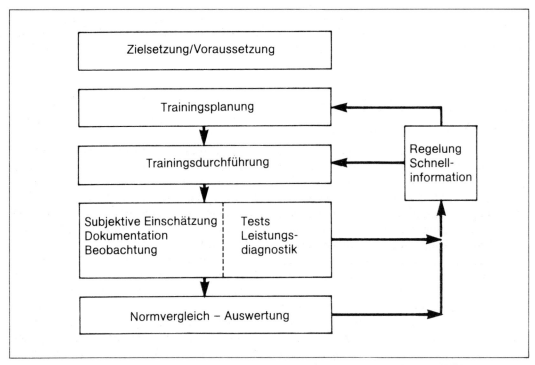

Abb. 56 Modell der Trainingssteuerung und ihrer Komponenten (aus *Lagerstrøm, Bjarnason* 1985).

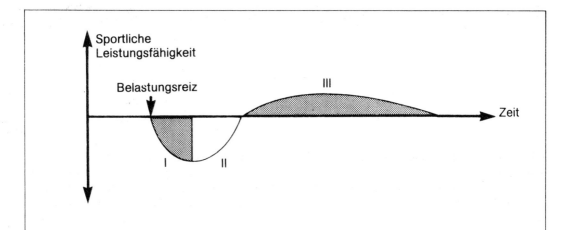

Abb. 57 Schematische Darstellung der Superkompensation. I = Trainingsbelastung − Energie- und Substanzverlust (Abbauprozesse) − Ermüdung; II = Pause − Wiederaufbau − Erholung; III = Wiederaufbau von Energie und Substanzen über das Ausgangsniveau vor Belastungsbeginn − Superkompensation (aus *Lagerstrøm, Bjarnason* 1985).

Training als biologischer Anpassungsprozeß

Daß die Struktur und die Leistungsfähigkeit von Organen und Organsystemen nicht nur vom Erbgut, sondern vor allen Dingen auch von der Art und dem Ausmaß ihrer Beanspruchung bestimmt werden, wurde schon im vorigen Jahrhundert von *Roux* als naturgesetzlicher Anpassungsvorgang beschrieben. Diese vor über 100 Jahren genannten Beziehungen zwischen Körperbeanspruchung und Körperfunktion haben heute − trotz wissenschaftlicher Glanzleistungen und einer enormen Kenntniserweiterung im biologischen Bereich − nach wie vor ihre Gültigkeit. Auf den Sport übertragen, heißt dies, daß die körperliche Leistungsfähigkeit vor allem von der Art und der Durchführung des jeweiligen Trainings bestimmt wird.

Eine absolute Grundvoraussetzung für die leistungssteigernde Wirkung eines Trainings ist jedoch, daß die gesetzten Reize überschwellig sind. Ist dies der Fall, so bezeichnet man die erreichten Effekte in der Trainingslehre als „Superkompensation" (Abb. 57).

Physiologisch betrachtet, stellt die Superkompensation eigentlich einen Schutzmechanismus des Körpers vor Überbelastungen dar. Nach einem vorangegangenen überschwelligen Reiz ist der Körper nämlich nicht nur bestrebt, die hiermit gekoppelten Substanzverluste auszugleichen, sondern er ersetzt die abgebauten durch neuere, stärkere Strukturen und legt gleichzeitig größere Substanzdepots an. Durch die Superkompensation versucht der Organismus gewissermaßen, sich vor einer erneuten Überbelastung zu schützen. Die Summe vieler überschwelliger Trainingsreize ist es dann, die schließlich zu einer Verbesserung des Trainingszustands bzw. zu einer konditionellen Leistungssteigerung führt.

Die Steigerung der körperlichen Leistungsfähigkeit ist also Ergebnis eines Wechselspiels zwischen überschwelligen Belastungsreizen, Abbauprozessen und in der Erholungsphase vonstatten gehenden überproportionalen Aufbauprozessen. Für die Trainingspraxis läßt sich hieraus ableiten, daß man für ein möglichst effektives Skilanglauftraining nicht nur der Belastung selbst, sondern vor allem auch der Erholungsphase (Schlaf, Ernährung etc.) eine entsprechende Aufmerksamkeit zukommen lassen muß.

Trainingsprinzipien

Will man bei einem Skilanglauftraining eine möglichst hohe Trainingseffektivität erzielen, muß man neben den oben dargestellten biologischen Gesetzmäßigkeiten von Belastung und Anpassung auch verschiedene Prinzipien der Trainingsgestaltung berücksichtigen. Für ein gesundheitsorientiertes Training sind dies vor allem:
1. Das Prinzip der allmählichen Belastungserhöhung
2. Das Prinzip der vielseitigen Belastung mit systematischem Wechsel von Belastung und Erholung
3. Das Prinzip der leistungsangepaßten Belastung.

Allmähliche Belastungserhöhung

Aufgrund der biologischen Gesetzmäßigkeiten zwischen Belastung und Anpassung müssen die Trainingsbelastungen eines erfolgversprechenden Skilanglauftrainings nach Möglichkeit immer dem jeweilig verbesserten Trainingszustand angepaßt werden. Dies bedeutet, daß es zu einer Leistungsverbesserung nur dann kommen kann, wenn der darauffolgende Trainingsreiz immer in die Phase der Superkompensation fällt und die Trainingsbelastungen systematisch und allmählich erhöht werden. Wird über lange Zeit immer das gleiche Trainingsprogramm absolviert, z. B. ein 3mal wöchentlicher 5-km-Lauf in 25 Minuten, kann es durch die hierbei fehlende Belastungserhöhung also nicht zu einer Leistungssteigerung kommen. In diesem Zusammenhang spricht man von einem Erhaltungstraining (Abb. 58).

Da die Belastung ihrerseits von Faktoren wie Trainingsintensität, -umfang und -häufigkeit bestimmt wird, kann das Prinzip der allmählichen Belastungserhöhung sowohl durch die Veränderung eines als auch mehrerer Belastungsfaktoren zur Anwendung gelangen. Für ein breitensportliches Langlauftraining müssen Belastungsumfang und -intensität aufgrund ihrer Bedeutung für den aeroben Stoffwechsel als die wichtigsten Komponenten dieses Prinzips angesehen werden.

Vielseitige Belastung

Eine besondere Bedeutung kommt diesem Prinzip bei der Planung von Trainingseinheiten mit mehreren unterschiedlichen Zielsetzungen zu. Sind z. B. in einer Trainingseinheit sowohl Technik- als auch Ausdauertraining vorgesehen, müssen die Technikübungen vor dem Ausdauerprogramm stattfinden. Würde das Training in der umgekehrten Reihenfolge erfolgen, wäre dies aufgrund der durch das Ausdauertraining entstehenden Ermüdung mit einer Herabsetzung des motorischen Lernvermögens und somit einem verringerten Lernerfolg verbunden.

Betrachtet man das Prinzip der vielseitigen Belastung in bezug auf das Ausdauertrai-

Trainingsprinzipien

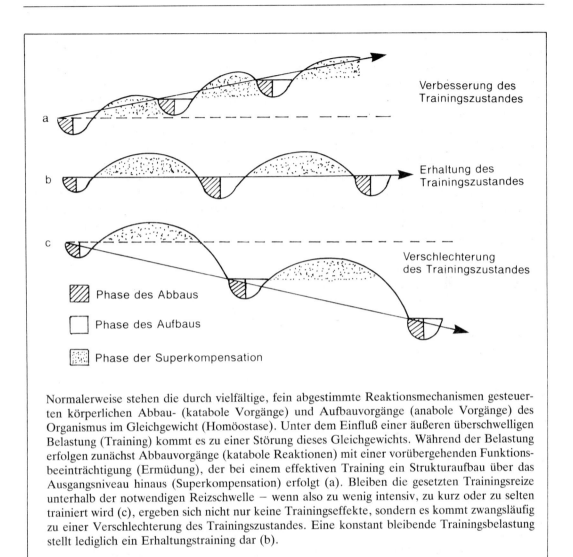

Abb. 58 Die Beziehung zwischen Trainingshäufigkeit und Trainingsanpassung, dargestellt an der Superkompensation (aus *Völker, Madsen, Lagerstrøm* 1983).

ning, kommt ihm hierbei die größte Bedeutung für ein auf Kapazitätserhöhung ausgerichtetes Intervalltraining zu. Aber auch beim allgemeinen aeroben Ausdauertraining sollte – nicht zuletzt um Bewegungsstereotypie zu vermeiden – das Training nach Möglichkeit immer wieder in wechselndem Gelände und gelegentlich auch mit wechselndem Tempo im Sinne eines „Fahrtspiels" variiert werden.

Eine etwas eingeschränkte Gültigkeit hat dieses Prinzip bei wenig belastbaren Personen oder im Rahmen der Sporttherapie. Hier müssen die trainingsphysiologischen Aspekte immer den jeweiligen Belastungsmöglichkeiten untergeordnet werden; d. h., trainingsphysiologische Überlegungen sind bei diesen Zielgruppen gegenüber gesundheitlich-medizinischen Erwägungen nachrangig einzuordnen. Will man dem Prinzip der vielseitigen Belastung bei diesen Zielgruppen gerecht werden, so setzt dies sowohl eine außergewöhnlich sorgfältige Trainingsplanung als auch Trainingsdurchführung voraus.

Leistungsangepaßte Belastung

Das Prinzip der individuellen bzw. leistungsangepaßten Belastung ist sowohl für den Breitensport (vgl. S. 108 ff.) als auch für die Sporttherapie das wichtigste Trainingsprinzip. Denn nur bei der Beachtung des individuellen Leistungszustands, der Belastbarkeit und der Belastungsgrenzen des jeweiligen Sportlers läßt sich ein erfolgversprechendes und gleichzeitig gefahrloses Training gewährleisten. Gerade bei Herz-Kreislauf-Patienten ist dieses Prinzip besonders wichtig, da es im Sport sonst schnell zu unerwünschten oder gar lebensbedrohlichen Überbelastungen kommen kann.

Ein leistungsangepaßtes Training bedeutet jedoch nicht nur die Berücksichtigung des individuellen Trainingszustands, sondern muß vor allem auch z. B. umwelt- und tagesbedingte Formschwankungen berücksichtigen. Ein Ausdauertraining unter Höhenbedingungen kann beispielsweise nur dann als leistungsangepaßt betrachtet werden, wenn eine gewisse Höhenanpassung bereits stattgefunden hat und alle weiteren höhenphysiologischen Einwirkungen auf den Körper berücksichtigt wurden.

Konditionelle Fähigkeiten

Die verschiedenen konditionellen Fähigkeiten haben in einem gesundheits- und breitensportlich orientierten Langlauftraining einen unterschiedlichen Stellenwert (Abb. 59).

In einem langlaufspezifischen Vorbereitungs- und Aufbautraining sollten sowohl die Ausdauer als auch die Kraft und Beweglichkeit Berücksichtigung finden. Das Vorbereitungstraining kann als Skirollertraining sowie – durch eine möglichst spezifische Übungsauswahl unter Einschluß von Imitationsübungen – als ein komplexes Konditionstraining durchgeführt werden.

Dagegen wird ein breitensportliches Schneetraining vorwiegend als ein aerobes Ausdauertraining (Langlauf in der Loipe) konzipiert, welches die Kraft bzw. Kraftausdauer sozusagen „nebenbei" mittrainiert.

Da der Schnelligkeit weder für ein breitensportliches Skilanglauftraining noch aus präventiver Sicht eine nennenswerte Bedeutung zukommt, wird im folgenden hierauf nicht näher eingegangen.

Ausdauer

Unter Ausdauer versteht man die Ermüdungswiderstandsfähigkeit gegenüber muskulären Beanspruchungen. Für Skilangläufer muß diese konditionelle Eigenschaft als die wichtigste angesehen werden, denn in erster Linie entscheidet der Ausdauertrainingszustand über das Leistungsvermögen beim Skilanglaufen.

Von den verschiedenen Ausdauerarten ist die allgemeine aerobe Ausdauer bzw. die Grundlagenausdauer die wichtigste. Sie läßt sich verbessern, wenn mindestens $1/6$ bis $1/7$ der Gesamtkörpermuskulatur an der Bewegung beteiligt ist und die Belastung mit über 50% der maximalen Ausdauerleistungsfähigkeit (dies gilt für Anfänger) mindestens 5 bis 10 min lang durchgeführt wird. Die Voraussetzungen für ein allgemeines aerobes Ausdauertraining (Grundlagenausdauer) ist bei allen „normalen" Fortbewegungsarten im Skilanglauf (auch Doppelstockschub) grundsätzlich gegeben. Leistungsbegrenzend für die Grundlagenausdauer sind die maximale Sauerstoffaufnahme, die Kapazität und Qualität der Stoffwechselvorgänge sowie die Größe der Glykogendepots. Das Training der Grundlagenausdauer setzt ein Gleichgewicht zwischen Sauerstoffaufnahme (über die Atmung) und Sauerstoff-

Konditionelle Fähigkeiten: Ausdauer

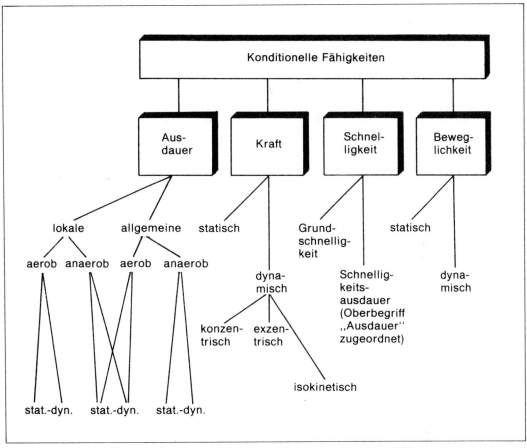

Abb. 59 Die Faktoren der konditionellen Fähigkeiten (aus *Lagerstrøm, Bjarnason* 1985).

verbrauch voraus. Es handelt sich demnach um eine rein aerobe Belastungsform. Beim Training muß darauf geachtet werden, daß die Intensität auf keinen Fall zu hoch liegt. Denn bei einem Überschreiten der aeroben Stoffwechselkapazität durch die hierbei einsetzende anaerobe Energiebereitstellung kommt es zu einer unerwünschten Anhäufung von Stoffwechselprodukten (z. B. Milchsäure) und einer Verringerung der wünschenswerten aeroben Anpassungsvorgänge.

Obwohl der Doppelstockschub, wie erwähnt, die grundsätzlichen Voraussetzungen für ein allgemeines Ausdauertraining aufweist, wird diese Trainingsform bei Freizeitsportlern nur bedingt zu einer Verbesserung der Grundlagenausdauer führen. Der Grund hierfür liegt in der häufig fehlenden Kraft des Freizeitsportlers. Denn bei einer Kraftbeanspruchung von über 20 bis 30% der Maximalkraft — dies wird meistens für den Freizeitsportler beim Doppelstockschub der Fall sein — kommt es zu einer zunehmenden Einschaltung anaerober Mechanismen und somit eher zu einem Kraft- als zu einem reinen aeroben Ausdauertraining.

Neben der Verbesserung der allgemeinen aeroben Ausdauer sollte der Skilangläufer, aber auch der Skiwanderer, beim Vorbereitungs- und Aufbautraining die lokale Ausdauer berücksichtigen. Neben der Arm-

Schulter-Muskulatur sollte vor allen Dingen die Rumpfmuskulatur gezielt trainiert werden. Die lokale Ausdauer läßt sich am besten mittels eines spezifischen Gymnastikprogramms, aber auch mit Hilfe von Imitationsübungen (z. B. Seilzugübung) und durch Skirollertraining verbessern.

Aus dem Hochleistungs-, Freizeit- und Breitensport kennt man eine Reihe verschiedener Trainingsmethoden, die auf die Verbesserung der Ausdauer abzielen. Sie lassen sich der Intervall- oder der Dauermethode zuordnen. Für ein gesundheitsorientiertes Skilanglauftraining sollte man die Grundlagenausdauer vor allem mittels der Dauermethode trainieren, da diese Methode u. a. eine stärkere Senkung der Herzfrequenz sowohl in Ruhe als auch auf gegebenen Belastungsstufen zur Folge hat, als dies bei einem Intervalltraining der Fall ist.

Durch das Beibehalten eines möglichst gleichmäßigen Tempos in hügeligem Gelände kommt es beim Training nach dem Dauerprinzip zu unterschiedlich intensiven Belastungen. In diesem Fall spricht man von „natürlichen Intervallen". Bei komplexen Trainingsformen, wie z. B. Rollertraining, wird auch die lokale Muskelausdauer vorwiegend mittels der Dauermethode verbessert. Hingegen sollte bei Gymnastikprogrammen bevorzugt die Intervallmethode gewählt werden. Zur Entwicklung der Ausdauer eignet sich in der Gymnastik vor allem die extensive Intervallmethode, d. h., die Übungen werden mit einer relativ geringen Belastungsintensität (ca. 30–60%), hoher Wiederholungszahl und mit geringen Intervallen (Pausen) durchgeführt.

Kraft

Kraft stellt die Grundlage einer jeden körperlichen Aktivität dar. Ohne Muskelkraft ist keine Bewegung und erst recht keine sportliche Aktivität wie z. B. das Langlaufen möglich. Kraft ist aber nicht nur aus Leistungsgründen von Bedeutung, sondern eine gut ausgebildete Muskulatur bietet gleichzeitig die beste Vorbeugung gegenüber Überbelastungen und Verletzungen des Bewegungsapparats.

Für den Skilanglauf spielt sowohl die statische als auch die dynamische Kraft eine Rolle. Unter der statischen Kraft versteht man die bei willkürlich maximalen Muskelanspannungen aufwendbare Kraft ohne Bewegung, während als dynamische Kraft die Kraft bezeichnet wird, die innerhalb eines gezielten Bewegungsablaufs entfaltet werden kann. Zwischen beiden Kraftformen bestehen enge Beziehungen. Neben der zu bewegenden Masse, der Kontraktionsgeschwindigkeit der Muskulatur, der Koordination, physikalischen Gesetzen, anthropometrischen Merkmalen und Muskelvordehnung ist die statische Kraft nämlich eine der bedeutendsten leistungsbegrenzenden Faktoren auch der dynamischen Kraft.

Ein gezieltes Krafttraining ist jedoch nicht nur wichtig, um die muskulären Voraussetzungen für das Skilanglaufen zu schaffen, sondern es geht auch mit einer günstigen Beeinflussung der Sehnen, Bänder, Gelenke und Knochen einher.

Die zu Beginn eines Krafttrainings feststellbare Kraftverbesserung beruht weitestgehend auf einer Koordinationsverbesserung und ist erst im weiteren Verlauf des Trainings auf eine Muskelhypertrophie zurückzuführen.

Aufgrund des Belastungscharakters beim Skilanglaufen sollte das Krafttraining schwerpunktmäßig nicht auf die Verbesserung der Maximalkraft, sondern vor allem der Kraftausdauer abzielen. Bei älteren und Herz-Kreislauf-geschädigten Personen müssen Maximalkraftübungen wegen den damit zusammenhängenden ungünstigen Kreislaufreaktionen sogar grundsätzlich vermieden werden.

Das gezielte Kraftausdauertraining des Skilangläufers sollte bevorzugt mit einer geringen bis mittleren Belastungsintensität zwischen 30 und 60% der Maximalkraft durchgeführt werden.

Konditionelle Fähigkeiten: Kraft

 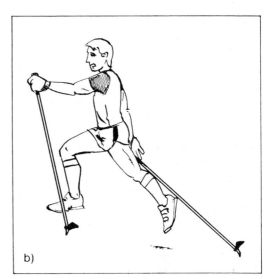

Abb. 60 Der „Skigang" (a) und Schrittsprünge mit Stöcken (b).

Für die Verbesserung der Stockarbeit eignet sich sehr gut ein Training mit isokinetischen Zuggeräten oder mit Latexexpandern (ein nahezu idealelastischer Gummi), da hierbei die größten Trainingseffekte erwartet werden können. Eine weitere ausgezeichnete Möglichkeit stellt das Skirollertraining dar. Während das Kraftausdauertraining an Zugapparaten vorwiegend nach der Intervallmethode durchgeführt werden sollte, bietet sich beim Rollertraining eine Kombination von Dauer- und Intervallmethode an.

Zur Verbesserung der langlaufspezifischen Beinkraft eignet sich vor allen Dingen der „Skigang" (Abb. 60a) sowie Schrittsprünge. Der Skigang, der sich beim Bergaufgehen durch einen bewußten und kräftigen Fußabdruck auszeichnet, kann besonders gut bei Waldläufen eingelegt werden, während Schrittsprünge, die man mit und ohne Stöcke durchführen kann (Abb. 60b), bevorzugt als eigenständiger Trainingsteil nach der Intervallmethode ausgeführt werden sollten. Da es bei diesem Training auf eine explosive Abdruckbewegung ankommt, werden hierbei auch starke Reize für die Schnellkraft gesetzt. Wie bei jedem Training mit einer hohen Belastungsintensität ist es ratsam, auch die einzelnen Serien der Schrittsprünge mit relativ langen Intervallpausen durchzuführen. Während die Schrittsprünge weitestgehend nur für den ambitionierten Langläufer in Frage kommen, eignet sich der Skigang auch für den gesundheitsorientierten Skilangläufer.

Zur Verbesserung der Rumpfkraft bieten sich vor allem Imitationsübungen bzw. Skirollertraining sowie ausgewählte gymnastische Übungen an. Auch bei diesen gymnastischen Übungen sollte man sich an eine geringe bis mittlere Belastungsintensität halten.

Die Qualität eines Krafttrainings mittels gymnastischer Übungen hängt jedoch nicht nur von der richtigen Belastungsintensität, sondern in fast gleichem Maß von der richtigen Übungsdurchführung ab. Gerade bei den gymnastischen Übungen kommt sowohl der Ausgangsstellung als auch der richtigen Übungsausführung eine besonders große Bedeutung zu.

Um die Problematik der Übungsdurchführung bei der Gymnastik zu verdeutlichen, sei hier beispielhaft das Training der geraden Bauchmuskeln angesprochen. Wählt man bei Trimmanfängern Übungen aus, die sowohl die Hüftbeuger als auch die Bauchmuskeln beanspruchen (z. B. „Sit-ups" mit fixierten Beinen), so hat dies häufig eine Überbelastung des unteren Teils der Wirbelsäule zur Folge.

Darüber hinaus ist der Trainingsreiz für die Bauchmuskeln nur gering, da die Hüftbeugermuskeln im Regelfall viel besser ausgeprägt sind und somit den Großteil der „Arbeit" erledigen. Hieraus ist ersichtlich, daß bei einer unspezifischen Übungsauswahl nicht nur der gewünschte Trainingseffekt fehlt, sondern es gerade beim Anfänger sogar zu einer Gefährdung kommen kann.

Beweglichkeit

Die Beweglichkeit, die man als das mögliche Bewegungsausmaß in den Gelenken definiert, sollte für jeden Sportler als wichtiger Teilbereich eines jeden Trainings betrachtet werden. Zum einen kommt der Dehnfähigkeit der Muskulatur eine große Bedeutung in der Vorbeugung von Muskelverspannungen und -verletzungen zu, andererseits hängt die Leistungsfähigkeit der Muskulatur in nicht unerheblichem Maß auch von ihrer Elastizität ab.

Besonders wichtig sind Dehnungsübungen während der Aufwärmung und beim Trainingsabschluß. Am Anfang eines Trainings tragen Dehnungsübungen dazu bei, die Leistungsfähigkeit der Muskulatur zu erhöhen und den Lernerfolg beim Einüben neuer Bewegungsabläufe zu verbessern.

Da sich der Skelettmuskel nicht idealelastisch verhält, sollten Dehnungsübungen zur Vermeidung von Kontraktionsrückständen auch immer am Ende eines Trainings durchgeführt werden.

Diese Übungen sind für den gesundheitssportlichen Bereich von einer großen allgemeinen Bedeutung, da eine gute Beweglichkeit zu einer wesentlichen Erhöhung der Bewegungsökonomie bzw. zu einer Senkung des Sauerstoffbedarfs bei einer gegebenen Tätigkeit beitragen kann.

Dehnungs- und beweglich machende Übungen lassen sich sowohl statisch, dynamisch als auch in einer Kombination beider Formen durchführen. Im Rahmen des Breitensports sind zu Beginn eines Trainings langsam ausgeführte dynamische Dehnungsübungen aufgrund der gleichzeitigen Kräftigung der Antagonisten und der relativ geringen Überbelastungsgefahr der Muskulatur den anderen Übungsformen vorzuziehen. Im Verlauf des Trainingsprogramms sollten jedoch – aufgrund der größeren Effektivität – die dynamischen Übungen zunehmend durch Stretching-Übungen ersetzt werden.

Beim Stretching wird der Bewegungsausschlag des zu dehnenden Muskels so gewählt, daß eine schwache (ohne zu schmerzen!) Spannung spürbar wird. Diese Stellung sollte möglichst „entspannt", anfangs ca. 10 s, später bis zu 30 s gehalten werden. Gerade bei Stretching-Übungen muß man einen großen Wert auf die richtige Übungsausführung legen. Bei unangenehmen Empfindungen oder gar Schmerzen muß der Dehnreiz sofort reduziert werden.

Die Durchführung der Stretching-Übungen nach der CRS-Methode („Contract–Relax–Stretch") sollte, obwohl sie als die effektivste Form gilt, erst dann gewählt werden, wenn eine ausreichende Körperwahrnehmung vorhanden ist. Bei dieser Methode wird der zu dehnende Muskel mehrere (bis zu ca. 30 s) Sekunden lang statisch angespannt und erst nach einer ca. 3sekündigen Pause in der oben beschriebenen Form gedehnt.

Belastungsdosierung

Während der Leistungsdiagnostik die Aufgabe zukommt, die Voraussetzungen für ein gezieltes Training zu objektivieren, stellt die Belastungsdosierung die Weichen für die Effektivität des Trainings. Die Rahmenbedingungen für die Gestaltung und Steuerung des Trainings bezeichnet man als Belastungsnormative. Im folgenden werden die wichtigsten Belastungsnormative für

Belastungsdosierung

ein langlaufspezifisches Konditions- und Schneetraining aufgeführt.

Belastungsumfang und -dauer

Unter Belastungsumfang versteht man die Summe oder die Gesamtheit der in einer Trainingseinheit absolvierten Übungen oder Trainingsformen. Bei Intervalläufen z. B. entspricht der Belastungsumfang also der Gesamtzeit der einzelnen Läufe, beim Krafttraining z. B. der Wiederholungszahl der einzelnen Übungen und bei einem Dauerlauf der gelaufenen Zeit. Bei einem Skilanglaufdauertraining von z. B. 15 km würde die Belastungsdauer die Zeit für 15 km betragen. Bei einem intervallmäßigen Skilanglauftraining errechnet sich der Belastungsumfang aus der Summe der einzelnen Teilstrecken (Belastungsdauer) und Pausen. Auch für ein breitensportliches Skilanglauftraining spielt die Belastungsdauer eine wesentliche Rolle. Während der Trimmanfänger schon mit einem 5- bis 10minütigen, regelmäßigen Training deutliche Leistungssteigerungen erzielen kann, muß gemäß dem Prinzip des leistungsangepaßten Trainings der Fortgeschrittene bereits wesentlich höhere Belastungsumfänge bzw. größere Belastungsdauer absolvieren, um noch Trainingseffekte erzielen zu können. Als Orientierungswert läßt sich für den Anfänger zunächst einmal ein 20- bis 30minütiges Training empfehlen, das über Monate systematisch auf 30 bis 40 min gesteigert wird (für Gesundheitssportler).
Beim leistungsorientierten Breitensportler wird man im Ausdauertraining mit einer Belastungsdauer von unter 45 bis 60 min kaum auskommen.
Da sowohl für den Skilanglauf als auch für das Skiwandern die Fettverbrennung einen zentralen Stellenwert einnimmt (vgl. S. 23 f.), sollte jeder Langläufer (entsprechender Trainingszustand vorausgesetzt) nach Möglichkeit mindestens einmal pro Woche eine lange Ausdauertrainingseinheit von mindestens 60 bis 90 min absolvieren. Dieses Training läßt sich im Sommer sowohl als Radtour, Dauerlauf, aber auch als Wanderung, im Winter natürlich insbesondere als eine längere Skitour durchführen.

Trainingshäufigkeit

Unter Trainingshäufigkeit wird die Anzahl der Trainingseinheiten pro Woche verstanden. Auch dieses Belastungsnormativ muß bei einem breitensportlichen Training den jeweiligen Voraussetzungen (Trainingszustand) sowie der Zielsetzung des Trainings entsprechend angepaßt werden. Während der Anfänger schon mit einem 1- bis 2maligen wöchentlichen Training Erfolge verbuchen kann, muß mit verbessertem Trainingszustand eine entsprechende Steigerung der Trainingshäufigkeit erfolgen. Für ein optimales breiten- und gesundheitssportliches Training ist ein 3- bis 4maliges Training pro Woche ausreichend, dagegen wird im Hochleistungsbereich heute schon 12- bis 14mal pro Woche oder sogar mehr trainiert.

Wiederholungszahl und Pausendauer

Im Rahmen eines spezifischen Skilanglauftrainings spielt die Wiederholungszahl, unter der die Anzahl der Teilstrecken (z. B. beim Intervalltraining) oder Einzelwiederholungen beim Krafttraining verstanden wird, vor allen Dingen eine Rolle für das Konditionstraining in der Vorbereitungsphase. Bei Kraft- und Kraftausdauerübungen sollten anfangs 10 bis 20 Wiederholungen angestrebt und mit zunehmender Trainingsverbesserung die Gesamtzeit einer Serie auf 1 bis 2 min ausgedehnt werden. Die Pausendauer hat vor allen Dingen bei einer intervallmäßigen Trainingsgestaltung ihre Bedeutung. Während der Anfänger bei einem kraftausdauerorientierten Training ein Verhältnis von Belastung zu Pause von

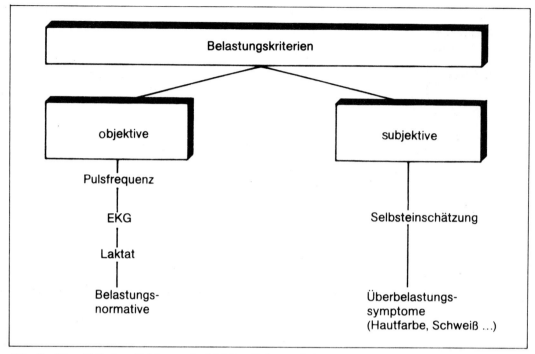

Abb. 61 Die wichtigsten objektiven und subjektiven Belastungskriterien (aus *Völker, Madsen, Lagerstrøm* 1983).

1:2 haben sollte, ist für den gut trainierten Langläufer ein Verhältnis von 2:1 empfehlenswert.

Grundsätzlich läßt sich für die Pausengestaltung sagen, daß mit Steigerung der Belastungsintensität auch die Pausendauer verlängert werden muß. Das bedeutet z. B., daß für Übungen, die auf die Verbesserung der Maximalkraft abzielen, eine vollständige Pause von 3 bis 4 min, beim Training nach der intensiven Intervallmethode eine 1½- bis 3minütige Pause und nach der extensiven Intervallmethode eine ½- bis 1½minütige Pause angezeigt ist.

Belastungsintensität beim Ausdauertraining

Neben der äußeren Trainingsbelastung, also z. B. der Laufgeschwindigkeit, steht für ein breitensportlich orientiertes Ausdauertraining auch eine Reihe anderer subjektiver und objektiver Belastungskriterien (Abb. 61) zur Steuerung der Belastungsintensität zur Verfügung.

Aufgrund ihrer leichten Meßbarkeit und ihrer engen Beziehung zur Belastungsintensität bei allgemeinen aeroben dynamischen Ausdauerbelastungen eignet sich die Pulsfrequenz für eine individuelle Trainingssteuerung besonders gut. Trotz der grundsätzlichen Beziehung zwischen Pulsfrequenzhöhe und Belastungsintensität (Abb. 62) muß für die richtige Nutzung der Pulsfrequenz bei der Belastungssteuerung jedoch eine Reihe von Faktoren Berücksichtigung finden. Neben den Schwankungen der Ruhepulsfrequenz (sie sollte morgens, am besten vor dem Aufstehen, gemessen werden) und der Maximalpulsfrequenz haben vor allem die im folgenden aufgeführten Faktoren einen Einfluß auf die beim Sport entstehenden Pulsfrequenzwerte.

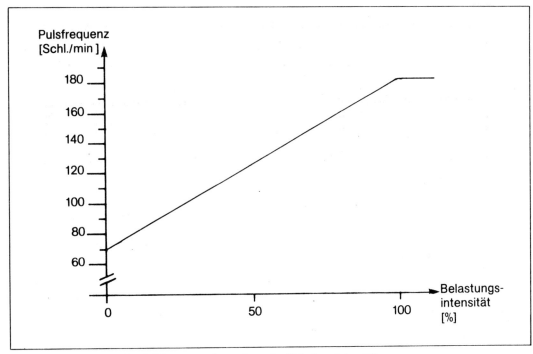

Abb. 62 Die Erhöhung der Pulsfrequenz mit zunehmender Belastungsintensität.

Alterseinflüsse

Das heutige Wissen über die altersbedingten Pulsfrequenzeinflüsse beruht weitestgehend auf den Erfahrungswerten und Kenntnissen aus fahrradergometrischen Belastungsuntersuchungen. Hiernach wird die Maximalpulsfrequenz bei Ausdauerbelastungen auf dem Fahrradergometer im Schnitt mit 220 minus Lebensalter angegeben. Die Maximalpulsfrequenz eines 60jährigen auf dem Fahrradergometer beträgt hiernach im Schnitt ca. 160 Schläge.

Da die Austestung der Maximalpulsfrequenz für den breitensportlichen Bereich, insbesondere aber für ältere Menschen, problematisch oder gar gefährlich ist, sollte man auch in der Sportpraxis zwar auf Faustregeln zurückgreifen, dabei aber immer die individuellen und sportartspezifischen Gegebenheiten berücksichtigen.

Aus zahlreichen wissenschaftlichen Untersuchungen und sportpraktischen Erfahrungen (z. B. im Seniorensport) weiß man heute, daß die maximale Pulsfrequenz älterer Menschen bei verschiedenen sportlichen oder körperlichen Aktivitäten sehr unterschiedlich sein kann. So können auch bei diesem Personenkreis z. B. beim Laufen, Spielen und Treppensteigen Pulsfrequenzen von 180 Schlägen pro Minute oder gar mehr erreicht werden. Demnach schlagen wir für die Berechnung der Maximalpulsfrequenz für ältere Menschen vor, diesen belastungsspezifischen bzw. sportartspezifischen Gegebenheiten Rechnung zu tragen. Die Faustregel 220 minus Lebensalter kann neben dem Ergometerfahren auch für das Radfahren, Rudern und Schwimmen beibehalten werden, *während für das Laufen, Skilanglaufen und Skirollertraining die Faustregel **220 minus halbes Lebensalter** benutzt werden sollte.*

Klima-, Wetter- und Höheneinflüsse

Auch Klima- und Wetterfaktoren können einen zum Teil erheblichen Einfluß auf die Pulsfrequenz ausüben. Da die Trainingspulsfrequenz des Breitensportlers beim Ausdauertraining nach Möglichkeit konstant bleiben sollte, müssen also auch die äußeren Faktoren bei der Trainingsgestaltung immer eine entsprechende Berücksichtigung finden.

Für das „Sommertraining" muß z. B. bedacht werden, daß es schon bei Temperaturen von 20 bis 25 °C – vor allen Dingen in Verbindung mit einer hohen Luftfeuchtigkeit – zu einer deutlichen Verminderung der Ausdauerleistungsfähigkeit kommen kann. Bei solchen Gegebenheiten sollte man die Intensitätssteuerung des Trainings noch mehr, als es üblicherweise der Fall ist, an den inneren (z. B. Puls- und Atemfrequenz) als an den äußeren Belastungskriterien (z. B. Laufgeschwindigkeit) orientieren.

Im Rahmen der Sporttherapie und beim Sport mit älteren Menschen muß den Umweltbedingungen besondere Aufmerksamkeit gewidmet werden. Bei schwülwarmer Witterung sollte man das Ausdauertraining bevorzugt in die Morgen- und Abendstunden legen oder unter Umständen sogar ganz darauf verzichten.

Für das Skilanglauftraining in höher liegenden Regionen sind vor allem die höhenbedingten Leistungseinbußen zu berücksichtigen. In der Praxis bedeutet dies, daß bei gleicher Laufgeschwindigkeit in der Höhe eine zum Teil wesentlich höhere Pulsfrequenz vorliegt als bei Läufen im Flachland, oder anders ausgedrückt, daß bei einem „Höhentraining" die Trainingspulsfrequenz – wie schon im Kapitel „Physiologisch-medizinische Aspekte" (S. 28 f.) erklärt – zwar gleich bleiben kann, die Laufgeschwindigkeit aber den Leistungseinbußen entsprechend reduziert werden muß.

Medikamente

Da die Einnahme von pulsfrequenzbeeinflussenden Medikamenten in der Sporttherapie, aber auch bei vielen älteren Trimmern keine Seltenheit ist, muß auch dieser Faktor bei der Benutzung der Pulsfrequenz für die Intensitätssteuerung Berücksichtigung finden.

Von besonderer Bedeutung sind pulsfrequenzsenkende Medikamente, wie z. B. Betarezeptorenblocker oder Digitalispräparate. Je nach Dosierung können diese die „normale" Trainingspulsfrequenz um 20 bis 30 Schläge pro Minute oder gar mehr senken, was natürlich bei der Verwendung der Pulsfrequenz in der Trainingssteuerung und -überwachung entsprechend beachtet werden muß.

Die Auswirkung von Medikamenten auf die Pulsfrequenz kann jedoch personenbezogen sehr unterschiedlich sein, ist aber gleichzeitig auch stark von der eingenommenen Dosis abhängig. Daher sollte bei der Medikamenteneinnahme auf jeden Fall auf eine selbständige Errechnung zugunsten einer ärztlich abgestimmten Trainingspulsfrequenz verzichtet werden.

Trotz der frequenzbeeinflussenden Wirkung von Medikamenten hat die Intensitätssteuerung beim Ausdauertraining mit Hilfe der Pulsfrequenz auch bei diesen Personen ihre Berechtigung. Denn entgegen vielfach anderslautender Meinungen kann die Pulsfrequenz trotz der Einnahme von Medikamenten – vorausgesetzt, sie wird richtig (ärztlich) festgelegt – jedem Sportler als eine gute Orientierungsgröße für eine individuelle Trainingsgestaltung dienen.

Trainings- und Übungszustand

Der Ausdauertrainingszustand eines Sportlers hat im Normalfall eine erhebliche Einwirkung auf die Pulsfrequenz. Gut ausdauertrainierte Personen haben z. B. eine deutlich gesenkte Ruhepulsfrequenz, und auch während der Belastung ist die Herzfrequenzerhöhung nicht so deutlich wie bei weniger ausdauertrainierten Personen. Während der Trimmanfänger ein effektives Ausdauertraining schon mit 50 bis 60% seiner maximalen Ausdauerleistungsfähigkeit erzielt, sollten der regelmäßige Trimmer mit einer Belastungsintensität von ca. 60 bis 65% und der relativ gut ausdauertrainierte Breitensportler (z. B. 10-km-Laufzeit um ca. 40 min) mit ca. 70% ihr Ausdauertraining absolvieren. Demnach müssen bei der Festlegung der richtigen Trainingspulsfrequenz sowohl die individuellen Frequenzwerte (Ruhe- und Maximalpulsfrequenz) als auch eine dem Trainingszustand entsprechende Wahl der richtigen Trainingsintensität Berücksichtigung finden.

Neben dem Trainingszustand kann auch der Übungszustand einen starken Einfluß auf das Pulsfrequenzverhalten während der Belastung haben. So kann z. B. ein ungeübter Skilangläufer mit einer wenig ausgefeilten Technik bei ansonsten gleicher Kondition (z. B. gleiche Ausdauerleistungsfähigkeit und gleiche Trainingspulsfrequenz) bereits bei einer wesentlich geringeren Laufgeschwindigkeit seine Trainingspulsfrequenz erreichen als ein geübter und technisch guter Langläufer. Auch an diesem Beispiel zeigt sich, daß für die richtige Trainingssteuerung beim Skilanglaufen nicht primär die Laufgeschwindigkeit, sondern zunächst der Grad der „inneren" Belastung (zu messen z. B. an der Pulsfrequenz) als Richtwert für das Ausdauertraining herangezogen werden sollte.

Einfluß der gewählten Sportart

Da ein Skilangläufer zur Aufrechterhaltung oder zur Verbesserung der Ausdauer in den Sommermonaten naturgemäß schlecht langlaufen kann, soll hier auch auf die wichtigsten sportartspezifischen Einflüsse auf die Pulsfrequenz eingegangen werden.

Von besonderer Bedeutung sind in diesem Zusammenhang die sportartspezifischen Anforderungen (z. B. Kraft) und die Umwelteinflüsse. Da bei den verschiedenen Ausdauersportarten auch die Anforderungen an die Muskelkraft unterschiedlich groß sind, hat auch dies einen direkten Einfluß auf die Belastungspulsfrequenz. Als Faustregel kann gelten, daß die maximale Pulsfrequenz beim Laufen und Skilanglaufen um ca. 10 bis 15 Schläge pro Minute höher liegt als z. B. beim Radfahren, beim Rudern und beim Schwimmen (vgl. S. 111). Beim Schwimmen kommt es durch die Einflüsse des Wassers (Tauchreflex) zu einer Herabsetzung der Ruhepulsfrequenz von im Schnitt ca. 10 bis 15 Schlägen pro Minute, was zur Vermeidung von Fehl- oder Überbelastungen natürlich auch bei der Ermittlung der Trainingspulsfrequenz berücksichtigt werden muß.

Festlegung der Trainingspulsfrequenz für das Ausdauertraining

Aus sportmedizinischer Sicht läßt sich die Trainingspulsfrequenz am besten mit Hilfe von Belastungsuntersuchungen mit gleichzeitigen Laktatmessungen festlegen. Da derartige Untersuchungen praktisch nur im leistungssportlichen Bereich und in Teilbereichen der Sporttherapie möglich sind, wird im folgenden eine nicht ganz so exakte, jedoch für den breitensportlichen Bereich ausreichend genaue und praktikable Methode dargestellt. Dieses Verfahren hat auch für die Sporttherapie seine grundsätzliche Gültigkeit, vorausgesetzt, die oben erwähnten einschränkenden Faktoren (z. B. verminderte Belastbarkeit, Medikamente etc.) finden eine angemessene Berücksichtigung. Da die Pulsfrequenz bei Ausdauerbelastungen im gleichen Verhältnis wie die Belastungsintensität ansteigt, kann unter Hinziehung der individuellen Ruhe- und Maximalpulsfrequenz und unter Berücksichtigung der jeweiligen frequenzbeeinflussen-

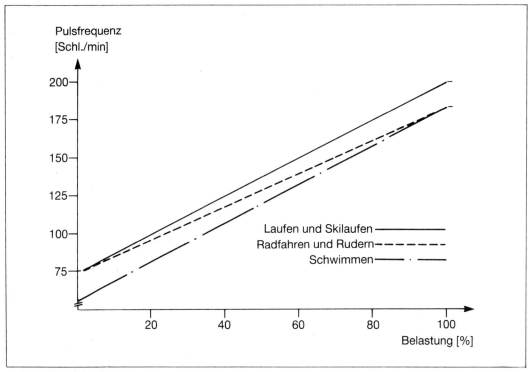

Abb. 63 Die Trainingspulsfrequenz von F. F. (35 Jahre, Ruhepuls 78 Schl./min) bei unterschiedlichen Ausdauersportarten.

den Faktoren die Trainingspulsfrequenz für ein gezieltes Ausdauertraining ziemlich genau festgelegt werden. Die folgenden 2 Beispiele sollen zeigen, wie die Trainingspulsfrequenz für ein breitensportliches Ausdauertraining ermittelt werden kann.

Beispiel 1

Franz F., Alter 35 Jahre, hat eine Ruhepulsfrequenz (gemessen morgens in Ruhe) von 75 Schlägen pro Minute. Seine Maximalpulsfrequenz würde – unter Zugrundelegung der o. g. Faustregel für das Radfahren, Rudern und Schwimmen mit 220 minus Lebensalter (35) – gleich 185 Schläge pro Minute, für das Laufen und Skilanglaufen – mit 220 minus halbes Lebensalter (ca. 17) – gleich ca. 200 Schläge pro Minute betragen. Legt man nun die Belastungsintensität mit 60% fest, so beträgt die Trainingspulsfrequenz nach der Formel

> Trainingspulsfrequenz =
> Ruhepulsfrequenz +60% der Differenz zwischen Maximalfrequenz und Ruhefrequenz

beim Radfahren und Rudern (75 + (185−75) × 60%) ca. 140 Schläge pro Minute, beim Laufen und Skilanglaufen ca. 150 Schläge pro Minute und beim Schwimmen ca. 135 Schläge pro Minute (Abb. 63). Hiernach besteht für Franz F. ein Unterschied in der Trainingspulsfrequenz zwischen Laufen und Schwimmen von ca. 15 Schlägen pro Minute.

Der Einfluß der unterschiedlichen Voraussetzungen für die Festlegung der Trainings-

Belastungsintensität beim Ausdauertraining

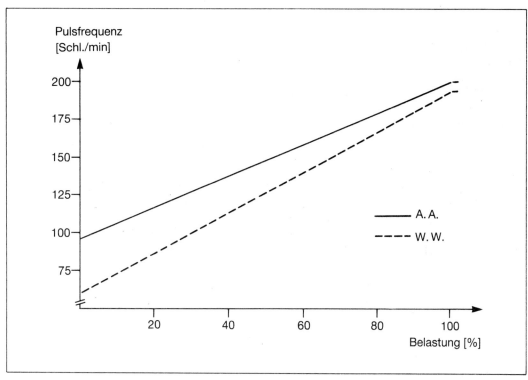

Abb. 64 Die Trainingspulsfrequenz von A. A. (20 Jahre, Ruhepuls 95 Schl./min) und W. W. (25 Jahre, Ruhepuls 60 Schl./min).

pulsfrequenz bei der gleichen Sportart soll im 2. Beispiel verdeutlicht werden.

Beispiel 2

Axel A., 20 Jahre, hat eine Ruhepulsfrequenz von 95 Schlägen pro Minute, Walter W., 25 Jahre, eine Ruhepulsfrequenz von 60 Schlägen pro Minute. Die Trainingspulsfrequenz beim Laufen würde demnach, bei der Zugrundelegung einer Belastungsintensität von 60%, bei Axel A. knapp 160 Schläge pro Minute und bei Walter W. knapp 140 Schläge pro Minute betragen (Abb. 64). Obwohl fast gleichaltrig, hätten sie also um eine ca. 20 Schläge pro Minute differierende Trainingspulsfrequenz.

Obwohl die Pulsfrequenz eine ausgezeichnete Kontrollgröße sowohl für Anfänger als auch für „alte Hasen" (z. B. beim Höhentraining) darstellen kann, sollte mit ihrer Hilfe vor allem versucht werden, ein richtiges Empfinden für die beim Training entstehenden Belastungen zu erzielen. Im Verlauf des Trainingsprozesses kann durch das bewußte Beobachten und Empfinden der körpereigenen Reaktionen auf die Belastung eine Trainingssteuerung mittels Pulsfrequenz mit der Zeit weitestgehend von dem erworbenen Belastungsempfinden abgelöst werden. Die Pulsfrequenzkontrolle dient dann vorwiegend zur Überprüfung des eigenen Belastungsgefühls.

Atemfrequenz

Neben der Pulsfrequenz sollte immer auch die Atemfrequenz zur Intensitätssteuerung im Ausdauertraining herangezogen werden. Obwohl man bei diesem Faktor nicht ganz so exakte Empfehlungen wie bei der Pulsfrequenz geben kann, sollte bei einem rein aeroben Ausdauertraining eine Atemfrequenz von 30 bis 35 Atemzügen pro Minute nicht überschritten werden.

Zur Überprüfung der richtigen Trainingsintensität läßt sich auch der sog. „Viererrhythmus" heranziehen. Dies bedeutet, daß man beim Ausdauerlauf auf 4 Schritte ein- und auf die nächsten 4 Schritte ausatmen sollte. Da dieser Rhythmus jedoch als „unnatürlich" bezeichnet werden muß, sollte die Atmungsprüfung mittels des Viererrhythmus nicht als eine Trainingsempfehlung, sondern nur als ein Intensitätstest über einige Minuten zur Anwendung gelangen. Im Training kann man sich dann an der im Viererrhythmus gelaufenen Geschwindigkeit orientieren. Liegt die Geschwindigkeit so hoch, daß man nicht mehr im Viererrhythmus atmen kann, werden zunehmend mehr anaerobe Stoffwechselprozesse eingeschaltet und somit kein rein aerobes Ausdauertraining mehr betrieben.

Eine weitere, nicht besonders wissenschaftliche, dafür aber sehr praktische Überprüfung der Atmung stellt die Regel „laufen, ohne zu schnaufen" dar. Kann man sich beim Ausdauerlauf noch unterhalten, ist die Intensität auf keinen Fall zu hoch, da ohne eine ausreichende Luft- bzw. Sauerstoffzufuhr über die Atmung eine Unterhaltung nicht möglich wäre.

Belastungsintensität beim Krafttraining

Beim breitensportlichen Skilanglauftraining wird die Verbesserung der Kraft bzw. Kraftausdauer vor allem im Sommertraining von Bedeutung sein. Wie bereits erwähnt, sollten Kraftübungen für Skilangläufer bevorzugt mit mittlerer und geringer Belastungsintensität (30–60% der Maximalkraft) durchgeführt werden (Abb. 65). Für Breitensportler wird dieser Intensitätsbereich im Regelfall bereits beim Skiroller- und Skilanglauftraining erreicht. Bei Imitationsübungen, wie beispielsweise Skigang oder Zugübungen (z. B. mit Expandern), kann man sich bei der Belastungssteuerung zusätzlich an der Übungszeit orientieren. Beim Anfängertraining sollten diese Übungen ca. 15 bis 30 s in bis zu 3 Serien (mit ca. 2 min Pause) durchgeführt werden. Mit Verbesserung des Trainingszustands kann die Belastungsdauer der einzelnen Serien auf 1 bis 2 min gesteigert werden und für den etwas ambitionierteren Breitensportler bis zu 4mal (4 Serien) wiederholt werden.

Bei der Durchführung von gymnastischen Übungen zur Kraftverbesserung kann man sich an die in der Abbildung 65 aufgeführten Wiederholungsempfehlungen halten. Dabei sollte im Training nie die maximal mögliche Wiederholungszahl durchgeführt werden, sondern nach Übungsende immer noch eine ausreichende „Reserve" vorhanden sein. Dies bedeutet also, daß man bei einer Übung, die man gerade 20mal hintereinander bewältigen kann, im Training nur ca. 15 Wiederholungen durchführen sollte. Falls man sich bei diesem Vorgehen nicht ausreichend belastet fühlt, ist es günstiger, eine weitere Serie (also weitere 15 Wiederholungen) durchzuführen als die Maximalzahl anzustreben.

Eine weitere Orientierungshilfe für die richtige Belastungsdosierung bei Kraftübungen stellt die Atmung dar. Hat man bei der Durchführung einer Übung Probleme, natürlich weiterzuatmen, neigt also dazu, die Luft anzuhalten, so entspricht die Belastungsintensität im Regelfall 50% oder mehr. Dies ist für ein breitensportlich orientiertes Krafttraining normalerweise zu hoch oder stellt die obere Grenze dar.

Trainingsintensität beim Beweglichkeitstraining

Über die Durchführung und Effektivität von Dehnübungen wurden bereits im Kapitel

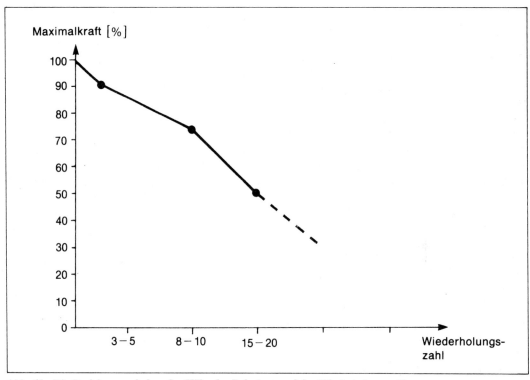

Abb. 65 Die Beziehung zwischen der Höhe der Belastung und der Wiederholungszahl.

„Physiologisch-medizinische Aspekte" (S. 22) die wesentlichsten Angaben gemacht. An dieser Stelle soll daher die Trainingsintensität nicht so sehr aus Gründen der Effektivität, sondern vielmehr aus gesundheitlichem Blickwinkel betrachtet werden.

Da fast alle Dehnübungen mit einer hohen Belastungsintensität einhergehen, sind diese Trainingsformen immer mit einer Preßatmungsgefahr verbunden. Preßatmung geht wiederum häufig mit überschießenden Kreislaufreaktionen einher (dies kann vor allem bei älteren und Herz-Kreislauf-geschädigten Personen zu Problemen führen), so daß hier auf eine gleichmäßige Atmung geachtet werden muß.

Die eigentliche Intensitätssteuerung ist bei Dehnungsübungen von einer möglichst gut ausgeprägten Körperwahrnehmung abhängig. Aus diesem Grund sollte entsprechenden Übungsformen, auch im Rahmen eines skispezifischen Konditionstrainings, immer ein angemessener Platz eingeräumt werden.

Trainingsaufbau und -durchführung

Sowohl unter trainingsphysiologischen als auch unter gesundheitlichen Gesichtspunkten sollte der Skilangläufer und -wanderer sein Training langfristig und systematisch aufbauen und planen. Da das Skilanglaufen saisonbetont ist, werden im folgenden neben Aspekten des Skitrainings vor allem auch der Trainingsaufbau und die -durchführung eines Vorbereitungstrainings erörtert.

Trainingsaufbau

Nicht nur für den leistungsorientierten Langläufer, sondern auch für den Trimmer und Gesundheitssportler ist der Trainingsaufbau mitentscheidend für den späteren Erfolg. Gerade für den Trimmanfänger kommt es am Anfang weniger auf ein leistungssteigerndes Training als vielmehr auf die Schaffung von Voraussetzungen für das eigentliche skispezifische Training an. Wer jahrelang sportlich inaktiv gewesen ist und sich zu einem gezielten Konditionstraining entschließt, braucht unter Umständen Wochen oder als älterer Mensch sogar Monate, bis durch einen ganz allmählichen Trainingsaufbau die eigentlichen Voraussetzungen z. B. für ein echtes Ausdauertraining geschaffen sind. In dieser Anpassungsphase sollte der Schwerpunkt vor allem in der Stärkung der sich nur langsam adaptierenden (anpassenden) Organsysteme, wie beispielsweise der Bänder und Gelenke, liegen, da hierdurch neben den Voraussetzungen für ein langfristiges Training auch die beste Grundlage zur Vorbeugung von Verletzungen und Überbelastungen geschaffen werden. Ein zu häufiges und intensives Training führt in dieser Phase leicht zu Zwangspausen infolge von Verletzungen und darüber hinaus – wie oftmals zu beobachten ist – auch zu Überforderung oder Lustlosigkeit, die dann ihrerseits zur Trainingsunterbrechung oder gar zum Abbruch führen. Gerade in dieser Anfangsphase sollte der Trimmer Geduld haben und daran denken, daß auch Rom nicht an einem Tag erbaut wurde. Beim jahrelang trainierenden Breitensportler kann zwar nicht von einer Anpassungsphase gesprochen werden, aber auch bei ihm zeigen sich im Jahresrhythmus verschiedene Trainingsphasen. Die 1. Phase eines Jahreszyklus ist der Wechsel von der Ski- auf die Sommersaison. Diese Übergangsphase sollte auch der breitensportlich orientierte Skilangläufer möglichst abwechslungsreich gestalten und bevorzugt auch Sportarten betreiben, die andere Bewegungsqualitäten verlangen, als dies beim Skilanglauf der Fall ist. Sportspiele können in dieser Phase genauso zweckmäßig sein wie Freizeitsportarten, z. B. Surfen (Gleichgewichtsschulung) oder andere Wassersportarten.

An die Anpassungs- oder Übergangsphase sollte sich die Aufbauphase nahtlos anschließen. Sowohl für den Anfänger als auch für den trainierten und leistungsorientierten Langläufer geht es in dieser Phase darum, die Basis für eine erfolgversprechende Skisaison zu legen. Während der trimmorientierte Langläufer zunächst mit einem 2- bis 3mal wöchentlichen, ca. 30minütigen Konditionstraining auskommt, sollte der Ambitionierte das Training in den Sommer- und Herbstmonaten systematisch von 3- auf 5mal pro Woche steigern. Da aus gesundheitlichen Erwägungen heraus ein 2- bis 3mal wöchentliches 30- bis 45minütiges Ausdauertraining nahezu maximale präventive Effekte hervorruft, ist es ratsam, daß auch der wenig ambitionierte Langläufer vor allen Dingen ein entsprechendes Ausdauertraining betreibt.

Unabhängig von der Leistungsstärke sollte eine gezielte Konditionsgymnastik für jeden Langläufer zum festen Bestandteil seines Vorbereitungstrainings gehören.

Schneetraining

Da das Skilanglaufen eine klassische Ausdauersportart ist, muß sowohl für den Skilangläufer als auch für den Skiwanderer das Schneetraining als das ideale Ausdauertraining gelten.

Aufgrund der Tatsache, daß der leistungsorientierte Läufer vor allem darauf bedacht ist, eine hohe Laufgeschwindigkeit mit einem Minimum an Energieaufwand zu erzielen, sollte das Schneetraining des leistungs- und wettkampforientierten Breitensportlers jedoch nicht ausschließlich auf die Verbesserung der Ausdauer, sondern auch auf die Verbesserung der Kraftausdauer abzielen.

Trainings-wochen	1. Trainingstag	2. Trainingstag	3. Trainingstag
1–2	5–10′ Aufwärmung 10′ Techniktraining, z. B. Diagonalgang o. Stöcke 20′ Ruhiges Skilaufen (flaches Gelände) 5–10′ „Cool-Down"	Wie 1. Tag	Wie 1. Tag
3–4	5–10′ Aufwärmung 30′ Ruhiges Skilaufen (flaches Gelände) 5–10′ „Cool-Down"	5–10′ Aufwärmung 10′ Techniktraining, z. B. Diagonalgang o. Stöcke 20′ Ruhiges Skilaufen 5–10′ „Cool-Down"	Wie 2. Tag
5–6	5–10′ Aufwärmung 30–40′ Ruhiges Skilaufen (flaches Gelände) 5–10′ „Cool-Down"	5–10′ Aufwärmung 10–15′ Techniktraining, z. B. Intervallaufen mit unterschiedlichen Techniken 20′ Ruhiges Skilaufen 5–10′ „Cool-Down"	5–10′ Aufwärmung 10′ Techniktraining, z. B. Diagonalgang o. Stöcke 30′ Skilaufen (leicht hügeliges Gelände) 5–10′ „Cool-Down"
7–8	5′ Aufwärmung 30–45′ Ruhiges Skilaufen (flaches Gelände) 5–10′ „Cool-Down"	5–10′ Aufwärmung 10′ Techniktraining, z. B. Diagonalgang o. Stöcke 25′ Ruhiges Skilaufen (flaches Gelände) 5–10′ „Cool-Down"	5–10′ Aufwärmung 10′ Techniktraining, z. B. Diagonalgang o. Stöcke 30–40′ Skilaufen (hügeliges Gelände) 5–10′ „Cool-Down"
9–10	5–10′ Aufwärmung 40–50′ Ruhiges Skilaufen (flaches Gelände) 5–10′ „Cool-Down"	5–10′ Aufwärmung 10′ Techniktraining, z. B. Diagonalgang o. Stöcke 30–40′ Skilaufen im hügeligen Gelände (natürl. Intervall) 5–10′ „Cool-Down"	5–10′ Aufwärmung 10–15′ Techniktraining, z. B. Diagonalschritt im Anstieg 30–40′ Ruhiges Skilaufen 5–10′ „Cool-Down"
11–12	5′ Aufwärmung 45–60′ Ruhiges Skilaufen (leicht hügeliges Gelände) 10′ „Cool-Down"	5–10′ Aufwärmung 10–15′ Techniktraining, z. B. Diagonalgang o. Stöcke 35′ Ruhiges Skilaufen (leicht hügeliges Gelände) 5–10′ „Cool-Down"	5–10′ Aufwärmung 10–15′ Intervalltraining Doppelstock 30–40′ Ruhiges Skilaufen 10′ „Cool-Down"
13–14	5′ Aufwärmung 45–75′ Ruhiges Skilaufen (leicht hügeliges Gelände) 10′ „Cool-Down"	5–10′ Aufwärmung 10–15′ Techniktraining, z. B. Diagonalgang o. Stöcke 30–40′ Skilaufen (hügel. Gelände, natürl. Intervall) 5–10′ „Cool-Down"	5–10′ Aufwärmung 15′ Intervalltraining Doppelstock 45′ Ruhiges Skilaufen 10′ „Cool-Down"

Tab. 9 Fortsetzung nächste Seite.

Trainings-wochen	1. Trainingstag	2. Trainingstag	3. Trainingstag
15–16	5' Aufwärmung 45–90' Ruhiges Skilaufen (leicht hügeliges Gelände) 10–15' „Cool-Down"	5–10' Aufwärmung 10' Techniktraining, z. B. ruhiger Diagonalgang o. Stöcke 30–40' Skilaufen (hügel. Gelände, natürl. Intervall) 5–10' „Cool-Down"	5–10' Aufwärmung 15' Intervalltraining 45' Ruhiges Skilaufen (leicht hügeliges Gelände) 10' „Cool-Down"

Tab. 9 Vorschlag für ein breitensportliches Skilanglauftraining (vorausgesetzt wird ein 2- bis 3mal wöchentliches vorausgehendes Aufbautraining).

Aus diesem Grund muß der Programmaufbau nach Möglichkeit immer in engerer Abhängigkeit von den individuellen Voraussetzungen geplant werden.

Während der leistungsorientierte Breitensportler also ein möglichst komplexes Schneetraining betreibt, sollte der Skiwanderer den Schwerpunkt auf längere, ruhige Trainingsläufe legen. Denn auch wenn man längere Tagestouren oder gar Mehrtageswanderungen durchführen will, muß man, auch wenn man wenig leistungsorientiert ist, eine möglichst gute allgemeine Ausdauer, insbesondere aber auch eine gute Fettverbrennung haben. Genau wie im Sommer, wenn der Trainingsschwerpunkt eher auf ausgedehnten Radtouren oder Wochenendwanderungen als auf ein paar schnellen Trainingsrunden vor der Haustür liegen sollte, ist vom Skiwanderer auch bei seinem Schneetraining das Hauptaugenmerk auf die Trainingsdauer und weniger auf kurze Sprinttouren zu legen.

Tabelle 9 bringt einen Trainingsvorschlag für einen etwas leistungsorientierteren Trimmer.

Trainingsdurchführung

Unabhängig von der Zielsetzung und davon, ob es sich um ein Vorbereitungs- oder Schneetraining handelt, sollte jede Trainingseinheit mit einer gezielten Aufwärmung beginnen und nach dem Hauptteil (z. B. Konditions- oder Skilanglauftraining) immer mit einer „Cool-Down-Phase" abschließen.

Aufwärmung

Mit einer gezielten Aufwärmung werden eine Umstellung des Körpers von Ruhe auf Arbeit sowie eine Einstimmung auf das nachfolgende Training angestrebt. Das „Warmfahren" schafft nicht nur möglichst günstige physiologische Voraussetzungen für ein Training, sondern beugt auch Überbelastungen und Verletzungen, vor allem der Muskeln, Bänder und Gelenke vor. Physiologisch betrachtet, führt die Aufwärmung zu einer Steigerung der Stoffwechselaktivität, einem beschleunigten Sauerstoffaustausch, einem Anstieg der Körperkerntemperatur auf ca. 38,5°C und, was für die Schaffung günstiger Lernvoraussetzungen und zur aktiven Verletzungsprophylaxe bei älteren Menschen besonders wichtig ist, zur Erhöhung der Nervenleitgeschwindigkeit.

Das Aufwärmen sollte also immer aus sowohl kreislauf- und stoffwechselanregenden als auch aus Dehnungs- und Lockerungsübungen bestehen. Es muß mindestens 5 bis 10 min, besser 10 bis 20 min betragen und immer so gestaltet werden, daß der Übende zwar leicht ins Schwitzen, aber nie außer Atem kommt.

Trainingsdurchführung

Konditions- und Schneetraining

Das Konditions- und Schneetraining muß sich immer an den oben aufgeführten Voraussetzungen und Belastungsprinzipien orientieren. Da es jedoch im breitensportlichen Bereich viel häufiger zu Überforderungen als zu Unterforderungen kommt, muß an dieser Stelle betont werden, daß gerade der Anfänger sich an den „Spielregeln" eines gezielten Trainings orientieren sollte. Auch das Gefühl, viel mehr leisten zu können, darf ihn nicht davon abhalten, „vernünftig" zu trainieren.

Trainingsabschluß

Nach einem Konditionstraining ist es wichtig, die Körperfunktionen wieder zu „normalisieren" und auf die sich anschließende Erholungsphase, in der die eigentlichen Trainingseffekte erzielt werden, einzustimmen. Dieser Trainingsabschluß muß mindestens 5 bis 10 min nach einem längeren und mindestens 15 min nach einem harten Training betragen. Es sollte neben leichten „Kreislaufbelastungen" vor allem aus Dehnungs- und Lockerungsübungen für die zuvor trainierten Muskelbereiche bestehen.
Wenn entsprechende Möglichkeiten gegeben sind, sollte das Training zumindest gelegentlich mit physikalischen Maßnahmen (z. B. Saunieren) und einer gezielten Entspannung abschließen.

Ernährung

Trotz einer Fülle von Veröffentlichungen zum Thema Sport und Ernährung werden in der täglichen Ernährungspraxis des Sportlers viele Dinge nur bedingt berücksichtigt. Auch im Rahmen des Breiten- und Gesundheitssports sind Fragen „Wie soll ich mich als Skilangläufer ernähren?", „Was soll ich vor dem Training essen?", „Wie ernähre ich mich nach dem Sport?" oder gar „Kann ich durch Sport abnehmen?" häufig anzutreffen.
Obwohl zwischen körperlicher Aktivität und Ernährung vielfältige und komplexe Wechselwirkungen bestehen, lassen sich auch einige einfache Grundregeln zum Thema „Sport und Ernährung" erstellen.
Der Spruch „Wie die Bewegung, so auch die Verpflegung" ist sicherlich allseits bekannt, obwohl die meisten Menschen möglicherweise hierüber nur wenig konkrete Vorstellungen haben. So wird beispielsweise der Energieverbrauch bei körperlicher Aktivität oftmals sehr überschätzt. Ein normalgewichtiger Mann muß mindestens 30 Minuten zügig laufen bzw. skilanglaufen, um z. B. 1 Käsebrötchen, 1 Stück Obstkuchen, 1 Flasche Bier oder ½ l Vollmilch zu verbrennen. Dies zeigt, daß man als Übergewichtiger durch Sport allein kaum abnehmen kann.
Vor dem Training bzw. vor längeren Skitouren müssen größere Mahlzeiten mindestens 3 Stunden zurückliegen. Bei längeren Touren und Skiwanderungen kann man allerdings auch kleine, leichtverdauliche Zwischenmahlzeiten bis zu 1 Stunde vor dem Beginn zu sich nehmen. Zwischenmahlzeiten sollten bevorzugt aus kohlenhydratreichen Bestandteilen wie Vollkornkekse oder Obst sowie aus Tee oder Obstgetränken, evtl. mit Mineralstoff- bzw. Elektrolytzusätzen, bestehen.
Während längeren körperlichen Belastungen (z. B. Tageswanderungen) kommt es vor allen Dingen darauf an, den Schweißverlust zu kompensieren. Hierzu eignen sich leicht gesüßte Tees und kohlensäurefreie Getränke. Die Getränke dürfen nicht zu kalt sein und immer nur schluckweise getrunken werden. Als Proviant sollte vorwiegend ebenfalls kohlenhydratreiche Ernährung, auf keinen Fall aber schwer verdauliche fette Nahrungsmittel, wie z. B. fette Wurst, gewählt werden.
Auch nach dem Training ist eine kohlenhydratbetonte Ernährung zu empfehlen. Denn in dieser Phase müssen nun vor allen Dingen die Kohlenhydratreserven des Körpers wie-

der aufgefüllt und die durch Schweiß ausgeschiedene Flüssigkeit mit Mineralstoffen ersetzt werden. Deshalb nach dem Sport niemals direkt zum „kühlen Blonden" greifen, sondern zunächst einmal Fruchtsäfte, kohlensäurearmes Mineralwasser, Gemüsesäfte oder Mineraldrinks zu sich nehmen. Überhaupt dürfen alkoholhaltige Getränke während oder nach dem Skilaufen nur in beschränktem Umfang – wenn überhaupt – genossen werden, da hierdurch die belastungsbedingten Umbauprozesse des Körpers negativ beeinflußt werden.

Zusammenfassung

1. Die sportliche Leistung wird beim Skilanglauf praktisch zu gleichen Teilen vom Niveau der konditionellen Eigenschaften (Trainingszustand) und vom Ausprägungsgrad der Technik (Übungszustand) bestimmt.

2. Das Prinzip der leistungsangepaßten Belastung stellt für ein gesundheitsorientiertes Skilanglauftraining das wichtigste Trainingsprinzip dar.

3. Für den Skilangläufer ist die allgemeine aerobe Ausdauer die wichtigste konditionelle Fähigkeit.

4. Zur Kraftverbesserung sollten bevorzugt gymnastische Übungen, zur Kraftausdauerverbesserung besser Imitationsübungen durchgeführt werden.

5. Zur Aufrechterhaltung bzw. Verbesserung der Beweglichkeit sind Stretching-Übungen zu bevorzugen.

6. Zur Verbesserung der allgemeinen aeroben Langzeitausdauer, insbesondere auch zur Verbesserung der Fettverbrennung, sollte der breitensportlich orientierte Skilangläufer nach Möglichkeit einmal pro Woche ein ruhiges Ausdauertraining von mindestens 45- bis 60minütiger Dauer durchführen.

7. Für die Wahl der richtigen Trainingsintensität beim Skilanglauf kann sowohl die Puls- als auch die Atemfrequenz herangezogen werden.

8. In der Vorbereitungsphase muß das Konditionstraining des Skilangläufers und -wanderers neben dem Ausdauertraining auch ein gezieltes Kraftausdauertraining sowie beweglich machende und Dehnungsübungen beinhalten.

9. Die Selbstbeobachtung und die Entwicklung einer guten Selbsteinschätzung muß als besonders wichtig für ein gefahrloses und gezieltes breitensportliches Skilanglauftraining betrachtet werden.

Lernerfolgskontrolle

1. Wie läßt sich das Phänomen der Superkompensation erklären?

2. Welche Trainingsprinzipien sind für ein breitensportlich orientiertes Skilanglauftraining am wichtigsten?

3. Mit welcher Trainingsintensität sollte ein gut trainierter Freizeitsportler ein allgemeines aerobes Ausdauertraining durchführen?

4. Wie hoch muß die Belastungsintensität bei einem gezielten Kraftausdauertraining liegen?

5. Welche Faktoren müssen bei der Festlegung der Trainingspulsfrequenz für ein gezieltes Lauftraining berücksichtigt werden?

6. Wie hoch sollte die Trainingspulsfrequenz eines 50jährigen Skilanglaufanfängers (Ruhepulsfrequenz 80 Schläge pro Minute) bzw. eines 30jährigen fortgeschrittenen Skilangläufers (Ruhepulsfrequenz 50 Schläge pro Minute) sein?

Trainingsprogramme

Einführung

Die im folgenden dargestellten Vorbereitungsprogramme (V) haben das Ziel, die für den Skilanglauf und das Skiwandern erforderlichen allgemeinen und speziellen Eigenschaften zu trainieren. Daher handelt es sich nicht allein um Gymnastikprogramme, sondern es sind komplette Trainingsprogramme dargestellt, in welchen z. B. auch die Verbesserung der allgemeinen Ausdauer berücksichtigt wird.

Die Programme sind so aufgebaut, daß man nur die gymnastischen Übungen durchführen kann, falls die Umstände kein Ausdauertraining zulassen. Teile des Vorbereitungsprogramms können also durchaus im Wohn- oder Schlafzimmer stattfinden, vorausgesetzt, es wird für eine gute Durchlüftung des Raums gesorgt.

Bei den Programmen wurde versucht, möglichst alle beim Langlauf beanspruchten Muskelgruppen anzusprechen. Daher sollten Sie versuchen, auch die „unbequemen" Übungen durchzuführen. Wenn Sie im Verlauf Ihres Trainings genügend Erfahrungen gesammelt haben, können Sie das Programm selbstverständlich ergänzen bzw. Ihren Bedürfnissen entsprechend abändern.

Es ist oft hilfreich und macht meistens auch mehr Spaß, sein Trainingsprogramm mit einem Partner oder in kleinen Gruppen durchzuführen. Bei einem Gruppentraining besteht auch eine bessere Korrekturmöglichkeit sowie die Gelegenheit, gezielte Hinweise zur richtigen Übungsdurchführung zu geben.

Wenn Sie in den Tagen nach der 1. Trainingseinheit Muskelschmerzen verspüren, so handelt es sich dabei wahrscheinlich um den berühmten Muskelkater. Dies könnte ein Hinweis darauf sein, daß Sie beim 1. Training bereits „zu hart herangegangen" sind – übrigens ein typischer „Anfängerfehler".

Sie dürfen jedoch durchaus auch mit Muskelkater zur 2. Einheit „antreten". Die Schmerzen sind dann oft schon nach dem Aufwärmprogramm völlig verschwunden. Trotzdem sollten Sie in diesem Fall eine reduzierte Belastung wählen, um dem Körper den Regenerationsprozeß zu erleichtern.

Es ist günstig, in jeder Trainingseinheit nach folgendem Schema vorzugehen:
- Aufwärmung: 10–15 min
- Gymnastik: 10–25 min
- Allgemeines Ausdauertraining: 15–50 min
- Trainingsabschluß: 5–10 min.

Dieser Trainingsaufbau ist in den folgenden 4 Programmen konsequent eingehalten, lediglich die Auswahl und die Durchführung der einzelnen Übungen unterscheiden sich. Die nachfolgend aufgeführten allgemeinen Hinweise müssen bei jedem Training beachtet werden:

● Um sich optimal vorzubereiten, sollte das jeweilige Programm mindestens 2- bis 3mal pro Woche durchgeführt werden.

● Gymnastische Übungen niemals ruckhaft, reißend oder wippend durchführen.

Einführung

● Bei allen Übungen muß gewährleistet sein, daß Sie gleichmäßig weiteratmen können. Luftanhalten bei Kraftbeanspruchungen ist unbedingt zu vermeiden (keine Preßatmung!).

● Versuchen Sie immer, die Übungen exakt durchzuführen. Dies ist viel wichtiger als eine hohe Wiederholungszahl mit falscher Übungsausführung. Lassen Sie sich ggf. durch einen Partner korrigieren.

● Orientieren Sie sich bei der Belastungsdosierung im Ausdauertraining – bis Sie über eine entsprechende Selbsteinschätzung verfügen – an Ihrer Pulsfrequenz; ziehen Sie ggf. auch die Atemfrequenz zu Rate.

● Um die entstehenden Kreislaufbelastungen beim Ausdauertraining richtig beurteilen zu können, muß die Pulsfrequenz immer unmittelbar nach Belastung und genau 10 s lang gemessen werden. Die Zahl der Schläge mit 6 multipliziert ergibt den Minutenwert.

● Lassen Sie die Lockerungs- und Entspannungsübungen nie zu kurz kommen. Training bedeutet immer, das richtige Maß zwischen Aktion (Reiz) und Erholung (Pause) zu finden.

● Oftmals ist „weniger mehr als viel". Dosieren Sie das Training anfangs lieber zu schwach als zu stark. Dies ist die beste Methode, Überbelastungen und Mißerfolgen aus dem Weg zu gehen. Wenn Sie genügend Erfahrungen mit ihrem Körper gesammelt haben, können Sie die Belastung zunehmend besser nach Ihrem eigenen Empfinden dosieren.

● Eine wichtige Faustregel in diesem Zusammenhang lautet: „Zu wenig ist wirkungslos, zu viel ist schädlich, nur das richtige Maß ist gesund."

Elemente des Trainingsprogramms

Im folgenden wird nochmals auf die wichtigsten Faktoren eines gezielten skilanglaufspezifischen Trainingsprogramms eingegangen.

Einstimmung/Aufwärmung

(10–15 min)

Jedes Training muß mit einem gezielten Einstieg beginnen. Dabei wird eine Umstellung des Körpers von Ruhe auf Arbeit, aber auch eine psychische Einstellung auf die nachfolgende Belastung angestrebt. Die Aufwärmung hat daneben das wichtige Ziel, Muskeln, Bänder und Gelenke vor Schädigungen und Verletzungen zu schützen. Bewährteste und beste Methoden zum „Warmfahren" sind Gehen, Traben und Laufen, verbunden mit den in den einzelnen Programmen genannten gymnastischen Übungen.
Wenn Sie spüren, daß sich während des Aufwärmprogramms die ersten Schweißperlen bilden, ohne daß Sie dabei jedoch außer Atem kommen, haben Sie es wahrscheinlich richtig gemacht.

Gymnastik

(10–25 min)

Um die beim Skilanglauf/Skiwandern besonders beanspruchten Muskelgruppen gezielt zu trainieren, ist ein spezielles Gymnastikprogramm erforderlich. Diese Gymnastik sollte hauptsächlich die Kraft und die Beweglichkeit, aber auch die Belastbarkeit von Knochen, Bändern und Gelenken allmählich verbessern.
Um wirklich eine gezielte Verbesserung der Kraft und Kraftausdauer zu erreichen, läßt es sich ab einem bestimmten Leistungsstand kaum umgehen, mit Widerständen (Partnerwiderstand, Fremdgewichte, Zugseile) zu arbeiten.
In der Regel genügen hier jedoch sehr einfache Hilfsmittel, um den gewünschten Effekt zu erreichen (Fahrradschlauch, Latexexpander, Deuserband etc.).
Bei kräftigenden Übungen ist eine exakte Übungsausführung unerläßlich. Nur so lassen sich Überbelastungen des passiven Bewegungsapparats vermeiden. Dies betrifft insbesondere jene Übungen, bei denen die Rumpfmuskulatur gekräftigt werden soll, da hierbei oftmals die Wirbelsäule gefährdet wird. Vermeiden Sie daher immer Hohlkreuzhaltungen! Spannen Sie Gesäß- und Bauchmuskulatur gleichzeitig an und achten Sie auf die Stellung, die Ihr Becken dabei einnimmt (keine Kippstellung nach vorn!).
Nach kräftigenden Übungen sollten Sie, nach einer kurzen Lockerung, immer die beanspruchte Muskulatur gezielt dehnen. Hierdurch wird eine Verbesserung der Muskelkraft ohne Einbußen in der Beweglichkeit erzielt.

Ruhepulsfrequenz [Schl./min] \ Alter	Unter 30	30–39	40–49	50–59	60–70	Über 70
Unter 50	145	145	140	135	130	125
50–59	145	145	140	135	130	125
60–69	150	150	145	140	130	130
70–79	150	150	145	140	135	130
80–89	155	150	145	140	135	130
90–100	155	155	150	145	140	135

Tab. 10 Trainingspulsfrequenz (Orientierungswerte für das Lauftraining). Die Werte gelten für Anfänger. Bei Ausdauertrainierten sollte die Frequenz um 10 Schläge pro Minute höher liegen.

Für die im Anschluß dargestellten Programminhalte gilt:

● Beginnen Sie das Programm bewußt behutsam und lassen Sie sich viel Zeit.

● Probieren Sie die Übungen erst einmal aus und bemühen Sie sich um eine korrekte Durchführung.

● Die angegebenen Zeit- und Wiederholungszahlen sind Orientierungswerte, die nach individuellen Gesichtspunkten abgeändert werden können. Die erstgenannte Zahl sollte in den ersten Trainingseinheiten nicht überschritten werden.

● Nach 4 bis 6 Trainingseinheiten können Sie ggf. jede Übung in 2 bis 4 Serien durchführen.

● Nach jeder Übung ist eine Ausgleichsübung zur Lockerung/Dehnung der betreffenden Muskelgruppe angegeben. Diese Übungen können, wenn Sie mehrere Serien der Hauptübung durchführen, auch als aktive Pause zwischen den Serien dienen.

Ausdauertraining

(15–50 min)

Das Training der allgemeinen aeroben Ausdauer sollte einen zentralen Stellenwert in jedem Vorbereitungsprogramm für Skilangläufer und -wanderer einnehmen. Wie in den vorhergehenden Kapiteln bereits dargestellt, sind dazu Radfahren, Schwimmen, Skirollertraining und Laufen geeignet. Bei den folgenden Trainingsprogrammen wurde das Lauftraining als Ausdauertrainingsform gewählt.

Für Anfänger ist es besonders wichtig, daß die Belastungen zu Beginn des Trainings gering gehalten werden. Durch diese Vorsichtsmaßnahme läßt sich eine Überforderung von Bändern und Gelenken vermeiden. Das Ausdauertraining des Anfängers wird daher als Intervalltraining begonnen und erst nach einer Eingewöhnungszeit als Dauertraining fortgesetzt.

Das allgemeine Ausdauertraining ist möglichst nach der Konditionsgymnastik auszuführen. Dabei können Sie sich – um eine richtige Belastung (Laufgeschwindigkeit) zu erreichen – an der Puls- und Atemfrequenz orientieren. Unmittelbar nach Belastungsende sollte die Pulsfrequenz den in der Tabelle 10 aufgeführten Werten entsprechen. Wenn Sie sich an der Atmung orientieren, darf diese beim Dauerlauf nie über ca. 35 Atemzüge pro Minute liegen. Eine Unterhaltung während des Laufens sollte noch möglich sein.

Besonderer Hinweis: Es kann vorkommen, daß Sie an bestimmten Tagen einfach „keine Leistung bringen". Die Tagesform kann sehr unterschiedlich sein. Nehmen Sie es hin! Zwingen Sie sich nicht, wenn Sie sich nicht gut fühlen, sondern reduzieren Sie die Belastung. Jedoch sollten Sie sich nicht vor dem Training „drücken", es sei denn, daß gesundheitliche Gründe vorliegen (z. B. Erkältung oder Infekt).

Trainingsabschluß

(5–10 min)

Ebenso wie wir vor einer Belastung den Körper allmählich „warmfahren", muß man nach einer größeren Beanspruchung ein allmähliches „Cool-Down" anstreben. Ziel dabei ist es, die Körperfunktionen wieder zu normalisieren und die Regenerationsphase, d. h. aus biologischer Sicht die Zeit, in der die eigentlichen Trainingseffekte erzielt werden, einzuleiten. Daher soll das Training mit Traben, Gehen, Lockerungs- und einigen gezielten Dehnübungen abgeschlossen werden. Zur weiteren Abrundung des Trainings muß auf genügend Entspannung und Schlaf sowie entsprechende Ernährungs- und Trinkgewohnheiten geachtet werden.

Vorbereitungsprogramme

	Seite
V 1: Anfänger über 45 Jahre	**130**
Aufwärmung	131
Gymnastik	131
Ausdauer	133
Abschluß	133

V 2: Anfänger unter 45 Jahre	**134**
Aufwärmung	135
Gymnastik	135
Ausdauer	137
Abschluß	137

V 3: Fortgeschrittene über 45 Jahre	**138**
Aufwärmung	139
Gymnastik	139
Ausdauer	141
Abschluß	142

V 4: Fortgeschrittene unter 45 Jahre	**143**
Aufwärmung	144
Gymnastik	144
Ausdauer	146
Abschluß	147

V 1: Anfänger über 45 Jahre

Dieses Programm ist für Personen gedacht, die lange Jahre körperlich inaktiv gewesen sind. Die Übungen sind so ausgewählt, daß auch der Sporterfahrene und -ungeübte mit der Übungsausführung keine Schwierigkeiten hat. Daß bei diesem Programm bewußt „1 Gang zurückgeschaltet" wurde, liegt nicht daran, daß „jünger gleich fitter" ist, sondern daß Anpassungsvorgänge im fortgeschrittenen Alter behutsamer ausgelöst werden sollten. Nur so kann man Überbelastungen und Schäden vorbeugen.

Nach einem kontinuierlich aufgebauten Trainingsprozeß erreichen auch Anfänger über 45 Jahre einen Zustand, der die Fitneß von untrainierten 30jährigen bei weitem übertreffen kann!

V 1: Anfänger über 45 Jahre

Aufwärmung

 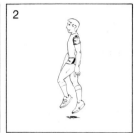  

Zügiges Gehen mit langsamem Steigern der Schrittlänge und betontem Armeinsatz, 3–5 min.

Lockerer Hopserlauf und Gehen mit Auslockern der Beine im Wechsel, ca. 1–3 min.

Ein Bein vor- und zurückschwingen, je Bein 4–6 ×.

Gehen mit einseitigem Armkreisen vor- und rückwärts, je 5–10 ×.

Hopserlauf mit betontem Armeinsatz.

Hüftkreisen re. und li. herum, je 3–5 ×.

Gymnastik

Diagonalschritt (Imitationsübung): Gehen mit großen Schritten, betontem Fußabdruck und Armeinsatz (besonders nach hinten).

Ausgleich: Auslockern/-schütteln der Beine.

Wandliegestütz 10–20 ×.

Ausgleich: Arme weit nach hinten-oben ziehen und halten.

Vorbereitungsprogramme

9 Langsames diagonales Heben eines Arms und Beins, je 3–6×.

9a Ausgleich: Rumpf langsam Wirbel für Wirbel „einrollen", verharren, wieder aufrichten.

10 Rückenlage, Füße aufgestellt, Kopf und Schultern langsam anheben, 8–15×. **Gleichmäßig atmen!**

10a Ausgleich: Bauchmuskulatur mit beiden Händen durchmassieren.

11 Hochzehenstand, einen Fuß nach hinten setzen, Ausfallschritt, zurück in den Hochzehenstand, re./li. im Wechsel, je 5–10×.

11a Ausgleich: Hüfte vorschieben, hinteres Knie nach unten drücken, Ferse am Boden lassen.

12 Armzug gegen Widerstand (Zauberschnur, Fahrradschlauch) diagonal und doppelseitig, je ca. 30–60 s.

12a Ausgleich: Armkreisen (locker) vor- und rückwärts, je Arm ca. 10×.

13 Arm und Bein gegengleich langsam zurückziehen, 10–15×.

13a Ausgleich: Rumpf langsam Wirbel für Wirbel „einrollen", verharren, wieder aufrichten.

14 Rückenlage, Füße aufgestellt, Schulter diagonal anheben, 8–12×. **Gleichmäßig atmen!**

14a Ausgleich. Bauchmuskulatur mit beiden Händen durchmassieren.

V 1: Anfänger über 45 Jahre

Ausdauer

1. Woche:	10–20 min zügiges Gehen.
2. Woche:	10 min zügiges Gehen. 3 × 1 min Laufen, dazw. je 3 min Gehen.
3. Woche:	10 min zügiges Gehen. 3 × 2 min Laufen, dazw. je 3 min Gehen.
4.–9. Woche:	Mit 2 × 3 min Laufen beginnen, pro Wo. um ca. 1 min steigern, in der 9. Wo. 2 × 8 min Laufen, dazw. je 3 min Gehen.
10. Woche:	1 × 12 min Laufen.
Ab 11. Woche:	Die Laufdauer sollte um ca. 1 min/Wo. gesteigert werden, bis ein ca. 20–30minütiger Dauerlauf erreicht wird.

Abschluß

15 Zur Unterstützung der Atmung: Arme weit nach oben führen (Einatemstellung), mit der Ausatmung Arme nach unten fallen lassen, Oberkörper „einrollen".

16 Gehen und Hopserlauf, Beine auslockern.

17 Leichte Kniebeuge, Fersen bleiben am Boden, Knie nach vorn schieben, ca. 10–20 s verharren.

18 Hüfte vorschieben, Fuß langsam nach hinten-oben ziehen, ca. 10–15 s halten.

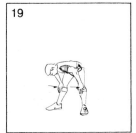

19 Rumpf langsam vorbeugen, Rücken gerade, Knie durchstrecken, ca. 10–30 s halten.

20 Gehen, lockern.

V 2: Anfänger unter 45 Jahre

Dieses vorbereitende Gymnastikprogramm ist als Einstiegsprogramm für Trimmanfänger gedacht. Es zielt auf eine Verbesserung der allgemeinen Fitneß ab und setzt sich aus einem einleitenden Aufwärmteil, einem Gymnastikteil mit kräftigenden und dehnenden Übungen, einem Ausdauerteil sowie einem Abschlußteil mit Lockerung und Entspannung zusammen.

V 2: Anfänger unter 45 Jahre

Aufwärmung

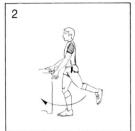
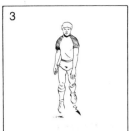
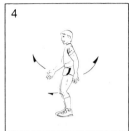

Gehen und Traben im Wechsel (geht auch auf der Stelle), ca. 5 min zu Beginn und zwischen den Übungen 2–6 min, dazw. kurz lockern.

Bein locker vor- und zurückschwingen, je Bein 6–10×.

Federn auf der Stelle, das unbelastete Bein dabei ausschütteln, 20–60 s.

Arme gegengleich vor- und zurückschwingen, Impuls aus den Knien, ca. 20–60 s.

Rumpfdrehen mit Armschwung, je Seite 8–10×.

Hüftkreisen, langsam je 10× re. und li. herum.

Gymnastik

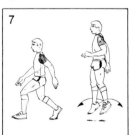

Diagonales Wechselhüpfen, re. Hand an li. Knie und umgekehrt, 20–60 s. Steigerung: Größere Schritte. **Kreislaufbelastend!**

Ausgleich: Beine ausschütteln.

Knieliegestütz, 10–20×. **Gleichmäßig atmen!** Lockerung: Arme ausschütteln.

Ausgleich: Rumpfdrehen mit Armschwung, je Seite 8–10×.

			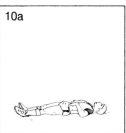
9 Bankstellung, je ein Arm und ein Bein diagonal anheben und strecken, je Seite 6–8 ×. **Gleichmäßig atmen!**	**9a** Ausgleich: Im Sitz mit den Armen die gebeugten Beine umfassen, Rücken rundmachen. **Gleichmäßig atmen!**	**10** Rückenlage, Füße aufgestellt, Arme gestreckt, Kopf und Schultern heben, 10–20 ×. **Gleichmäßig atmen!**	**10a** Ausgleich: Rückenlage, Bauch mit beiden Händen „massieren".
		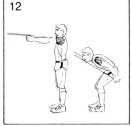	
11 Einbeiniges Hochdrücken auf Treppe (2 Stufen) oder Stuhl (niedrig), je Bein 10–20 ×. **Kreislaufbelastend!**	**11a** Ausgleich: Oberkörper aufrecht, Hüfte langsam nach unten drücken, ca. 10–15 s halten.	**12** Aus der Rumpfvorbeuge Armzug gegen Widerstand (z. B. Fahrradschlauch), diagonal oder doppelseitig, ca. 30–90 s.	**12a** Ausgleich: Armkreisen (locker) einseitig vor- und rückwärts, je Arm ca. 10 ×.

13 Rückenlage mit angewinkelten Beinen, Abheben des Beckens (Schulterbrücke), 10–15 ×, 1–3 Serien.	**13a** Ausgleich: Im Sitz mit den Armen die gebeugten Beine umfassen, Rücken rundmachen. **Gleichmäßig atmen!**	**14** Rückenlage, Füße aufgestellt, schräg aufrichten, 10–20 ×. **Gleichmäßig atmen!**	**14a** Ausgleich: Rückenlage, Bauch mit beiden Händen „massieren".

V 2: Anfänger unter 45 Jahre

Ausdauer

1. Woche:	3 × 1 min Traben innerh. eines zügigen Gehtrainings von 10−20 min.
2. Woche:	4−6 × 1 min Traben, dazw. je 3 min Gehen.
3. Woche:	4 × 2 min Traben, dazw. je 3 min Gehen.
4.−6. Woche:	Mit 3 × 3 min Laufen beginnen, pro Wo. um je 1 min steigern, dazw. 3 min Gehpause.
7. Woche:	2 × 7 min Laufen, dazw. 3 min Gehpause.
8. Woche:	2 × 8 min Laufen, dazw. 3 min Gehpause.
9. Woche:	1 × 12 min Laufen.
Ab 10. Woche:	Die Laufdauer sollte um ca. 1−2 min/Wo. gesteigert werden, bis ein mind. 20−30minütiger Dauerlauf erreicht wird.

Abschluß

15

Nach dem Laufen und Pulsmessen einige Minuten gehen, Beine ausschütteln.

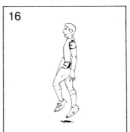

16

Lockeres Ausschütteln der Beine sowie Hopserlauf mit „Hängenlassen" der Arme.

17

Mit beiden ausgestreckten Armen gegen eine Wand abstützen, dabei Hüfte vorbringen, Fersen am Boden lassen.

18

Hüfte vorschieben, Fuß langsam nach hinten-oben ziehen, ca. 10−15 s halten.

19

Grätschstand, ein Bein beugen, Oberkörper zur Seite des gestreckten Beins beugen, halten.

20

Gehen, lockern.

V3: Fortgeschrittene über 45 Jahre

Möglicherweise sind Sie ein fortgeschrittener Skilangläufer, beherrschen die wichtigsten Techniken, sind aber sonst im Jahresverlauf wenig aktiv. Nun wollen Sie sich — was sehr sinnvoll ist — auf Ihren Skilanglaufurlaub vorbereiten. In diesem Fall würden Sie das Training entsprechend der Empfehlung bei V1 oder V2 beginnen.

Wenn Sie jedoch im Jahresverlauf immer aktiv waren (2mal wöchentlich) und ein regelmäßiges Ausdauertraining betrieben haben, sollten Sie nun in der speziellen Vorbereitung versuchen, das im folgenden dargestellte Programm durchzuführen.

V 3: Fortgeschrittene über 45 Jahre

Aufwärmung

1. Gehen, Traben und Hopserlauf im Wechsel nach eigenem Ermessen.

2. Seitgalopp nach re. und li., je ca. 10–15 Schritte, zwischendurch gehen, 1–2 Serien.

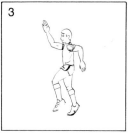
3. Hopserlauf mit leicht gesteigertem Abdruck und betontem Armeinsatz, 2 × je 20–40 s.

4. Einbeinstand, anderes Bein vor- und zurückschwingen, gegenseitige Hand berührt Fuß vorn und hinten, wechseln, je Bein 12–18 ×.

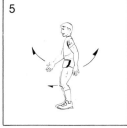
5. Arme gegengleich vor- und zurückschwingen, Betonung des Armschwungs nach hinten, deutliches Kniewippen, ca. 60–90 s.

6. Oberkörper aufrecht, Hüfte langsam nach unten drücken, ca. 10–15 s halten.

Gymnastik

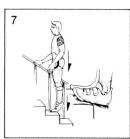
7. Mit Vorderfuß auf Erhöhung (Treppenstufe, Randstein, Sprossenwand unten) stehen, festhalten, Fersen heben (Hochzehenstand) und senken unter die Waagerechte, langsam ausführen, 30–90 s.

7a. Ausgleich: Beine ausschütteln oder aktiv Waden lockern (mit den Händen).

8. Knieliegestütz, Hände mögl. weit weg von den Knien, 30–60 s. **Gleichmäßig atmen!**

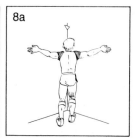
8a. Ausgleich: In einer Ecke stehen, Arme gestreckt, Schrittstellung, nach Ermessen vorgehen.

9 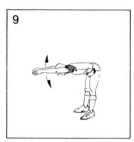	9a 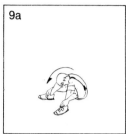	10 	10a 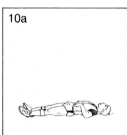
Rumpfvorhalte, den gestreckten Rumpf auf- und abführen, 12–18×. **Gleichmäßig atmen!**	Ausgleich: Im Sitz mit den Armen die gebeugten Beine umfassen, Rücken rundmachen. **Gleichmäßig atmen!**	Rückenlage, Füße aufgestellt, Hände im Nacken, Oberkörper „einrollen", dabei ausatmen, 10–20×.	Ausgleich: Rückenlage, entspannen, Bauch massieren.
11 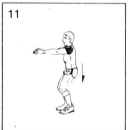	11a 	12 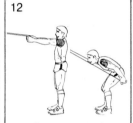	12a 
Kniebeugen bis 90° im Kniegelenk, 15–30×.	Ausgleich: Oberkörper aufrecht, Hüfte langsam nach unten drücken, ca. 10–15 s halten.	Armzug gegen Widerstand: a) abwechselnd, b) doppelt, a) 60–90 s, 2 min Pause, b) 60–90 s.	Ausgleich: Armkreisen vor- und rückwärts.
13 	13a 	14 	14a 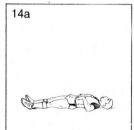
Bauchlage, Arme nach vorn ausgestreckt, gegengleich Arm und Bein anheben.	Ausgleich: Im Sitz mit den Armen die gebeugten Beine umfassen, Rücken rundmachen. **Gleichmäßig atmen!**	Rückenlage, Unterschenkel auf einen Stuhl legen, dabei 90° im Kniegelenk Hände hinter dem Kopf fassen, Oberkörper abheben und Ellenbogen zum gegengleichen Knie bringen, 10–20×. **Gleichmäßig atmen!**	Ausgleich: Rückenlage, entspannen, Bauch massieren.

Ausdauer

Da die Leistungsunterschiede bei Skilangläufern dieser Zielgruppe besonders groß sein können, wurde auf die Erstellung eines Ausdauerprogramms verzichtet. Für die Trainingsdosierung ist eine Orientierung an der Puls- und Atemfrequenz empfehlenswert.

Trainingspulsfrequenz für Ausdauertrainierte:

Ruhepulsfrequenz [Schl./min]	Alter [Jahre]			
	40–49	50–59	60–69	Über 70
Unter 50	150	145	140	135
50–59	150	145	140	135
60–69	155	150	140	140
70–79	155	150	145	140
Über 80	155	150	145	140

Folgende Hinweise sollten bei der Durchführung des Laufprogramms zusätzlich noch besonders berücksichtigt werden:

● Probieren Sie, in das Ausdauertraining einige Steigungen (wechselnde Geländeformen) einzubeziehen.

● Nehmen Sie einmal Ihre Langlaufstöcke zum Lauftraining mit. Neben der speziellen Ausdauer der Arm- und Schultergürtelmuskulatur trainieren Sie nebenbei auch Ihre Koordination für den Diagonalschritt (Skigang und Schrittsprünge).

● Versuchen Sie jetzt auch, Ihre Laufstrecke zu verlängern, bis auf mehr als 30 min. Reduzieren Sie eher das Lauftempo als die Laufstrecke.

● Auch Radfahren (Minimalforderung beachten, vgl. S. 113) von mehr als 60 min Dauer und Schwimmen (veränderte Pulsfrequenz beachten!) zwischen 20 und 40 min Dauer verbessern Ihre allgemeine Ausdauer. Denken Sie immer daran: Skiwanderungen im Urlaub können mehrere Stunden dauern. Solche Wanderungen in schöner Natur machen viel mehr Spaß, wenn man noch die Puste hat, sich ein wenig umzusehen!

Abschluß

 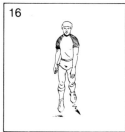  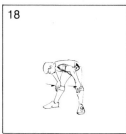

Hände im Nacken verschränken, beim Einatmen Ellenbogen mit zurückführen, Oberkörper aufrichten, beim Ausatmen Ellenbogen zusammenführen, Kinn auf die Brust nehmen.

Beine ausschütteln.

Mit beiden ausgestreckten Armen gegen eine Wand abstützen, dabei Hüfte vorbringen, Fersen am Boden lassen!

Rumpf langsam vorbeugen, Knie durchstrecken, Rücken gerade. **Gleichmäßig atmen!**

Grätschstand, ein Bein beugen, Oberkörper zur Seite des gestreckten Beins beugen, halten.

Hüfte vorschieben, Fuß langsam nach hinten-oben ziehen, ca. 10–15 s halten.

V4: Fortgeschrittene unter 45 Jahre

Dieses Programm ist für Personen im Alter zwischen 20 und 45 Jahren gedacht, die körperlich aktiv sind. Es setzt eine gute körperliche Belastbarkeit und gewisse gymnastische Vorerfahrungen voraus.
Wenn Sie zwar fortgeschrittener Skilangläufer, jedoch ansonsten wenig aktiv sind, orientieren Sie sich bitte an Programm V1 oder V2. Falls Sie jedoch regelmäßig Sport treiben und lediglich eine speziellere Vorbereitung auf den Skilanglauf suchen, können Sie direkt in dieses Programm einsteigen.

Aufwärmung

Traben und Hopserlauf mit Armkreisen, im Wechsel, 5–7 min.

Seitgalopp mit Armeinsatz, je 4 Schritte, halbe Drehung und wieder 4 Schritte, insgesamt ca. 4 × wechseln, kurze Pause mit Gehen und Beine ausschütteln, 2 Serien.

Steigerungshopserlauf mit kräftigem Armeinsatz (oder Arm-Gleichkreisen), 20–40 s (mit kleinen Hopsern anfangen und den Abdruck nach vorn-oben immer mehr steigern), 2–4 × mit Gehpausen.

Einbeinstand, anderes Bein vor- und zurückschwingen, gegenseitige Hand berührt Fuß vorn und hinten, wechseln, je Bein 15–20 ×.

Oberkörper aufrecht, Hüfte langsam nach unten drücken, ca. 10–15 s halten.

Traben, dabei abwechselnd „anfersen" und „Kniehebeläufe" machen (z. B. 10 Schritte traben, 10 × anfersen, 10 Schritte traben, 10 × anfersen etc.), danach auslockern, gehen.

Gymnastik

  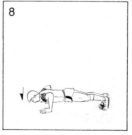 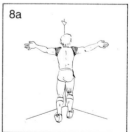

Aus mittlerer Beugestellung der Beine (Oberschenkel höchstens waagerecht) in Streckposition springen, 10–15 ×, 1–3 Serien. **Kreislaufbelastend!**

Ausgleich: Fußspitze anziehen, Rumpf vorbeugen, in Beugestellung 10–30 s verharren. **Gleichmäßig atmen!**

Liegestütz, dabei Hüfte strecken. 10–20 ×, 1–3 Serien. **Gleichmäßig atmen!**

Ausgleich: In einer Ecke stehen, Arme gestreckt, Schrittstellung, nach Ermessen vorgehen.

V 4: Fortgeschrittene unter 45 Jahre

9

Rückenlage, Füße aufgestellt, Anheben des Beckens (Schulterbrücke), 10–20×, 1–3 Serien.

9a
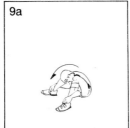
Ausgleich: Im Sitz mit den Armen die gebeugten Beine umfassen, Rücken rundmachen. **Gleichmäßig atmen!**

10

Rückenlage, Hüfte langsam anheben, Beine gewinkelt lassen, 8–15×, 1–3 Serien. **Gleichmäßig atmen!**

10a

Ausgleich: Rückenlage, entspannen, Bauch massieren.

11

Einbeinige Kniebeugen bis in Hochzehenstand, festhalten, je Bein 8–15×, 1–3 Serien.

11a

Ausgleich: Aus der Hocke Knie langsam strecken, Finger am Boden lassen. **Gleichmäßig atmen!**

12
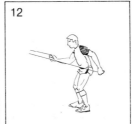
Diagonalarmzug mit Zugseil, 60–180 s, 3–5 Serien.

12a

Ausgleich: Unterarme fassen. Ellenbogen langsam nach hinten ziehen.

13

Bauchlage auf Kasten (Bank, Tisch, Bett) – Hüftgelenk frei beweglich –, Beine wechselweise oder gemeinsam bis zur Waagerechten strecken. **Nicht höher!** 10–20×, 1–3 Serien.

13a

Ausgleich: Rückenlage, Knie „neben die Ohren" bringen.

14

Aus dem Schwebesitz „Klappmesser", 10–20×, 1–3 Serien.

14a

Ausgleich: Hand nach rückwärts-unten zur gegenseitigen Kniekehle führen, leicht in die Knie gehen, wechseln.

  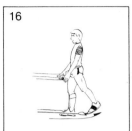 

15 Liegestütz rücklings, Hände auf Stuhl, 10–20×, 1–3 Serien.

15a Ausgleich: Unterarme fassen, Ellenbogen langsam nach hinten ziehen (möglichst im Sitz!).

16 Bein gegen Widerstand zurückführen, je Bein ca. 20–30×, 1–3 Serien.

16a Ausgleich: Aus der Hocke Knie langsam strecken, Finger am Boden lassen. **Gleichmäßig atmen!**

Ausdauer

Da das Ausdauertraining in dieser Zielgruppe möglichst differenziert durchgeführt werden sollte, wurde bewußt auf das Erstellen eines Laufprogramms verzichtet. Die folgenden Hinweise sollen Anhaltspunkte für ein individuelles Training geben.

Auch der Fortgeschrittene kann sich beim Lauftraining an der Pulsfrequenz orientieren. Die folgende Tabelle gilt für ausdauertrainierte Läufer, unabhängig davon, ob sie die Skilanglauftechniken beherrschen oder nicht.

Trainingspulsfrequenz für Ausdauertrainierte:

Ruhepulsfrequenz [Schl./min]	Alter [Jahre]		
	Unter 30	30–39	40–49
Unter 50	155	155	150
50–59	155	155	150
60–69	160	160	155
70–79	160	160	155
Über 80	165	160	155

● Die in der Tabelle angegebenen Werte gelten nur für kontinuierlichen Dauerlauf.

● Wenn Sie im fortgeschrittenen Trainingsprozeß auch einmal in wechselndem Gelände (Steigungen) trainieren wollen (was empfehlenswert ist) oder Dauerläufe mit wechselndem Tempo (Fahrtspiele) machen, können diese Werte (z. B. in Steigungen) um 10–20 Schl./min überschritten werden („natürliche Intervalle").

V 4: Fortgeschrittene unter 45 Jahre

● Dehnen Sie Ihre Läufe auf mindestens 30–50 min aus.

● Nach langen Läufen (über 60 min) sollten Sie für den Trainingsabschluß mit leichtem Traben und den entsprechenden Ausgleichsübungen mindestens 15 min einplanen. Der ambitionierte Skilangläufer sollte einmal wöchentlich einen solchen Dauerlauf durchführen.

● Ein Training auf Skirollern kommt der natürlichen Langlaufbewegung am nächsten und stellt somit die speziellste Form des langlaufspezifischen Ausdauertrainings dar! „Topleistungen" in der Loipe sind heute ohne spezielles Rollertraining kaum möglich.

Abschluß

Nach längeren Läufen zunächst im sehr langsamen Trab auslaufen, Atmung z. T. unterstützen: Beim Einatmen Arme nach oben strecken, beim Ausatmen Oberkörper „einrollen".

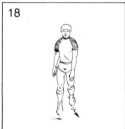

Beine ausschütteln.

Fußspitze anziehen, Rumpf vorbeugen, in Beugestellung 10–30 s verharren. **Gleichmäßig atmen!**

Oberkörper aufrecht, Hüfte langsam nach unten drücken, ca. 10–15 s halten.

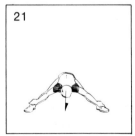

Grätschstellung, Rumpf langsam nach unten ziehen, Hände zu den Füßen, Knie strecken, in Beugestellung 10–30 s verharren. **Gleichmäßig atmen!**

Hüfte vorschieben, Fuß langsam nach oben ziehen, ca. 10–15 s halten.

Aufwärmprogramme

Hierbei handelt es sich um 4 Programme, die Sie vor Ihrer Skiwanderung bzw. vor dem Langlauftraining durchführen sollten. Auch hier haben wir uns wieder – wie bei den Vorbereitungsprogrammen – an die Eingruppierung nach Anfängern und Fortgeschrittenen gehalten.
Aufwärmprogramme für Anfänger beziehen mehr Übungen ein, die auf das folgende Lernen von neuen Techniken einstimmen und vorbereiten (z. B. Übungen für das Gleichgewicht). Bei den Programmen für Fortgeschrittene ist mehr der funktionelle Aspekt (Erhöhen aller Stoffwechselparameter, Vordehnung der wichtigsten Muskelgruppen) in den Vordergrund gestellt.

Denken Sie bitte immer daran, daß allein ein gut aufgewärmter, aber ermüdungsfreier Körper in der Lage ist, optimale (motorische) Leistungen und Lernerfolge zu erzielen.

		Seite
A 1:	**Ohne Ski für Anfänger**	**150**
A 2:	**Mit Ausrüstung für Anfänger**	**151**
A 3:	**Ohne Ski für Fortgeschrittene**	**152**
A 4:	**Mit Ausrüstung für Fortgeschrittene**	**153**

A 1: Ohne Ski für Anfänger

Suchen Sie sich einen Platz in der Nähe der Loipe, der folgende Kriterien erfüllt:

● Schneefreie oder festgetretene Schneefläche, auf der Sie gut umhergehen, -laufen und -springen können.

● Andere Skiläufer, Autofahrer und/oder Fußgänger sollten nicht behindert werden.

● Die Fläche darf nicht zu glatt sein.

● Sie sollten möglichst nicht allzuviele Autoabgase einatmen müssen. Wärmen Sie sich also nach Möglichkeit nicht direkt neben Straßen oder auf Parkplätzen auf.

● Legen Sie Ihre Ski auf einen sicheren Platz abseits der Piste oder stecken Sie sie dort in den Schnee.
Nach dem Aufwärmprogramm kurz lockern. Nun kann's losgehen. Aber beginnen Sie langsam!

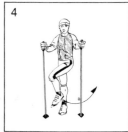

1. Gehen mit Stöcken (Skigang), bis hin zum langsamen Traben. Zwischendurch lockern, gehen.

2. Im Stand: Stöcke seitlich einstecken und ein Bein vor- und zurückschwingen, je Bein 10–20×.

3. Hopserlauf mit Stockeneinsatz. Wenn Sie dabei Schwierigkeiten haben, tragen Sie die Stöcke zunächst beim Hopserlauf, ohne sie einzustecken. Versuchen Sie dann nach und nach, die Stöcke einzubeziehen.

4. Im Stand: Stöcke seitlich vor dem Körper einstecken und ein Bein vor dem Körper hin- und herschwingen, je Bein 10–20×.

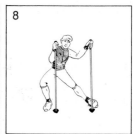

5. Im Stand: Stöcke gefaßt, Arme schwingen seitlich neben dem Körper, Impuls aus den Knien. Versuchen Sie, die Hand immer dann zu öffnen, wenn sie nach hinten ausschwingt, und den Stock dann nur noch mit Zeigefinger und Daumen zu führen bzw. ihn nur in der Schlaufe auspendeln zu lassen, ca. 30 s.

6. Im Stand: Wie Übung 2, jedoch ohne Einstecken der Stöcke. Versuchen Sie, die Arme gegengleich (diagonal) mitzuschwingen.

7. Im Stand: Stöcke weit seitlich einstecken, langsam in den Ausfallschritt gehen, ca. 10–30 s halten, dann das andere Bein vor.

8. Stöcke vor dem Körper einstecken, Grätschstand, ein Bein langsam beugen, Oberkörper in Richtung des gestreckten Beins beugen.

Anfänger 151

A2: Mit Ausrüstung für Anfänger

Benutzen Sie für dieses Aufwärmprogramm bitte keine gespurte Loipe, da Sie sonst andere Langläufer behindern könnten. Suchen Sie sich ein Fleckchen Schnee, auf dem Sie (und andere) ungestört sind.
Nach dem Programm kurz lockern und die ersten paar hundert Meter langsam locker einlaufen (besser „eingehen").

Umhergehen, dabei Stöcke noch nicht gezielt einsetzen, sondern nur als Balancehilfe. Probieren Sie verschiedene Arten des Gehens aus: stampfend gehen, gehen mit großen/kleinen Schritten, mit gebeugten/gestreckten Knien, etc. Bauen Sie viele Kurven, Kreise und Achten ein!

Seitliche Nachstellschritte („Treppenschritt") mit Stockeinsatz, Tempo steigern, zu jeder Seite mindestens 10–20 Schritte.

„Sterntreten", „Sonnemalen", „Kreishüpfen".

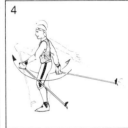
Im Stand: Stöcke gefaßt, Arme schwingen seitlich neben dem Körper, Impuls aus den Knien. Versuchen Sie, die Hand immer dann zu öffnen, wenn sie nach h'nten ausschwingt, und den Stock dann nur noch mit Zeigefinger und Daumen zu führen bzw. ihn nur in der Schlaufe auspendeln zu lassen, ca. 30 s.

Stöcke seitlich, Ski schulterbreit auseinander, Hüftkreisen, in jede Richtung 10×, lockern, wdh.

Beide Stöcke auf einer Seite einstecken, seitliches Abspreizen eines Beins (nicht zu weit), 8–15×, wechseln.

Ausfallschritt, 10–30 s halten.

Verwringen, hüftbreite Skistellung, Gesäßmuskulatur anspannen, langsam drehen, halten. **Gleichmäßig atmen!**

A3: Ohne Ski für Fortgeschrittene

Suchen Sie sich möglichst einen ebenen, festen, abgas- und rutschfreien Untergrund.

1. Traben, Hopserlauf und Gehen im Wechsel, ca. 3–5 min.

2. Grätschstellung: a) recken und strecken, Arme weit nach oben ziehen (Einatmung), b) dann Oberkörper nach vorn fallen lassen (Ausatmung).

3. Mit Stöcken (normal gefaßt) Schrittsprünge (maximal 10–15) und Hopserlauf mit Stockeinsatz im Wechsel.

4. Stöcke seitlich neben dem Körper eingesteckt, Sprünge und Hüpfer: 1. beidbeinig a) vor und zurück, b) re. und li., c) in der Hüfte verdrehen; 2. doppelfedern; 3. beidbeinig hüpfen, jeder dritte Hüpfer etwas höher, dabei kräftigen Armeinsatz.

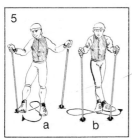

5. a) Stöcke weit seitlich eingesteckt, Achterschwünge eines Beins neben dem Körper, b) Stöcke weit vorn eingesteckt Achterschwünge eines Beins vor dem Körper, je 3–5 Achter.

6. Stöcke seitlich einstecken, weiten, tiefen Ausfallschritt, 15–30 s halten, wechseln.

7. Stöcke vor dem Körper, Grätschstand, ein Bein langsam beugen, Oberkörper in Richtung des gestreckten Beins beugen.

8. Ohne Stöcke: Mühlkreisen der Arme vor- und rückwärts, 10–20×, 1–3 Serien.

A4: Mit Ausrüstung für Fortgeschrittene

Benutzen Sie für dieses Aufwärmprogramm bitte keine belebte Loipe, da Sie sonst andere Langläufer behindern könnten. Suchen Sie sich ein Fleckchen Schnee, auf dem Sie (und andere) ungestört sind.

1 In einer Loipe (wenige Langläufer) oder in selbst gezogener Spur gehen Sie einige hundert Meter langsam ohne großen Krafteinsatz, ca. 5–7 min.

2 Aus der Spur treten und im ungespurten Schnee zunächst einige Kurven und Kreise gehen, anschließend einige gesprungene Diagonalschritte mit kräftigem Armeinsatz, aber wenig Raumgewinn (kein Gleiten), 2–3 min.

3 In die Hocke gehen (Vorsicht bei Knieproblemen), Stöcke weit seitlich-hinten einstecken und halten, 15–30 s.

4 Stöcke seitlich einstecken, langsam in den weiten Ausfallschritt rutschen, 15–30 s halten.

5 Stöcke vor dem Körper, Grätschstand, ein Bein langsam beugen, Oberkörper in Richtung des gestreckten Beins beugen.

6 Stöcke seitlich einstecken, weites Hüftkreisen, re. herum und li. herum, je 10–20 ×.

7 In der Spur Doppelstockschübe mit betonter Ein- und Ausatmung (keinen Wert auf Vortrieb oder Schnelligkeit, sondern nur auf den Atemrhythmus legen), 20–50 ×.

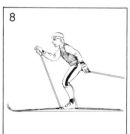

8 Diagonalschritte und diagonalen Stockeinsatz (ohne Beinarbeit) im Wechsel über mehrere hundert Meter.

Literatur

1. *Bauer, G., L. Pini:* Skispaß mit Kindern. Mosaik, München 1982
2. *Baumann, H., H. Reim:* Bewegungslehre, 1. Aufl. Diesterweg-Sauerländer, Aarau−Frankfurt/M.−Salzburg 1984
3. *Berg, A., M. Lehmann, J. Keul:* Körperliche Aktivität bei Gesunden und Koronarkranken. Thieme, Stuttgart−New York 1986
4. *Bergsland, E.:* På ski. Aschehong & Co, Oslo 1946
5. *de Marées, H., J. Mester:* Sportphysiologie, Bd. 1. Diesterweg-Sauerländer, Frankfurt−Aarau 1981 (Bd. 2: 1982; Bd. 3: 1984)
6. Deutscher Verband für das Skilehrwesen: Skilehrplan 4. Skilanglauf: Technik − Methodik − Praxis, 4. Aufl. BLV, München 1984
7. Deutscher Verband für das Skilehrwesen: Skilehrplan 5. Skilanglauf: Training − Ausrüstung − Mechanik, 1. Aufl. BLV, München 1985
8. *Dorner, A.:* Moderner Skilanglauf, 2. Aufl. Bergverlag R. Rother, München 1986
9. *Ehlenz, H., M. Grosser, E. Zimmermann:* Krafttraining. BLV, München−Wien−Zürich 1983
10. *Fricke, C.:* Basisunterricht auf Langlaufski − Eine Variante in der Methodik für nordische und alpine Skitechniken. In: Festschrift für Bernhard Abel. Lennarz, K. (Hrsg.), Köln 1978
11. *Gaisl, G.:* Der aerob-anaerobe Übergang und seine Bedeutung für die Trainingspraxis. Leistungssport 9 (1979), 235
12. *Größing, S.:* Einführung in die Sportdidaktik, 3. Aufl. Limpert, Bad Homburg 1981
13. *Harre, D.:* Trainingslehre − Einführung in die allgemeine Trainingsmethodik. Sportverlag, Berlin Ost 1980
14. *Hellwing, W., C. Schulte:* Angst im Skiunterricht. In: Dortmunder Schriften Sport. Aspekte von Lehre und Forschung, 1. Aufl. *Starischka, S., B. Gschwender, W. Hellwig* (Hrsg.). SFT Margit Starischka, 1985
15. *Hollmann, W., T. Hettinger:* Sportmedizin − Arbeits- und Trainingsgrundlagen. Schattauer, Stuttgart−New York 1980
16. *Horst, E.:* Wo fahre ich hin im neuen Skiwinter? Sport und Gesundheit 1 (1984)
17. *Jonath, U.:* Circuittraining. Rowohlt, Reinbek 1985
18. *Knebel, K.-P.:* Funktionsgymnastik. Rowohlt, Reinbek 1985
19. *Lagerstrøm, D.:* Grundlagen der Bewegungs- und Sporttherapie bei koronarer Herzkrankheit. Pharma Schwarz, Monheim 1981
20. *Lagerstrøm, D.:* Skiwandern für Ambulante Koronargruppen. Sport und Gesundheit 1 (1984)
21. *Lagerstrøm, D., B. Bjarnason:* Fit durch gezielte Gymnastik. perimed Fachbuch, Erlangen 1985
22. *Lagerstrøm, D., J. Graf:* Die richtige Trainingspulsfrequenz beim Ausdauersport. Herz, Sport und Gesundheit 1 (1986)
23. *Lagerstrøm, D., R. Jacob, E. Bunthoff, R. Rost, W. Hollmann:* Untersuchungen zur körperlichen Belastung von Koronarpatienten beim Skilanglaufen. In: Sport: Leistung und Gesundheit. Kongreßband Deutscher Sportärztekongreß 1982. *Heck, H., W. Hollmann, H. Liesen, R. Rost* (Hrsg.): Deutscher Ärzte-Verlag, Köln 1983
24. *Lagerstrøm, D., T. Stemper:* Ein Trainingsprogramm für Wochenend- und Urlaubs-Skiwanderer. Sport und Gesundheit 1 (1984)
25. *Lagerstrøm, D., T. Stemper:* Welcher Langlaufski und welcher Wanderski ist für Sie der richtige? Herz, Sport und Gesundheit 4 (1985)
26. *Lagerstrøm, D., K. Völker* (Hrsg.): Sport und Bewegung bei koronarer Herzkrankheit. Echo, Köln 1986
27. *Liesen, H., W. Hollmann:* Ausdauer und Stoffwechsel. Hofmann, Schorndorf 1981
28. *Løchen, J. F.:* Vi viste verden vinterveien. Aschehong & Co, Oslo 1952
29. *Reiter, T., R. Kerler:* Skilanglauf, Skiwandern: Ausrüstung und Techniken. Falken, Niedernhausen 1982
30. *Rost, R., W. Hollmann:* Belastungsuntersuchungen in der Praxis. Thieme, Stuttgart−New York 1982
31. *Schmagold, J.:* Skilanglaufpraxis mit Koronarsportlern. Sport und Gesundheit 1 (1984)
32. *Schmagold, J., J. Todtberg:* 5 Freunde machen Skilanglauf, 1. Aufl. Putty, Wuppertal 1984
33. *Stemper, T., D. Lagerstrøm:* Richtig laufen − eine Anleitung zu einem dosierten Lauftraining für „Untrainierte" und Koronarerkrankte. Sport und Gesundheit 2 (1984)
34. *Stemper, T., B. Schöttler, D. Lagerstrøm:* Fit durch Bewegungsspiele. perimed Fachbuch, Erlangen 1983

Literatur

35. *Vaage, J.:* Norske ski erobrer verden. Gyldendal, Oslo 1952
36. *Völker, K., Ø. Madsen, D. Lagerstrøm:* Fit durch Schwimmen. perimed Fachbuch, Erlangen 1983
37. *Weineck, J.:* Optimales Training. perimed, Erlangen 1980
38. *Wenger, U., A. Vogel:* Die neue Technik beim Skilanglauf – Siitonen – Finnstep – Skating. Sportinform, Oberhaching 1985
39. *Wenger, U., F. Wöllzenmüller:* Optimales Training für sportliche Langläufer. Sportinform, Oberhaching 1984
40. *Wöllzenmüller, F.:* Leichtes Lernen der Skilanglauf-Technik, 1. Aufl. Sportinform, Oberhaching 1984
41. *Wöllzenmüller, F.:* So finde ich meinen optimalen Langlaufski, 1. Aufl. Sportinform, Oberhaching 1984
42. *Wöllzenmüller, F., U. Wenger:* Optimales Wachsen von Langlaufski. Sportinform, Oberhaching 1984
43. *Wöllzenmüller, F., T. Wöllzenmüller:* Schneesichere Loipen. Sportinform, Oberhaching 1985

Glossar

Abstraktion: Gedanklicher Vorgang, bei dem z. B. eine Tätigkeit aus der Wirklichkeit herausgelöst wird.

Adaptation: Anpassung; körperliche Anpassungen infolge von Training sind z. B. Muskelwachstum oder verbesserte Leistungsfähigkeit des Herz-Kreislauf-Systems.

Adrenalin: Hormon, das im Nebennierenmark gebildet und vermehrt bei körperlichen oder seelischen Belastungszuständen (Streß) ausgeschüttet wird.

aerob: in Gegenwart von Sauerstoff; mit Sauerstoffverbrauch; von aeroben Belastungen spricht man, wenn das Sauerstoffangebot genau so groß ist wie die Sauerstoffmenge, die für die Energiegewinnung (z. B. bei der Muskelanspannung) benötigt wird; vor allem bei Dauerleistungen (Langlauf, Radfahren u. ä.) vorkommend.

affektive Lernziele: Ziele, die den Gefühlsbereich der Lernenden ansprechen.

Agonist: derjenige Muskel, der für einen bestimmten Bewegungsvorgang verantwortlich ist.

aktiver Bewegungsapparat: die Muskulatur.

akustischer Analysator: das Ohr.

anaerob: ohne Beteiligung von Sauerstoff; von anaeroben Belastungen spricht man, wenn die Energiebereitstellung in der Muskulatur durch chemische Prozesse ohne die Beteiligung von Sauerstoff abläuft; charakteristisch vor allem für relativ hohe Belastungen bis zu etwa 90 s Dauer.

Analysator: hier: Organ, das Informationen im Körper aufnimmt, weiterleitet und z. T. verarbeitet.

Angina pectoris: „Herzenge"; Anfälle von Schmerzen in der Brustseite.

Antagonist: gegenwirkender Muskel bei einer Bewegung; z. B. ist bei der Streckung des Beins (Vorschwingen des Unterschenkels) die Muskelgruppe der Oberschenkelvorderseite der „Wirker" (Agonist), während die Muskulatur der Rückseite „Gegenwirker" bzw. „Bremser" (Antagonist) ist.

Antizipation: gedankliche Vorausnahme des Verlaufs und des Ergebnisses einer Handlung bzw. Bewegung.

Automation: unbewußter, routinemäßiger Ablauf von Vorgängen bzw. Bewegungen.

Automatisation: dritte Stufe des motorischen Lernvorgangs (Bewegungslernen), auf der die Bewegung ohne bewußtwerdende Steuerung abläuft.

azyklisch: ungleichartig; in azyklischen Bewegungen werden ungleichartige Bewegungsteile miteinander zu einer neuen Bewegung verbunden, wie z. B. beim Wurf, Stoß, Sprung.

Glossar

Belastbarkeit: die zumutbare Leistung, die ohne gesundheitliche Gefährdung erbracht werden kann; sie ist häufig geringer als nur kurzfristig erbringbare Leistung.

Belastungsnormative: veränderliche Größen, z. B. Umfang, Dauer, welche die Höhe der Belastung bestimmen.

Belastungsreiz (überschwelliger): körperliche Beanspruchung, die zu einer Leistungssteigerung führt.

Belastungstest (körperlicher): Test zur Feststellung der körperlichen Belastbarkeit (z. B. Fahrradergometertest).

Beweglichkeit: motorische Eigenschaft, die eine von anatomischen, physiologischen und neurologischen Faktoren abhängige, allgemeine Fähigkeit zur Ausführung von Bewegungen bezeichnet.

Bewegungsapparat: s. aktiver/passiver Bewegungsapparat.

Bewegungsdynamik: Spiel der äußeren und inneren Kräfte einer Bewegung.

Bewegungsentwurf: interne Ausführungsvorschrift des sensomotorischen Systems zur Realisierung sensomotorischer Fertigkeiten bzw. Handlungen.

Bewegungsmangel: ungenügende Stimulation des Organismus durch motorische Aktivitäten.

Bewegungsökonomie: „Wirtschaftlichkeit" des Energieeinsatzes bei sportlichen Bewegungen mit dem Ziel einer größtmöglichen Leistung.

Bewegungszyklus: wiederkehrender Ablauf einer Bewegung.

Cortex: Rinde, Schale; die Großhirnrinde (Cortex cerebri) enthält u. a. den Motocortex, in dem Bewegungen kurzzeitig gespeichert werden und der auch als Ort der Ausarbeitung von Bewegungsprogrammen gilt.

Dehnübung: Übung zur Steigerung der Beweglichkeit der Gelenksysteme durch Dehnungsbelastung der dazugehörigen Muskeln.

Determinanten: bestimmende Faktoren; Bestimmungsgrößen.

Diastole: Ruhephase des Herzens.

Didaktik: Teilgebiet der Erziehungswissenschaft, die im weiteren Sinn als umfassende „Lehre vom Unterricht", im engeren Sinn als „Lehre von den Unterrichtszielen und -inhalten" gilt.

Differenzierung: hier: Bereitstellung unterschiedlicher Lernwege und Lernmöglichkeiten, durch die der Lernende seinem Lerntempo und seinem Leistungsniveau individuell angepaßt gefördert werden kann.

EKG: Abkürzung für Elektrokardiogramm; Aufzeichnung der elektrischen Spannungsschwankungen der Herzaktion.

Entspannungsübung: spezielle gymnastische Übung zur Entwicklung der Fähigkeit, die Muskulatur bewußt entspannen zu können.

Ergometrie: Methode zur Bestimmung der Leistungsfähigkeit des Herz-Kreislauf-Systems und damit der Belastbarkeit erkrankter Personen.

Extrasystolen: Herzschläge außerhalb der normalen Schlagfolge (Sinusrhythmus).

Extremitäten: Gliedmaßen (Arme, Beine).

Fahrradergometrie: Messung der körperlichen Leistung unter bestimmten Bedingungen (Ergometrie) auf einem Spezialfahrrad; sie stellt vor allem eine weit verbreitete Belastungsprüfung des Herzens dar.

Faszie: breit ausgedehnte, sehnenartige Hülle um Muskeln oder deren sehnenartige Fortsetzungen.

Feinform: zweite Stufe des Bewegungslernens; fehlerfreie Bewegungsausführung unter gewohnten Bedingungen.

Finnenschritt oder Finnstep: einseitiger Schlittschuhschritt, der vorwiegend in einer gespurten Loipe angewandt werden kann.

Firnschnee: Altschnee, der durch ein „Antauen" der Oberfläche und anschließendes Gefrieren eine feste, tragende Oberfläche hat; Firnschnee ist meist in den frühen Vormittagsstunden vorzufinden, nachmittags wird der Schnee durch Sonneneinstrahlung wieder weich, und „man bricht ein".

Fitneß: Lebenstauglichkeit des Menschen sowie dessen aktuelle Eignung für beabsichtigte Handlungen; der vollständige Fitneßbegriff beinhaltet körperliches, geistiges und seelisches Wohlbefinden; im engeren Sinn: gute sportliche Leistungsfähigkeit.

Flexibilität: Bewegungsfähigkeit in einem oder mehreren Gelenken.

Frequenz: Anzahl der Schwingungen oder Wiederholungen ein und derselben Bewegung oder anderer Ereignisse pro Zeiteinheit (z. B. Schlagfrequenz, Schrittfrequenz).

Frustration: Erlebnis einer Enttäuschung durch zu hoch gesteckte Erwartungen.

Gelenkigkeit: motorische Eigenschaft, die durch den Aktionsradius der Gelenke bestimmt ist.

Geschicklichkeit: Fähigkeit zur Beherrschung von Bewegungsabläufen sowie zu deren Änderung auf andere Handlungsabläufe infolge sich ändernder Situationen.

Gewandtheit: motorische Eigenschaft, die durch Koordinationsfähigkeit und Geschicklichkeit gekennzeichnet ist; im Gegensatz zur Geschicklichkeit weist sie keinen besonderen situationsbedingten Bezug auf, sondern bezieht sich nur auf den Bewegungsablauf als solchen.

Gleichgewicht: motorische Grundeigenschaft des Menschen, die ihn dazu befähigt, den eigenen oder auch einen fremden Körper, der sich in einer instabilen Lage befindet, in der vorhandenen labilen Lage zu belassen.

Gleichgewichtsübung: Übung zur Herstellung des körperlichen Gleichgewichts bei bestimmten Bewegungen oder Haltungen.

Grobform: erste Stufe des Bewegungslernens; alle wesentlichen Merkmale der angestrebten Bewegung sind vorhanden, es treten jedoch noch Mängel bei der Bewegungsausführung auf.

gruppendynamisch: das Entstehen und die Entwicklung von Gruppen betreffend; die gruppendynamische Forschung im Sport versucht vor allem die zwischenmenschlichen Beziehungen in Gruppen zu erkennen und ihren Einfluß auf z. B. Spielleistung und Motivation darzustellen.

Haltung: Körperstellung.

Herzfrequenz: Schlagzahl des Herzens (Schläge pro Minute).

Glossar

Herzinfarkt: durch Sauerstoffmangel verursachter Untergang eines Herzmuskelabschnitts, zumeist durch Unterbrechung der Durchblutung in den Herzkranzgefäßen.

Herzkranzgefäße: Blutgefäße, die das Herz selbst versorgen.

Herzrhythmusstörungen: unregelmäßige Schlagfolge des Herzens (z. B. Extrasystolie).

heterogen: ungleichartig zusammengesetzt; z. B. heterogene Gruppen.

Homöostase: Gleichgewichtszustand bestimmter Prozesse und Funktionsabläufe im Organismus, der sich in weitgehender Unveränderlichkeit, z. B. von Körpertemperatur, ausdrückt.

Homogenität: Gleichartigkeit.

Hormon: körpereigener Wirkstoff, der von bestimmten Drüsen gebildet und ins Blut abgegeben wird.

Hypertrophie: Vergrößerung der einzelnen Zellen eines Organs (zum Beispiel des Muskels).

Hypophysenhinterlappen: zweiter Hauptteil der Hirnanhangdrüse; das antidiuretische Hormon wird dort gespeichert.

Hypothalamus: dem vegetativen (unwillkürlichen) Nervensystem übergeordnetes Zentrum, welches die wichtigsten Regulationsvorgänge des Organismus zusammenfassend leitet.

Impuls: hier: Anstoß, Anregung.

Inaktivität: Untätigkeit.

Individualisierung: Forderung, die Möglichkeiten des einzelnen im Lernprozeß weitestgehend zu berücksichtigen.

instabil: unbeständig.

Interaktion: eine Beziehung oder Wechselwirkung zwischen verschiedenen Personen.

Intervall: Pause, Zeitspanne.

Intervalltraining: Training mit geplantem Wechsel von Belastungs- und Erholungsphasen.

Kapazität: Vermögen; Fassungs- oder Speichervermögen.

kardial: das Herz betreffend; z. B. kardiale Überforderung.

Katabolismus: Abbauvorgänge.

Katecholamine: „Streßhormone", z. B. Adrenalin und Noradrenalin.

kinästhetischer Analysator: Muskel- und Sehnenrezeptoren, die Aufschluß über Gelenkstellungen, Verkürzungs- und Spannungszustand der Muskulatur und damit über die gesamte Haltung/Stellung des Körpers geben.

Kinetik: ein Teilgebiet der Dynamik; sie untersucht die Zusammenhänge zwischen den auf einen Körper wirkenden Kräften und den durch sie hervorgerufenen Bewegungen.

Klister: spezielle Form eines Steigwachses, welches in Tuben angeboten wird; sehr klebrige, teilweise zähe Masse, die vor allem für Schneeformen verwendet wird, bei der die einzelnen Schneekristalle ihre Form verloren haben.

Körperschema: schematisches Bild des eigenen Körpers, das sich aus Raum-, Zeit- und Bewegungserfahrung ergibt.

kognitive Lernziele: Lernziele, die den Wissensbereich des Lernenden betreffen.

Kompensation: Ausgleich.

Komponente: Bestandteil eines Ganzen.

Kondition: Faktor der (sportlichen) Leistungsfähigkeit des Menschen, welcher durch den Ausprägungsgrad der motorischen Grundeigenschaften (Ausdauer, Kraft, Schnelligkeit, Flexibilität und Koordination) bestimmt wird.

Kontraindikation: Gegenanzeige; Grund, ein Mittel oder Verfahren nicht anzuwenden.

kooperativ: zusammenwirkend.

Koordination: Zusammenwirken von Zentralnervensystem und Skelettmuskulatur innerhalb eines gezielten Bewegungsablaufs.

Koordinationsstörung: Sammelbezeichnung für Störungen der Koordination, z. B. unangemessene, weit ausholende Bewegungen.

Koronarien: Herzkranzgefäße, d. h. die Blutgefäße, die das Herz selbst versorgen.

Koronarpatient: Patient mit krankhaft veränderten Herzkranzgefäßen.

Koronarreserve: der Betrag, um den die Durchblutung der Herzkranzgefäße gesteigert werden kann.

Kraftausdauer: Fähigkeit, die Muskelanspannung bei statischer oder dynamischer Arbeit über eine längere Zeitspanne aufrechtzuerhalten bzw. in gleicher Weise zu wiederholen.

Laktat: siehe Milchsäure.

Leistung: Arbeit pro Zeiteinheit.

Leistungsdiagnostik: Verfahren zur Feststellung des Leistungs- und Funktionszustands.

Leistungsfähigkeit: Gesamtheit der Voraussetzungen des Individuums für körperliche Leistungen.

Leistungsfähigkeit, sportliche: maximal zu realisierende Leistung unter Ausschöpfung aller Reserven in bestimmten Sportarten/-disziplinen.

Leistungsniveau, körperliches: Ausprägungsgrad der körperlichen Leistungsfähigkeit.

Lernpsychologie: Teilgebiet der Psychologie (= Lehre von der Seele, vom Geist), das sich mit den Gesetzmäßigkeiten des Lernens befaßt.

„life time"-Sportart: Sportart, die in frühen Jahren gelernt und bis ins Alter betrieben werden kann.

limbisches System: Großhirnabschnitte, die in der Mitte des Gehirns liegen und als Abrufzentrale für Bewegungsentwürfe und emotionale „Färbungen" gelten und in denen eigehende Informationen kurzzeitig gespeichert werden.

Lockerungsübungen: Übungen zur Entspannung von Gelenksystemen oder Aufwärmung der Muskulatur, um diese in Funktion zu setzen oder nach Belastung den Erholungsvorgang zu beschleunigen.

Loipenprofil: Kartenzeichnung, die neben dem Verlauf der Loipe Aufschluß über die Anstiege und Abfahrten gibt, die die Loipe vorweist.

Glossar

Maximalkraft: die jeweils größte Kraftwirkung, die ein bestimmter Muskel oder eine bestimmte Muskelgruppe durch Anpassung erzielen kann.

Methodik: Lehre von der Handhabung der Unterrichtsverfahren.

Milchsäure: Stoffwechselendprodukt, das bei hohen (d. h. anaeroben) Belastungen entsteht.

Motivation: Gesamtheit der Beweggründe für eine Handlung.

motorische Eigenschaften: Bedingungsfaktoren menschlicher Bewegungsleistung.

motorische Einheit: besteht aus einem Neuron des Rückenmarks und den von ihm versorgten Muskelfasern.

Muskelspindel: fibröse Hülle, die der Arbeitsmuskulatur ähnliche, quergestreifte Muskelfasern mit eigenen Endplatten enthält; die Muskelspindel dient der Auslösung von Eigenreflexen des Muskels bei Dehnung und damit der Bewegungskoordination.

Muskeltonus: Spannungszustand des Muskels.

Myofibrille: kontraktiles Strukturelement des Muskels.

Myofilament: Grundbestandteil der kontraktilen Substanz der Muskelzelle.

natürliche Intervalle: wechselnde Trainingsintensitäten, die durch äußere Gegebenheiten bestimmt werden (z. B. Geländeanstiege).

Neurose: nicht organisch bedingte Form der unangemessenen, abnormen Erlebnisreaktion; sie führt zu Fehlleistungen auf körperlichem und seelischem Gebiet (z. B. Angstneurose).

optischer Analysator: das Auge.

Organ: Teil des Körpers, der eine Einheit mit bestimmten Wirkungsweisen bildet, z. B. Herz, Muskel.

Organsystem: Gruppe von Organen.

orthostatische Reaktion: Senkung des arteriellen Blutdrucks unter eine kritische Schwelle mit daraus folgender Reduzierung der Gehirndurchblutung und anschließender Ohnmacht.

Pädagogik: Erziehungswissenschaft.

Paraffin: Wachs, welches die Gleiteigenschaften eines Skis verbessert.

passiver Bewegungsapparat: Skelettsystem, Bänder, Sehnen.

Peripherie: Randgebiete.

Phänomen: Erscheinung; das dem Denken oder Sehen Zugängliche.

Philanthrop: Menschenfreund.

Philosophie: Wissenschaft, die sich bemüht, die Zusammenhänge hinter den Erscheinungen des Lebens zu ergründen (Philosophie = Liebe zur Weisheit).

Physiologie: Wissenschaft, die sich mit den normalen Lebensvorgängen, den Funktionen des menschlichen Organismus befaßt.

Plastizität: Eigenschaft des Muskels, nach einer Dehnung nicht exakt wieder die Ausgangslänge einzunehmen.

Präsenzzeit: Zeitspanne, in der erlebte Inhalte noch im Bewußtsein gegenwärtig sind.

Prävention: vorbeugende Gesundheitspflege.

Preßatmung: Anhalten des Atems mit gleichzeitiger maximaler Bauchmuskelanspannung zum Zweck der Stabilisation.

primär: die Grundlage bildend; wesentlich; erstrangig.

Primärmotivation: hauptsächlicher bzw. erster Beweggrund für eine Handlung (eigentlich Primärmotiv).

Progression: Steigerung; Fortschreiten.

Prophylaxe: Verhütung von Krankheiten; Vorbeugung.

psychogen: seelisch bedingt.

Pulsfrequenz: s. Herzfrequenz.

Reaktion: Antwort des Organismus auf einen Reiz oder ein Signal.

Reduktion: Senkung; Abnahme.

Reflex: unwillkürliche Antwort auf einen Reiz.

Regelkreis: Form der Darstellung von Funktionsweisen in einem Regelmechanismus; bei einem Lernvorgang z. B. wird die Steuerung und Verbesserung des Lernenden als ständiger Kreisprozeß gedacht: Bewegungsausführung des Lernenden – Analyse der Bewegung durch den Lehrer – Eingabe der Korrektur durch den Lehrer – Bewegungsausführung des Lernenden – usw.

Rehabilitation: das Bemühen, den arbeitsunfähig gewordenen Menschen (Krankheit, Unfall) mit geeigneten Methoden gesundheitlich, sozial, wirtschaftlich und beruflich wieder in die Gesellschaft einzugliedern; eine Methode unter anderen ist der Sport.

Reiz: Eigenschaft, die in der behavioristischen Theorie als reizauslösender Faktor innerhalb oder außerhalb des Organismus bezeichnet wird.

Reizschwelle: Mindestreizgröße zur Auslösung einer Erregung oder Empfindung.

Rezeptor: Empfangsorgan zur Aufnahme eines Reizes (z. B. in der Haut oder in inneren Organen).

Ruhepuls: Unter Ruhepulsfrequenz wird hier die Frequenz verstanden, die morgens nach dem Aufwachen gemessen wird; jene Pulsfrequenz, die vor Beginn sportlicher Betätigung gemessen wird, kann von der Ruhepulsfrequenz erheblich abweichen (z. B. aufgrund von Nahrungsaufnahme, Kaffeegenuß, Streß, vorhergehender körperlicher Arbeit).

Sauerstoffaufnahme: die vom Organismus in einer bestimmten Zeiteinheit durch Atmung aufgenommene Sauerstoffmenge.

Sekundärmotivation: untergeordneter oder zweitrangiger Beweggrund des Handelns.

Sensomotorik: Bereich, der sich mit der Kontrollfunktion zwischen Wahrnehmung und Bewegung im Rahmen von Handlungsausführungen beschäftigt.

sensorisch: auf die Sinne (Nase, Auge, Berührungsempfinden) bezogen.

Glossar

Siitonenschritt: nach seinem „Erfinder", Pauli Siitonen, der ihn erstmals bei einem großen, internationalen Volkslauf erfolgreich anwandte, genannter, einseitiger Schlittschuhschritt (vgl. auch Finnstep/Finnenschritt).

Skating: Schlittschuhschritt (beidseitig).

Sollwert: vorgegebener Wert, z. B. bestimmte Bewegungsausführung oder Trainingspulsfrequenz, die erreicht werden soll.

Statik: sie untersucht, unter welchen Kräftebedingungen sich ein Körper im Zustand der Ruhe befindet.

Stoffwechsel: Gesamtheit der chemischen Umwandlungen, denen körpereigene und mit der Nahrung zugeführte Stoffe unterworfen sind.

Stretching: Methode zur Muskeldehnung, die nach dem System „Anspannung – Entspannung – Dehnung" durchgeführt wird; der wesentliche Unterschied zu anderen Dehnungsübungen liegt darin, daß beim Stretching die eingenommene Dehnposition über längere Zeit beibehalten wird, ohne nachzufedern.

Strukturaufbau: s. Anabolismus.

Substanzverlust: s. Katabolismus.

Superkompensation: Phase nach einem überschwelligen Training, in der die Leistungsfähigkeit höher ist als vor dem Training.

synchron: gleichzeitig.

taktil: durch Berührung.

Teilfertigkeit: Teil einer zusammengesetzten Bewegung.

Telemetrie: drahtlose Übermittlung von Meßdaten, z. B. der Herzfrequenz.

Therapie: Kranken- und Heilbehandlung.

Thermoregulation: Steuerung der Temperatur.

Thermorezeptor: Empfangsorgan, das die (Körper-)Temperatur mißt.

Training: Prozeß mit dem Ziel der planmäßigen Einwirkung auf die Leistungsfähigkeit.

Trainingsanpassung: Veränderungen aufgrund überschwelliger Reize.

Trainingsbelastung: körperliche, geistige und seelische Anforderung an den Sportler durch Training.

Trainingseinheit: kleinste organisierte Einheit im Trainingsaufbau.

Trainingshäufigkeit: Anzahl der Trainingseinheiten in einem bestimmten Zeitabschnitt.

Trainingsintensität: Bestandteil der Gesamtbelastung; die Höhe der Intensität bezieht sich auf den Anteil (z. B. in Prozent) an der maximalen Leistungsfähigkeit.

Trainingslehre: Disziplin der Sportwissenschaft, die die Inhalte des sportlichen Trainings, der sportlichen Höchstleistung und des sportlichen Wettkampfs unter dem Leitaspekt der Methodik zum Gegenstand hat.

Trainingsprinzipien: Leitlinien des Trainingsprozesses.

Trainingsreiz, überschwelliger: Reiz, der zu körperlicher Anpassung führt.

Trainingszustand: Stand der Leistungsfähigkeit durch Trainingsbelastungen.

Variation: Abänderung.

Vasokonstriktion: Engstellung der Blutgefäße.

vegetative Umstellung: Veränderungen im unwillkürlichen, dem Willen nicht unterworfenen Nervensystem.

Venen: Blutgefäße, in denen das Blut zum Herzen fließt.

verbal: sprachlich; gesprochen.

visuell: das Sehen betreffend; für das Auge sichtbar.

Vordehnung: Zustand vor maximalem Kontraktionszustand; die Größe der mechanischen Vordehnung einer Muskelfaser ist mitbestimmend für die leistbare Kraft bzw. für die Größe der Verkürzungsstrecke.

Watt: physikalische Einheit der Leistung ($1 \text{ kp} \cdot \text{m} \cdot \text{s}^{-1} = 9{,}81 \text{ W}$).

Wirkungsgrad: das Verhältnis von der in äußere Arbeit umgewandelten Energie zur aufgewandten Energie.

Zentralnervensystem: dazu zählen Gehirn und Rückenmark.

Sachregister

Abbauprozeß 102
Abdruck 40, 81
Abdruckarbeit 75
Abdruckbewegung 107
Abdruckphase 87
Abfahrt 80, 81, 83
Abfahrthaltung 80
Abfahrtstellung 80
Abfahrtübung 80
Abstoßbein 94
Akklimatisation 29
Altersveränderung 27, 28
Analysator, akustischer 59
–, kinästhetischer 59
–, optischer 59, 61
–, taktiler 59
–, statikodynamischer 59, 62 f.
Anfahrtsweg 47
Angst 55, 63 ff., 80, 81
Angstbewältigung 65
Anpassungserscheinungen 32
Anpassungsgeschwindigkeit 23
Anpassungsphase 118
Anpassungsprozeß, biologischer 101
–, enzymatischer 24
Anpassungsstufen 29
Anpassungsvorgang 101
Anschnallen 68
Antagonist 108
Arterienverkalkung 33
Atemfrequenz 26, 63, 115, 116, 128
Atmung 117
Aufbauprozeß 102
Aufbautraining 104, 120
Aufkanten 83
Aufstehen 70, 71
Aufstiegstechnik 86 ff.
Aufwärmung 119, 120, 124, 126
Ausdauer, aerobe 24
–, allgemein aerobe 127
–, lokale 105, 106
Ausdauerleistungsfähigkeit 104, 113

Ausdauertraining 33, 102, 104, 109, 110, 112, 114, 116, 118, 124, 125, 127 f.
–, aerobes 105
Austauertrainingszustand 112
Ausgleichsübung 127
Außenski 89
Ausstemmen 82
Auswinkeln 82
Automatisation 61, 62

Bänder 106
Bauchmuskeln 108
Bauerskilaufen 11
Baut 97
Beinabstoß 90, 92
Bekleidung 42 ff.
–, „Zwiebelprinzip" 42
–, Chemiefaser 43
Belastbarkeit 113
Belastung, leistungsangepaßte 102, 104
–, vielseitige 102
Belastungsempfinden 115
Belastungserhöhung 102
Belastungsdauer 109, 116
Belastungsdosierung 108 ff., 116, 125
Belastungsgefühl 115
Belastungsgrenzen 104
Belastungsintensität 24, 106, 107, 110, 111, 113, 114, 116
Belastungskontrolle 27
Belastungskriterien, objektive 110
–, subjektive 110
Belastungsnormative 108, 109
Belastungsprinzipien 121
Belastungssteuerung 110, 116
Belastungsumfang 102, 109
Belastungsuntersuchung 27, 113
Bergseite 96
Bergski 89, 96
Bergstock 89
Betarezeptorenblocker 112

Beweglichkeit 104, 107, 126
Beweglichkeitstraining 116
Bewegungsablauf 57, 59, 62, 92
Bewegungsapparat 18, 22, 28, 106
–, aktiver 18 ff.
–, passiver 22 ff.
Bewegungsarmut 17
Bewegungsausführung 58, 61
Bewegungsausmaß 108
Bewegungsbeschreibung 74
Bewegungsempfinden 59
Bewegungsentwurf 25, 61
Bewegungslernen 56, 60
Bewegungsmuster 82
Bewegungsqualität 118
Bewegungsvorstellung 58
Blasen 43
Blutdruck 32, 63
Blutkörperchen, rote 29
Bindung 69
Bogenlaufen 86, 89
Bogentreten 79, 82, 84 ff., 94
Breitensport 104, 116
Breitensportler 116, 118
Bremsen 82
Bremstechnik 83
Bremswirkung 83

Chemiefaser 43
Christiania 12
Cool-Down 119, 120, 128
Cortex 25
CRS-Methode 22, 108

Dauermethode 105
Dauertraining 24
Dehnfähigkeit 22
Dehnungsübung 108, 117, 128
Demonstration 74
Diagonalgang 74, 75, 77, 79, 90
Diagonalschritt 74, 75, 76, 77, 78, 79, 81, 82, 86, 90
Digitalispräparate 112

Sachregister

Doppelstockschub 84, 90, 91, 92, 94, 96, 104
Dosierung 112

Einatmen 91
Einstimmung 126
Elastizität 22
Elastizitätsverlust 27
Energiebereitstellung, aerobe 24, 105
–, anaerobe 20
–, laktazide 23
Entspannung 128
Entspannungsübung 126
Erfrierungsgefahr 31
Erholungsphase 121, 125
Erholungswert 47
Erkältung 33, 43, 128
Ermüdung 62
Ernährung 121 f., 128
–, kohlenhydratreiche 121

Fähigkeiten, konditionelle 56, 104 ff.
–, koordinative 56
Fahrradergometer 111
Fehleinschätzung 65
Feinform 67
Feinkoordinaten 61, 62, 63
Fette 23
Fettstoffwechsel 33
Fettverbrennung 109
Fibrille 19
Filament 18
Finnenschritt siehe Finnstep
Finnstep 41, 96, 97
Flüssigkeit 122
Flüssigkeitsbedarf 29
Flüssigkeitsverlust 27
Föhn 32
Formschwankung 104
Freizeitangebot 47
FT-Faser 19, 20, 33
Furcht 63

Gelände 45, 70
Geländegängigkeit 98
Gelenke 106
Gesetzmäßigkeiten, biologische 100
Gesundheitssportler 118
Getränke 121
Gewöhnungsübungen 67, 68 ff.

Gleichgewicht 62
Gleichgewichtsschulung 63
Gleichgewichtsvermögen 63
Gleiten 83
Gleitphase 86
Glykogendepot 104
Glykolyse 24
Goretex 36
Grätenschritt 86, 87, 88, 89
Grönlandüberquerung 16, 17
Grobform 61
Grobkoordination 61 f.
Grundlagenausdauer 104, 105
Gruppenkurse 48

Halbgrätenschritt 88, 89
Halbpflug 82
Halbschlittschuhschritt 41, 74, 90, 95 f.
Halbtreppenschritt 86, 89
Handschuhe 43
Herzfrequenz siehe Pulsfrequenz
Herzgruppen 49, 68, 94
Herzkranke 48, 49
Herzmuskel 32
Herzrhythmusstörung 27
Hinfallen 70, 71
Hitzestau 42
Höhe 28, 29
Höhenanpassung 104
Höhenbedingungen 104
Höhenprofil 45
Höhenregionen 28, 29
–, alpine 28, 29, 47
–, hochalpine 29
–, subalpine 28
–, Tiefland 28
Hochgebirge 51
Holmenkollen-Rennen 15
Huseby-Rennen 15
Hypoxiebedingung 28

Infekt 128
Individualisierung 54
Intensitätssteuerung 112, 115, 117
Intervallmethode 106, 107, 110
–, extensive 106
Intervalltraining 109
Imitationsübung 22, 27, 93, 104, 106, 107
isometrische Muskelkontraktion 22

Kapazitätserhöhung 103
Kapillarisierung 32
Katecholamin 63
Kleidung, funktionelle 57
Klimaeinflüsse 112
Klimafaktoren 28 ff.
Knochen 106
Körperbeanspruchung 101
Körperbewußtsein 55
Körperbild 59
Körperfunktion 101
Körperlängsachse 74
Körperschwerpunkt 87
Körperwahrnehmung 117
Körperwahrnehmungsschulung 22
Kohlenhydrat 23
Kohlenhydratreserve 121
Kombinationsrennen 15
konditionelle Fähigkeiten 56
Konditionsgymnastik 127
Konditionstraining 118, 120, 121
Kontraktionsgeschwindigkeit 21
Kontraktionsrückstand 108
Konzentration 28
Koordinationsverbesserung 106
koordinative Fähigkeiten 56
Kopfbedeckung 43
Korrektur 60, 61
Korrekturhilfen 60
Kraft 104, 106 ff., 126
Kraftausdauer 22, 104, 106, 118, 126
Kraftausdauerübung 109
kräftigende Übungen 126
Krafttraining 106, 107, 109, 116
Kraftübung 116
Kreativität 81
Kreislauffunktion 28
Kreislaufregulation 28

Laktatmessung 113
Langlaufkurse 48
Langlaufschule 47
Laufgeschwindigkeit 112, 113, 118
Lawinengefahr 51
Lawinenwarndienst 51
Lehrprozeß 53 ff., 67
Leistungseinbußen, höhenbedingte 30
Leistungsfähigkeit 32, 101
Leistungssteigerung 102
Lernatmosphäre 65
Lernbedingungen 62
Lernen, motorisches 25 ff., 53, 56 ff., 63

Sachregister

Lernen, spielerisches 72
Lernhemmung 65
Lernphasen 61
Lernprozeß 53 ff., 81
Lernvermögen, motorisches 102
Lernverlauf 60
Lernvoraussetzungen 120
–, äußere 57
–, materiale 56 ff.
–, organisatorische 58
Lernziel, kognitives 55
limbisches System 25
Linienaufstellung 76
Lockerungsübung 120, 121, 125, 128

Maßnahmen, physikalische 121
Maximalkraft 21, 105, 110
Maximalpulsfrequenz 110, 111, 113, 114
Medikamente 112
Methodik 67
methodische Grundregeln 67
methodischer Weg 68
Mikroschuppenski 40
Mineraldrink 122
Mineralstoffe 122
Motoneuron 19
motorische Einheit 19
motorisches Lernen 25 ff., 53, 56 ff.
Muskelfaser 18, 19
Muskelhülle 22
Muskelhypertrophie 106
Muskelkater 124
Muskelkontraktion 18, 19
Muskelkraft 21
Muskelspannung 21, 106
Muskelstrang 18, 19
Muskelverletzung 108
Muskelverspannung 108
Muskelvordehnung 106
Muskelzellen 18, 32

Nahrungsmittel 121
Nervenleitgeschwindigkeit 120
Nierentasche 44
Nordischer Skilauf 15
Nowax-Ski 35, 38, 39, 40

Oberbekleidung 43
Olympische Winterspiele 16

pädagogisches Prinzip 53
Parallelspur 27, 76, 77
Partner 92
Paßgang 81
Pausendauer 109
Pausengestaltung 110
Pflaster 44
Pflug 82, 83, 84
Pflugstellung 84
Phosphatbindung, energiereiche 23
physikalische Maßnahme 121
Preßatmung 117, 125
Preßatmungsgefahr 70
Prinzip, pädagogisches 53
Programmaufbau 120
Pullover 43
Pulsfrequenz 26, 27, 30, 32, 63, 106, 110, 111, 112, 113, 125, 128
pulsfrequenzbeeinflussende Faktoren 26
Pulsfrequenzhöhe 110

Regelkreis, äußerer 62
Regenerationsphase 128
Reiz 125
Rettungsfolie 44
Richtungsänderung 84
Rollerfahren 79
Rollertraining 104
Rucksack 44
Rückenmuskulatur 91
Ruhepulsfrequenz 110, 112, 113, 115

Sarkomer 18
Sauerstoffaufnahme 104
Sauerstoffbedarf 32, 108
Sauerstoffpartialdruck 28, 29
Sauerstofftransportkapazität 29
Sauerstoffverbrauch 105
Saunieren 121
Schlaf 128
Schlittschuhschritt 41, 74, 79, 85, 93, 94, 95
Schneetraining 118, 120, 121
Schneewahl 57
Schnellinformation 50
Schnellkraft 107
Schrägfahrt 96
Schrittsprung 107
Schweiß 122
Schwungphase 75

Sehnen 106
Selbstverpflegung 47
Seniorensport 111
Siitonen-Schritt 41, 97
Sinnesorgane 25
Skating 41, 95
Skiausrüstung 34 ff., 44
Skibindungen 69
–, Contact-Racing-System 37
–, Eisenröhrenbindung 35
–, Nordic Norm 36
–, RNC-System 37
–, Rottafella-Bindung 35
–, Salomon-Nordic-System 36
–, SDS-System 37
–, Weidebindung 34
Skienden 68
Skiführung 83
Skigott 10
Skikurs 48, 49
Skilanglauftraining 104, 112, 116, 120
Skireglement, internationales 16
Skirollertraining 104, 107, 116
Skischuh 35, 36
Skischule 48
Skispannung 38
Skisohle 38
Skispitze 68, 92
Skistock 41, 42
Skistockspitze 42
Skistockteller 42
Skitechnik 67 ff., 74 ff.
–, Lilienfelder 13, 15
–, Norweger 13, 15
–, Zweistocktechnik 15 f.
Skitourismus 16
Skitypen 38, 40, 41
–, Alroundski 38
–, arktisch 34
–, Lernski 38
–, Mikroschuppenski 40
–, Nowax-Ski 35
–, skandinavisch 34
–, Sportski 38
–, südländisch 34
–, südwest-norwegisch 34
–, Telemarkski 34
–, Wanderski 38
–, zentral-nordisch 34
Skiverband, internationaler 16
Skiwachs
–, Gleitwachs 39
–, Hartwachs 38
–, Klister 38, 39

Skiwanderer 16, 88
Sommertraining 112
Sonnenbrand 31
Sonnenbrille 44
Sonnenschutz 31, 44
Sonnenstrahlen 31
Spitzkehre 86, 96, 98
Sporttherapie 18, 103, 104, 112, 113
Sprungschritt 87, 88
Spurwechsel 79, 85, 94
Staffelformen 79
Steighilfen, Fellstreifen 39
−, Mikroschuppen 39
−, Schuppen 39
Steigwachs 35
Stemmen 82
ST-Faser 19, 20, 33
Stoffwechselkapazität, aerobe 105
Stoffwechselprodukt 105
Stoffwechselvorgang 104
Stockarbeit 86, 107
Stockeinsatz 69, 86, 93
Stockfassung 69, 70
Stockreiten 82, 85 f.
Streckreflex 22
Stretching-Methode 22, 108
Strümpfe 43
Sturz 70
Substanzdepot 102
Superkompensation 101, 102, 103

Tagesform 128
taloffene Stellung 96
Talski 89, 96
Technik 67 ff.
Techniktraining 102
Telemarkschwung 12
Temperatur 30, 31

Temperaturregulation 33
Thermoregulation 33
Trainingsanpassung 103
Trainingsabschluß 121, 124, 128
Trainingsaufbau 117, 118, 124
Trainingsdauer 120
Trainingsdurchführung 104, 117, 120
Trainingseffekte 121, 128
Trainingseinheit 127
Trainingsgestaltung 109
Trainingsgrundlagen 100
Trainingshäufigkeit 102, 103, 109
Trainingsintensität 102, 113, 116
Trainingsphasen 118
Trainingsplanung 104
Trainingsprinzipien 100, 102 ff.
Trainingsprogramm 123 ff.
Trainingspulsfrequenz 30, 113, 114, 115, 127
Trainingsreiz 108
Trainingssteuerung 115
Trainingsumfang 102
Trainingsunterbrechung 118
Trainingszustand 104, 109, 112, 113
Treppenschritt 86, 89
Trimmanfänger 113
Trinkgewohnheiten 128
Tourenskilauf 16

Überbelastung 101, 120
Übergangsphase 118
Übungen, kräftigende 126
Übungszustand 112
Unterrichtshilfe 60
Unterrichtsstil 60 f.
−, autokratisch-deminativer 60, 61
−, laissez-faire 61

Unterrichtsstil
−, sozial-integrativer 61
Unterwäsche 42, 43
Umweltregeln 51
Umweltschäden 51
Urlaubsort 44
−, für Herzkranke 48, 49

Verletzung 120
Verletzungsprophylaxe 120
Viererrhythmus 116
Vorbereitungsprogramm 28, 128 ff.
Vorbereitungstraining 104, 117, 118
Vorbereitungsübungen 68 ff.

Wachsski 40, 57
Wärmeproduktion 42
Wärmeregulation 33
Wahrnehmung 25, 63
Wetteränderung 32
Wetterberuhigung 32
Wettereinflüsse 112
Wetterfaktoren 28 ff.
Wetterphasen 31
Wettersturz 32
Wetterumschwung 32, 51
Wettspiel 73
Wiederholungszahl 106, 109, 116, 125, 127
Windgeschwindigkeit 31
Windstärke 31
Wintertourismus 16
Wirkungsgrad 26

Zwiebelprinzip, siehe Bekleidung
Zwischenmahlzeit 121
Zwischenschritt 92